능력
향상
SEASON 6

## 쉽게 배우고
## 생활에 바로 쓰는

(주)지아이에듀테크 오상열 저

# AI 활용

**쉽게 배우고 생활에 바로 쓰는**
# AI 활용

**초판 1쇄 인쇄**　2025년 8월 1일
**초판 1쇄 발행**　2025년 8월 11일

**지은이**　(주)지아이에듀테크 오상열
**펴낸이**　한준희
**펴낸곳**　(주)아이콕스

**디자인**　프롬디자인, 홍정현
**영업**　김남권, 조용훈, 문성빈
**경영지원**　김효선, 이정민

**주소**　경기도 부천시 조마루로 385번길 122 삼보테크노타워 2002호
**홈페이지**　www.icoxpublish.com
**쇼핑몰**　www.baek2.kr (백두도서쇼핑몰)
**이메일**　icoxpub@naver.com
**전화**　032-674-5685
**팩스**　032-676-5685
**등록**　2015년 7월 9일 제 386-251002015000034호
**ISBN**　979-11-6426-269-4 (13000)

※ 정가는 뒤표지에 있습니다.
※ 잘못된 책은 구입하신 서점에서 교환해드립니다.

이 책은 저작권법에 따라 보호받는 저작물이므로 무단전재 및 복제를 금하며, 책의 내용을 이용하려면 반드시 저작권자와 ㈜아이콕스의 서면동의를 받아야 합니다. 내용에 대한 의견이 있는 경우 홈페이지에 내용을 기재해 주시면 감사하겠습니다.

## 저자의 말

36년째 컴퓨터와 스마트폰 강의를 하면서 늘 고민합니다. "더 간단하고 쉽게 교육할 수는 없을까? 더 빠르게 마음대로 사용하게 할 수는 없을까?" 스마트폰에 대한 지식이 없으며 한글도 영어도 모르는 서너 살 아이가 컴퓨터와 스마트폰을 사용하는 것을 보고 어른들은 감탄합니다.

무엇을 배울 때 노트에 연필로 적어가며 공부하던 아날로그적 방식으로 첨단 기기를 배우는 것보다, 어린 아이들처럼 직접 사용해 보면서 경험적으로 습득하는 것이 가장 빠른 배움의 방식입니다. 본 도서는 저의 다년간 현장 교육의 경험을 살려 꼭 필요한 방식으로 쉽게 접근할 수 있도록 했으며, 책만 보고 무작정 따라하다 발생할 수 있는 실수와 오류를 바로잡았습니다. 컴퓨터를 활용하는 데 꼭 필요한 핵심 내용을 중심으로 집필했기 때문에 예제를 반복해서 학습하다 보면 어느새 원리를 이해하고 활용할 수 있는 단계에 오르게 될 것입니다.

쉽게 배우고 생활에 바로 쓸 수 있게 집필된 본 도서로 여러분들의 능력이 향상되기를 바랍니다. 물론 본 도서는 여러분의 컴퓨터 능력을 향상시킬 수 있는 수많은 방법 중 한 가지라는 말씀도 드리고 싶습니다.

교육 현장에서 늘 하는 말이 있습니다.
"컴퓨터는 종이다. 종이는 기록하기 위함이다."
"단순하게, 무식하게, 지겹도록, 반복하세요. 단.무.지.반! 하십시오."
처음부터 완벽하지는 않겠지만 차근차근 익히다 보면 어느새 만족할 만한 수준의 사용자로 우뚝 서게 될 것입니다.

끝으로 이 책이 나올 수 있도록 도움을 주신 지아이에듀테크, ㈜아이콕스의 임직원 여러분들께 감사의 마음을 전합니다.

㈜지아이에듀테크 오상열

# QR 코드 사용법

★ 각 CHAPTER 마다 동영상으로 더 쉽게 학습할 수 있도록 QR 코드를 담았습니다. QR 코드로 학습 동영상을 시청하는 방법은 다음과 같습니다.

**01** Play스토어에서 네이버 앱을 ❶**설치**한 후 ❷**열기**를 누릅니다.

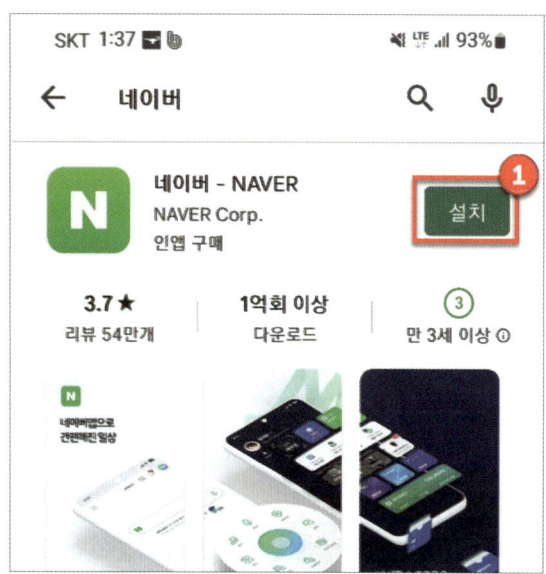 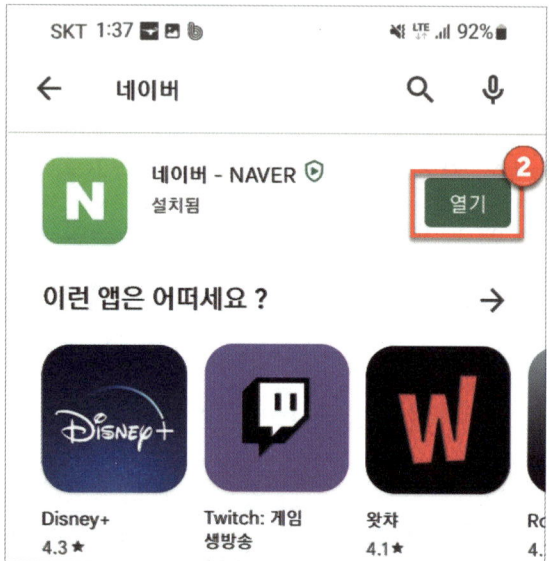

**02** 네이버 앱이 실행되면 검색상자의 ❸**동그라미(그린닷)** 버튼을 누른 후 ❹**QR바코드** 메뉴를 선택합니다.

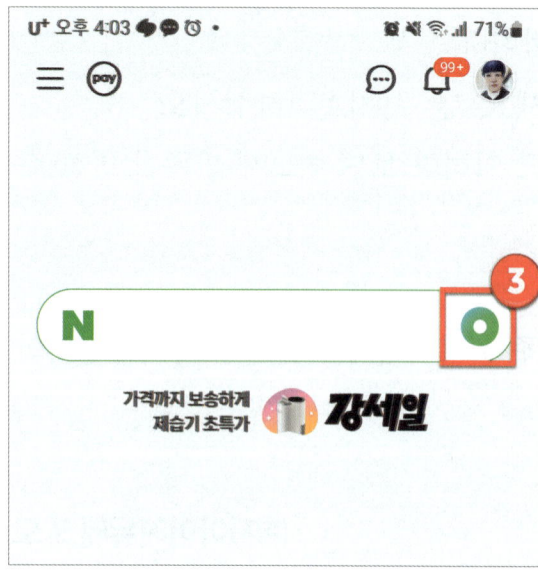 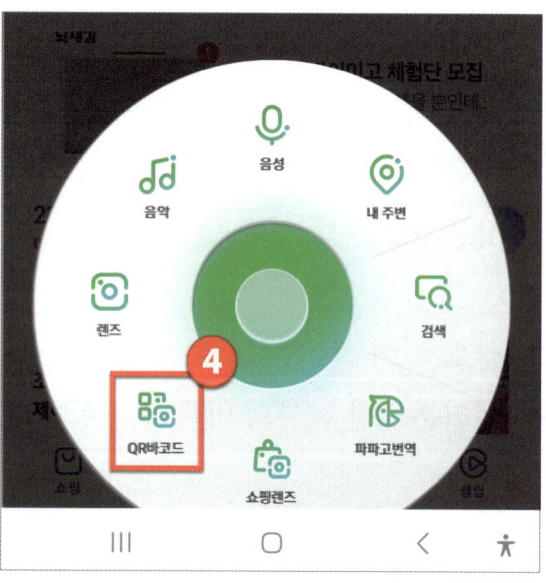

**03** 본 도서에서는 **Chapter**별로 상단 제목 왼쪽에 ❺**QR 코드**가 있습니다. 스마트폰의 화면에 QR 코드를 사각형 영역에 맞춰 보이도록 하면 QR 코드가 인식되고, 상단에 동영상 강의 링크 주소가 나타납니다. ❻**동영상 강의 링크 주소**를 눌러 스마트폰으로 학습할 수 있습니다.

**※ 유튜브에서 동영상 강의 찾기**

유튜브(www.youtube.com)에 접속하거나, **유튜브 앱**을 사용하고 있다면 **지아이에듀테크**를 검색하여 동영상 강의를 들을 수 있습니다. **재생목록** 탭을 누르면 과목별로 강의를 찾아볼 수 있습니다.

# 목 차

## CHAPTER 01 로그인하지 않고 AI 사용해 보기

| STEP 1 | 드림AI로 이미지 생성하기 | 011 |
| STEP 2 | Artguru로 이미지 생성하기 | 013 |
| STEP 3 | DeepIMG로 지브리 이미지 생성하기 | 016 |
| STEP 4 | 이미지 업스케일하기 | 018 |

## CHAPTER 02 프롬프트 번역하기

| STEP 1 | 프롬프트 지니 설치하기 | 021 |
| STEP 2 | 구글 번역기 사용하기 | 023 |
| STEP 3 | 파파고 사용하기 | 024 |
| STEP 4 | DeepL 번역앱 사용하기 | 025 |

## CHAPTER 03 구글 제미나이 활용하기

| STEP 1 | 구글 제미나이 소개 | 031 |
| STEP 2 | 제미나이 채팅(대화)하기 | 034 |
| STEP 3 | 새로운 채팅(대화)하기 | 037 |

| STEP 4 | 유튜브 영상 요약하기 | 039 |
| STEP 5 | 이미지 첨부하여 질문하기 | 041 |
| STEP 6 | 문서에서 특정 내용 요약하기 | 043 |
| STEP 7 | Deep Research로 심도있는 분석 | 045 |
| STEP 8 | Canvas(캔버스)로 생성하기 | 047 |
| STEP 9 | 제미나이에서 이미지 생성하기 | 050 |
| STEP 10 | 이미지 생성하고 변경하기 | 053 |
| STEP 11 | 맞춤 버전의 Gems | 055 |
| STEP 12 | 제미나이 설정하기 | 057 |
| STEP 13 | 지도, 호텔 검색하기 | 061 |

## CHAPTER 04 구글 AI 스튜디오 활용하기

| STEP 1 | 구글 AI 스튜디오 들어가기 | 064 |
| STEP 2 | 이미지 생성하기 | 066 |
| STEP 3 | 창의성 조절 이미지 생성하기 | 070 |
| STEP 4 | 생성된 이미지 변경하기 | 073 |
| STEP 5 | 첨부 파일로 이미지 변경하기 | 075 |
| STEP 6 | 9:16 비율 이미지 생성하기 | 078 |
| STEP 7 | 이런 것도 된다 | 080 |

## CHAPTER 05 블로그&콘텐츠 작성하기

| STEP 1 | 5분 간단요리 레시피 만들기 | 083 |
| STEP 2 | 여행지 추천과 여행코스 만들기 | 086 |
| STEP 3 | 스마트폰 비교 분석 포스팅 | 088 |
| STEP 4 | 인테리어 시뮬레이션 | 090 |

## CHAPTER 06 구글 AI 스튜디오 동영상 만들기

- STEP 1　영상 프롬프트 생성하기　094
- STEP 2　업로드 한 사진으로 영상 만들기　097
- STEP 3　반려견을 영상으로 만들기　099

## CHAPTER 07 위스크 활용하기

- STEP 1　위스크(Whisk) 사용법 알아보기　102
- STEP 2　노래하는 듀엣 생성하기　106
- STEP 3　텍스트로 이미지 생성하기　113

## CHAPTER 08 클립드롭과 리크래프트 활용하기

- STEP 1　이미지 일부분 제거하기　118
- STEP 2　이미지에 개체 추가하기　122
- STEP 3　인테리어 재배치하기　126
- STEP 4　리크래프트 사이트 접속하기　128
- STEP 5　Mockup(목업) 생성하기　130
- STEP 6　스타일 이용하여 생성하기　137
- STEP 7　아웃페인팅으로 여백 채우기　142

## CHAPTER 09 수노에서 음악 만들기

- STEP 1　수노(SUNO) 가입하기　146
- STEP 2　간단한 음악 만들기　148
- STEP 3　원하는 음악 생성하기　151
- STEP 4　제미나이 작사/수노 작곡　154

# CHAPTER 10　동영상 AI와 코파일럿

| STEP 1 | VIGGLE 동영상 만들기 | 159 |
| STEP 2 | DIGEN으로 뮤직 비디오 만들기 | 164 |
| STEP 3 | Runway GEN4로 영상 만들기 | 168 |
| STEP 4 | 코파일럿 사용을 위한 계정 만들기 | 171 |
| STEP 5 | 코파일럿 활용하기 | 179 |
| STEP 6 | 코파일럿으로 이미지 생성하기 | 183 |

| 부　록 | 알아두면 좋은 추천 AI 사이트 | 187 |

### ※ 본서의 사이트가 변경될 수 있습니다

인공지능 사이트의 발전 속도는 매우 빠릅니다. 무료로 사용할 수 있는 인공지능 사이트 또는 로그인 없이 사용하는 사이트와 앱 등은 접속 시기에 따라 기능과 디자인이 책에 수록된 것과 다르게 일부 변경되거나, 유료 서비스로 전환될 수 있습니다.

### ※ 회원가입이 안되는 장소에서 사용하기

교육장의 환경(인터넷 회선인 IP 번호를 Hub라는 기기 등을 이용하여 사용하는 곳)에 따라 일부 웹 사이트 이용 시 공격을 당하는 것으로 인식되어 회원가입과 사용이 안 될 수도 있습니다. 이 경우에는 와이파이를 끈 상태의 스마트폰으로 회원가입을 하거나, PC에서는 오페라(Opera) 브라우저의 VPN 기능을 켜고 회원가입 및 사이트 이용이 가능합니다. 단 속도가 현저하게 느려지는 단점이 있습니다.

**교재예제 다운로드하기**　본 도서의 예제 파일은 출판사 홈페이지에서 다운로드할 수 있습니다.
▶ 아이콕스 홈페이지(www.icoxpublish.com)
▶ 자료실 > 도서부록소스 메뉴에서 도서 제목을 찾아 다운로드하세요.
▶ 다운로드한 파일의 압축을 해제하고, 로컬 디스크(C:)로 복사해 사용합니다.

# CHAPTER 01

## 로그인하지 않고 AI 사용해 보기

인공지능(AI)을 이용하여 이미지를 생성할 수 있는 사이트는 매우 많습니다. 여기서는 회원가입이나 로그인하지 않고도 간단하게 AI 이미지 생성 작업을 체험할 수 있는 몇 가지 사이트를 소개합니다.

### 결과화면 미리보기

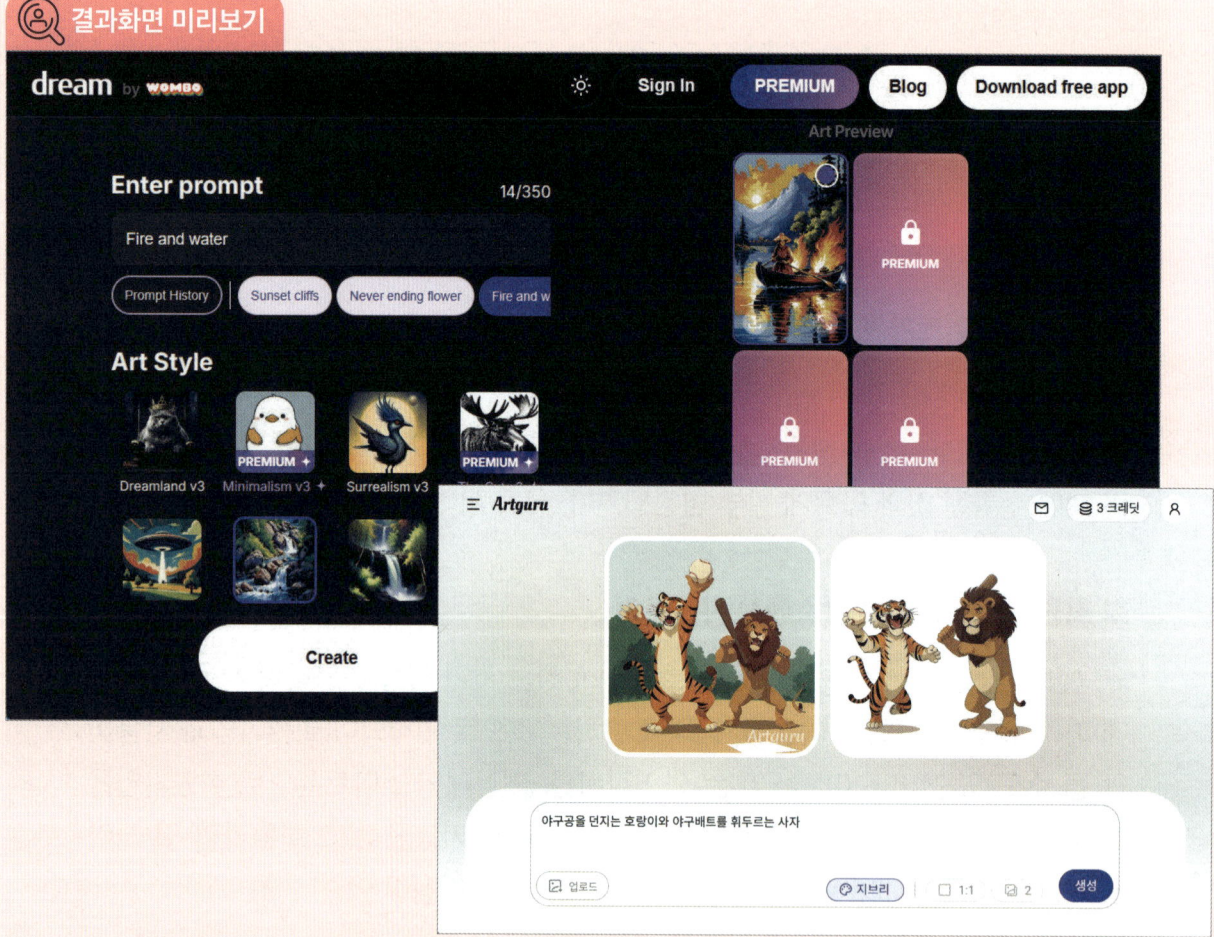

**무엇을 배울까?**

❶ 드림AI로 이미지 생성하기
❷ Artguru로 이미지 생성하기
❸ DeepIMG로 지브리 이미지 생성하기
❹ 이미지 업스케일하기

## STEP 1 드림AI로 이미지 생성하기 https://dream.ai/

**01** 크롬 브라우저를 이용하여 **"드림ai"**를 검색하거나 주소를 입력하여 사이트에서 ❶**로그인 창**을 닫은 후 ❷**Create(만들다)**를 클릭합니다.

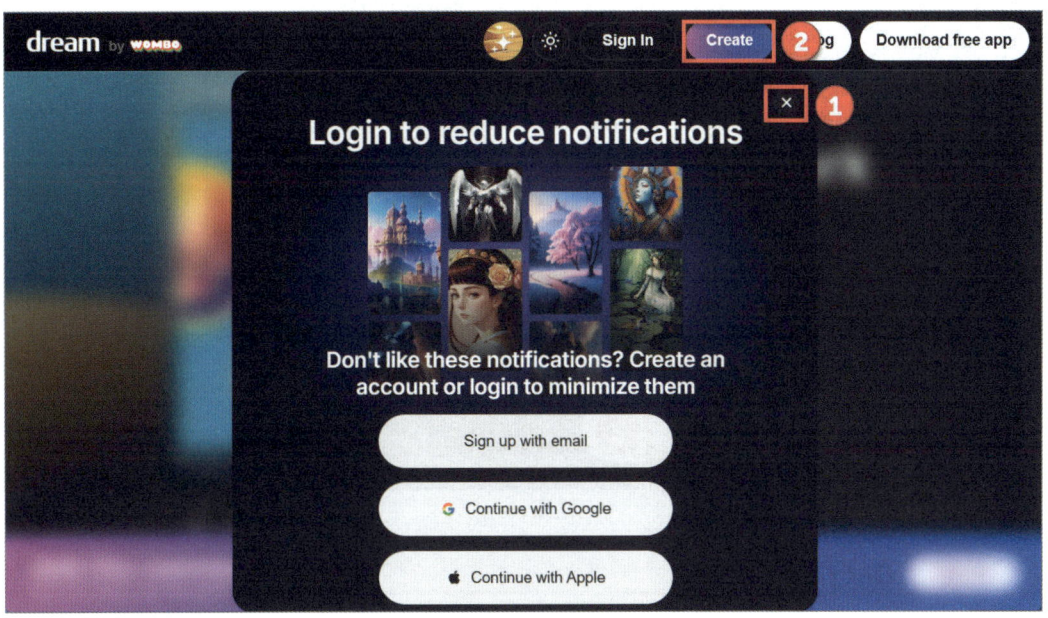

**02** 프롬프트 상자에 ❶"Two dogs running along the riverside, 3D style"을 입력한 후 ❷Create 버튼을 클릭하면, 오른쪽으로 1개의 무료 이미지가 생성된 것을 확인할 수 있습니다.

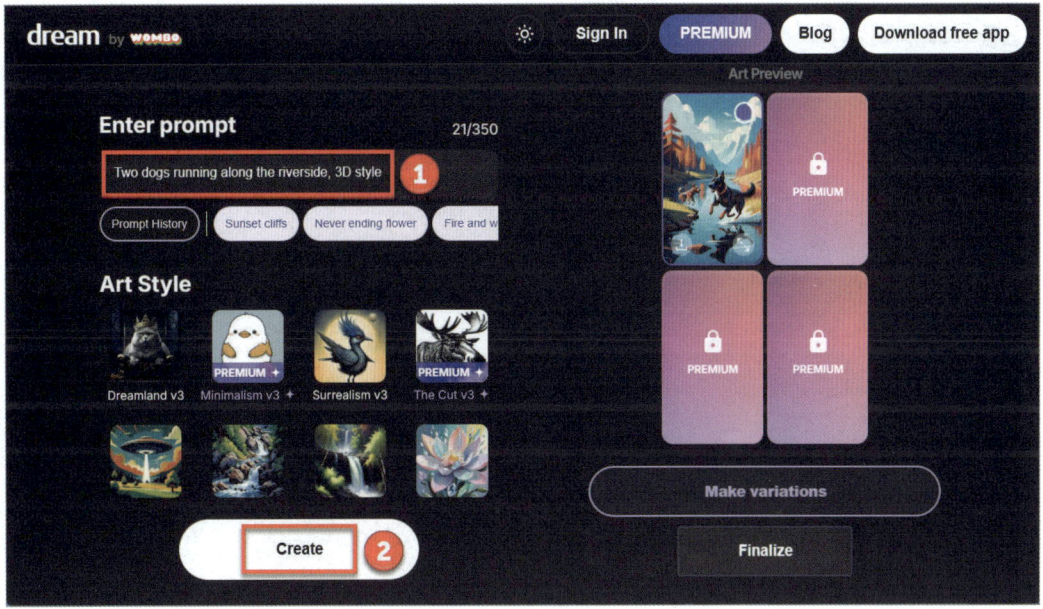

CHAPTER 01 로그인하지 않고 AI 사용해 보기

**03** 프롬프트에 "Two dogs running along the riverside"로 변경한 후, 아래에 있는 Art Style에서 ❶Anime v3를 선택한 후 ❷Create를 누릅니다.

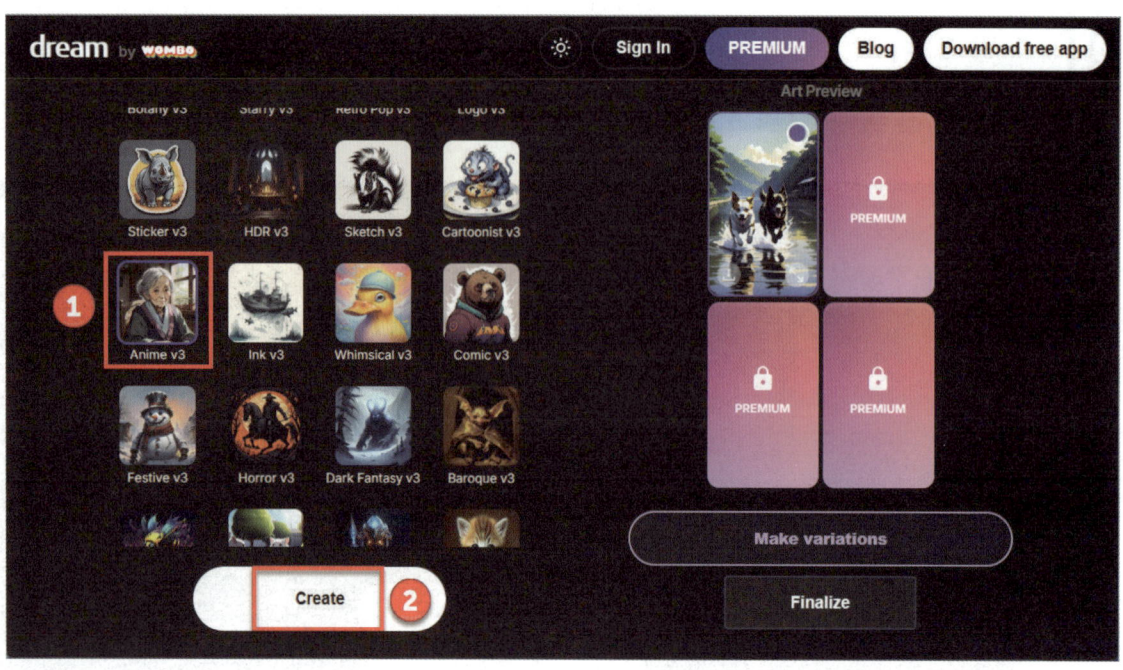

**04** **미리보기**를 누르면 결과물을 확대해서 볼 수 있으며, **다운로드**를 클릭하여 컴퓨터에 저장할 수도 있습니다. 왼쪽의 Art Style에서 생성될 스타일을 선택한 후 프롬프트에 원하는 문구를 입력한 후 다시 생성해서 만들어 보세요.

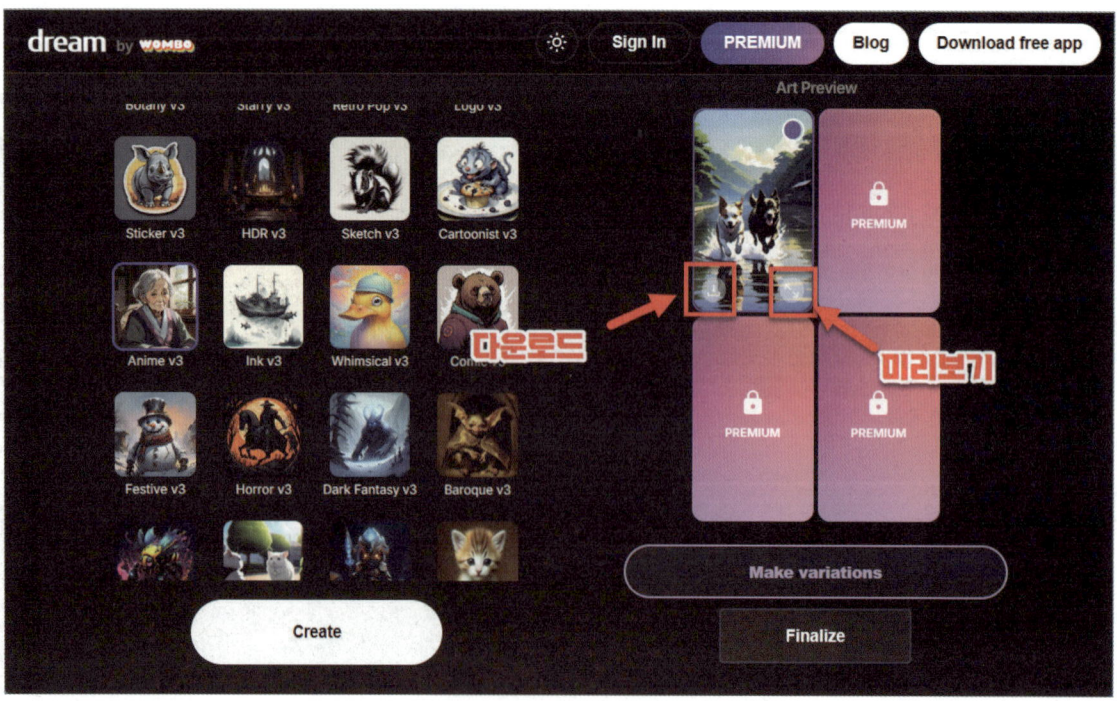

## STEP 2 ▶ Artguru로 이미지 생성하기 https://www.artguru.ai/kr/

**01** 크롬 브라우저에서 **"폭삭 속았수다"** 이미지를 검색하여 아래의 이미지를 **마우스 우클릭**해서 **다른 이름으로 이미지 저장**을 클릭하여 다운로드합니다.

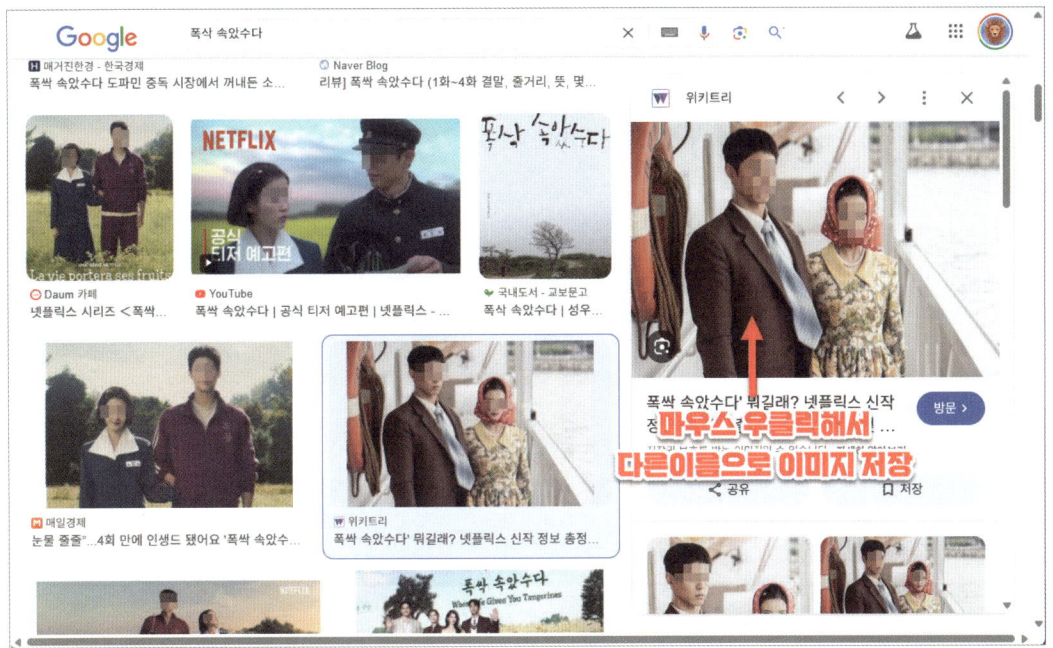

**02** **Artguru** 사이트에서 ❶**업로드**를 눌러서 다운로드한 사진을 **열기**한 후, ❷**화살표** 단추를 눌러서 스타일을 ❸**판타지 3D**로 선택합니다.

03 프롬프트에 ❶"남자 양복을 검정색으로 변경하고 여자 스카프는 예쁜 모자로 변경"을 입력하고 ❷생성을 클릭합니다.

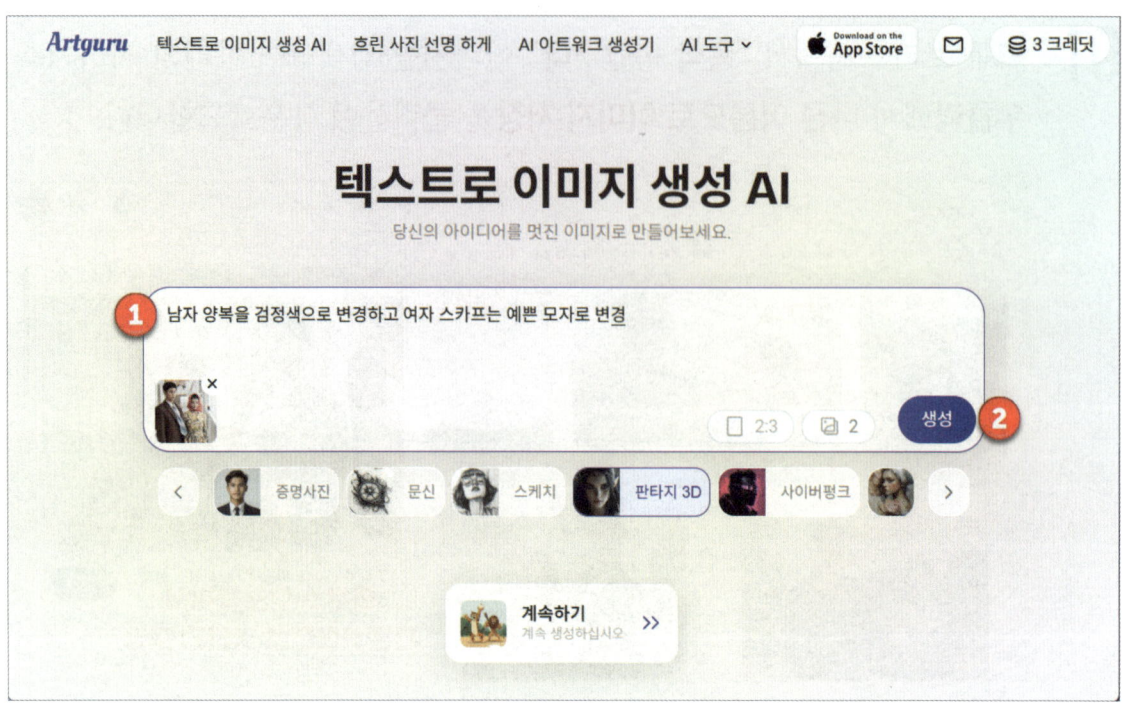

04 이미지가 생성되며, 상단에 크레딧이 4개가 주어집니다. 고해상도 사진과 워터마크를 없애려면 유료 구매를 사용해야 하므로, 여기서는 **다운로드**를 클릭해서 컴퓨터에 저장합니다.

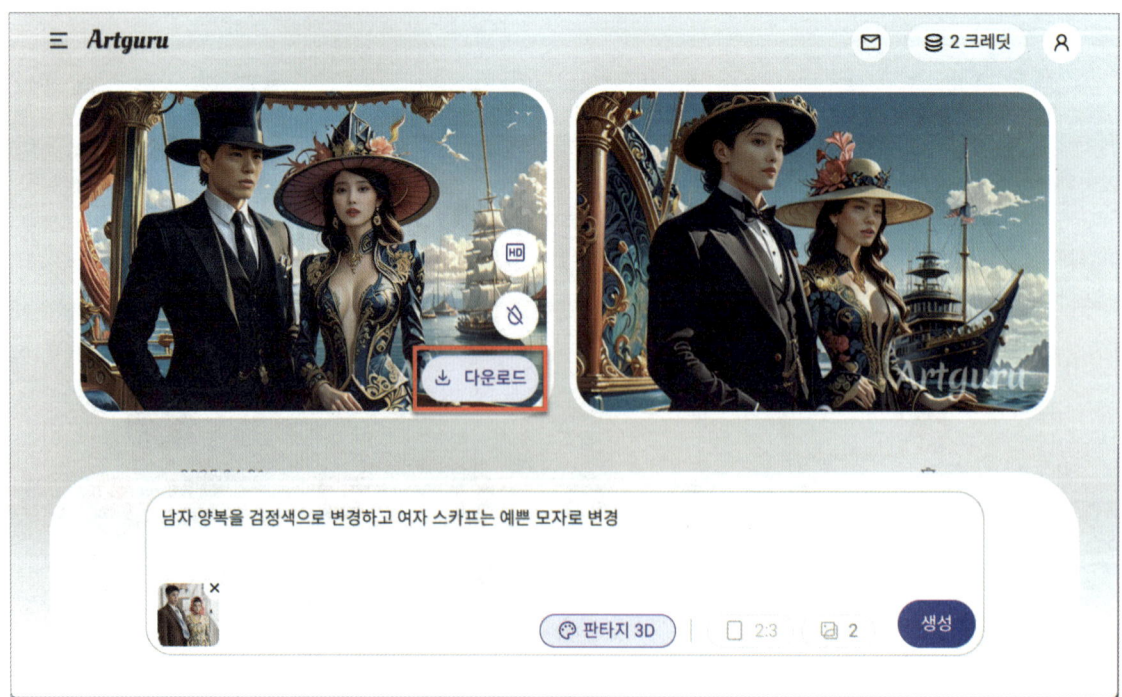

**05** Artguru 사이트 메뉴에서 **흐린 사진 선명하게**를 누른 후 앞의 구글에서 다운로드한 원래 이미지를 선택합니다.

**06** 아래와 같이 왼쪽은 이전(Before) 사진이고, 오른쪽은 선명하게 작업한 After 사진입니다. 무료 사용자는 저해상도로 워터마크와 함께 다운로드(저장)할 수 있습니다.

## STEP 3 ▶ DeepIMG로 지브리 이미지 생성하기 https://deepimg.ai/

**01** 크롬 브라우저에서 주소표시줄에 **"deepimg.ai"**를 입력하여 사이트로 이동한 후, ❶AI Tools에 마우스를 올린 후 ❷AI Studio Ghibli Art Generator를 클릭합니다.

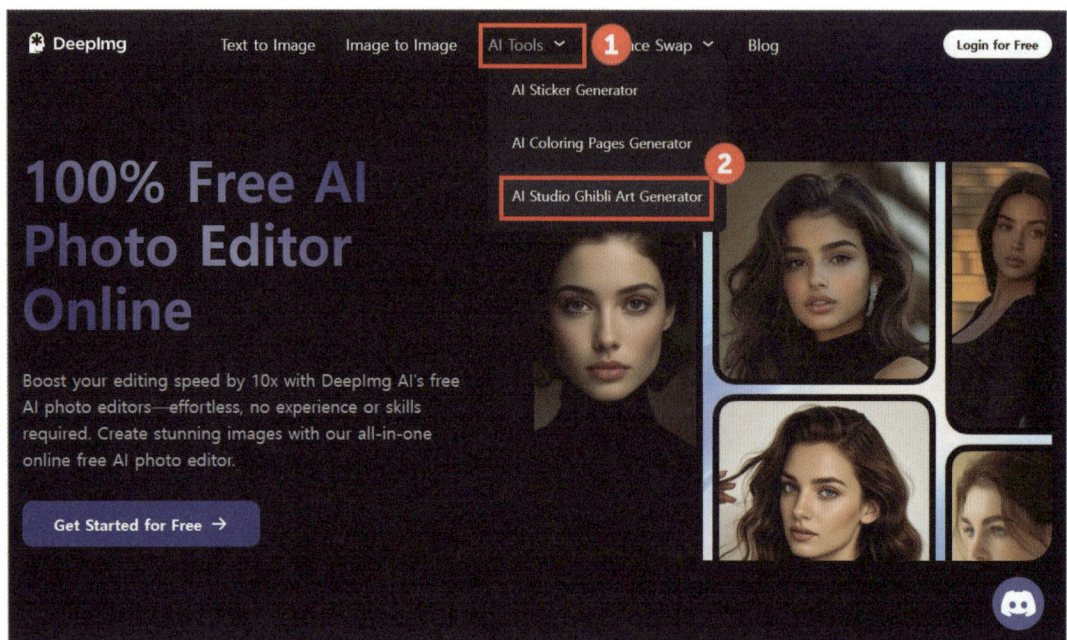

**02** Generate Studio Ghibli Art for Free 버튼을 클릭합니다.

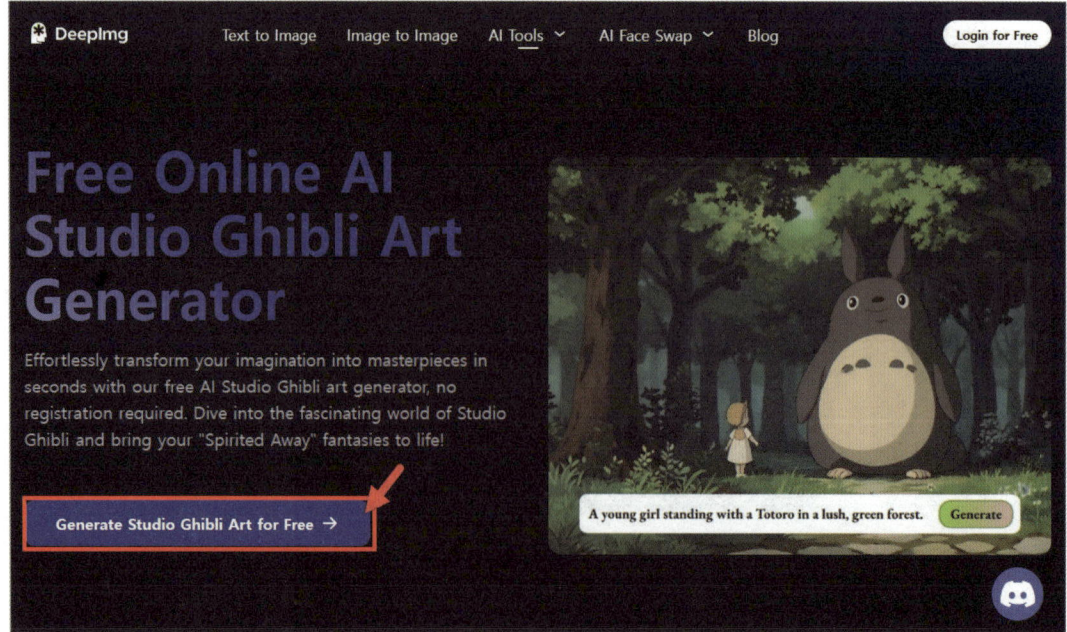

## 03 프롬프트 칸에 ❶아래의 내용을 입력하고, Style은 ❷Ghibli Art(지브리아트)를 선택, 이미지 비율은 ❸3:2로 한 후 ❹Generate를 클릭합니다. 생성된 이미지의 비율 16:9와 9:16은 유료 버전에서 가능합니다.

> A woman with green hair reclining in a field of tall grass, exuding a relaxed and natural vibe. She is wearing a simple white t-shirt paired with high-waisted denim jeans, emphasizing a casual yet stylish look.

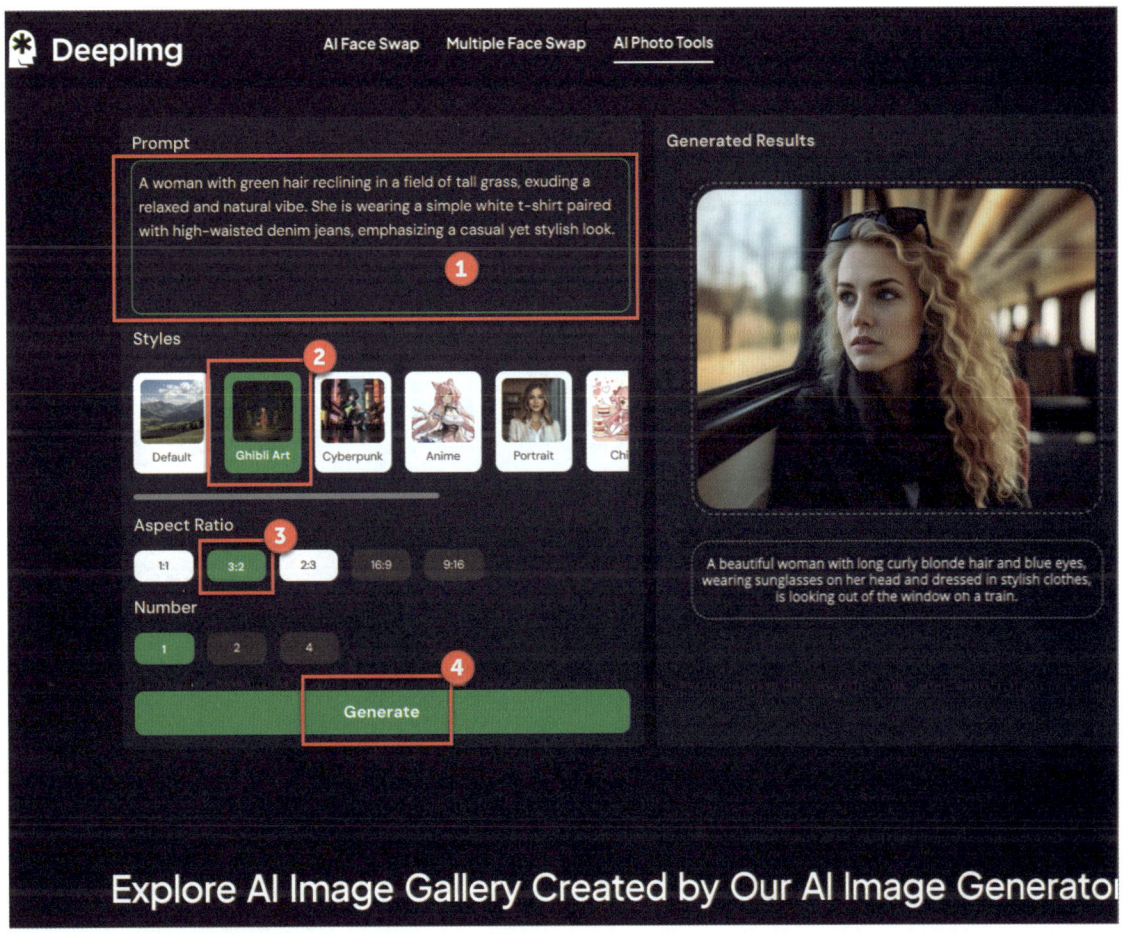

## 04 [Download Image] 버튼을 클릭해 완성된 이미지를 다운로드합니다.

## STEP 4 > 이미지 업스케일하기 https://imgupscaler.com/

**01** 크롬 브라우저를 실행한 후 주소표시줄에 **imgupscaler.com**를 입력하여 사이트로 이동한 후 **Choose Images** 버튼을 클릭합니다.

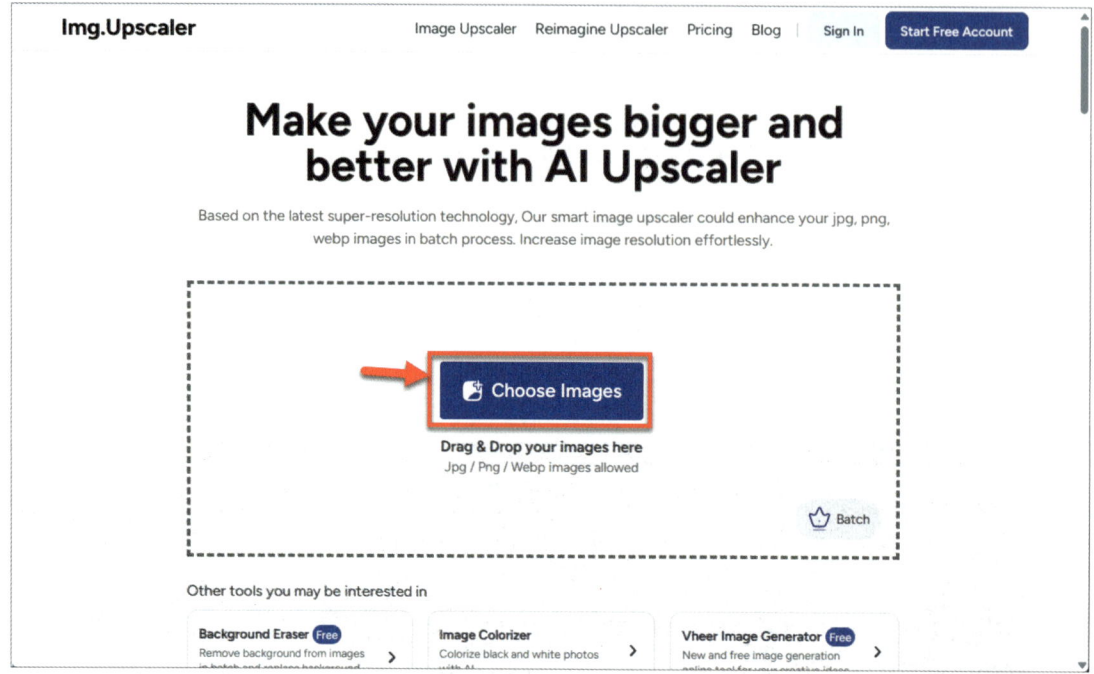

**02** 앞 과정에서 생성한 **지브리아트 파일**을 선택해서 가져옵니다.

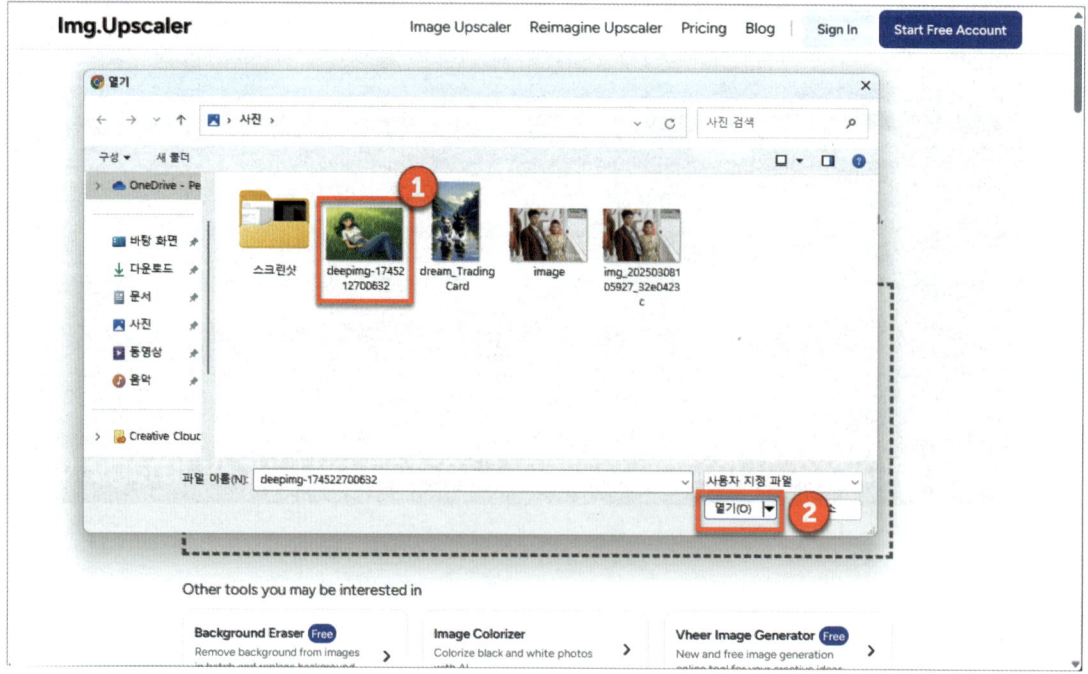

**03** 업스케일을 ❶400%로 지정한 후, ❷Upload & Start 버튼을 클릭해서 작업을 진행하게 됩니다.

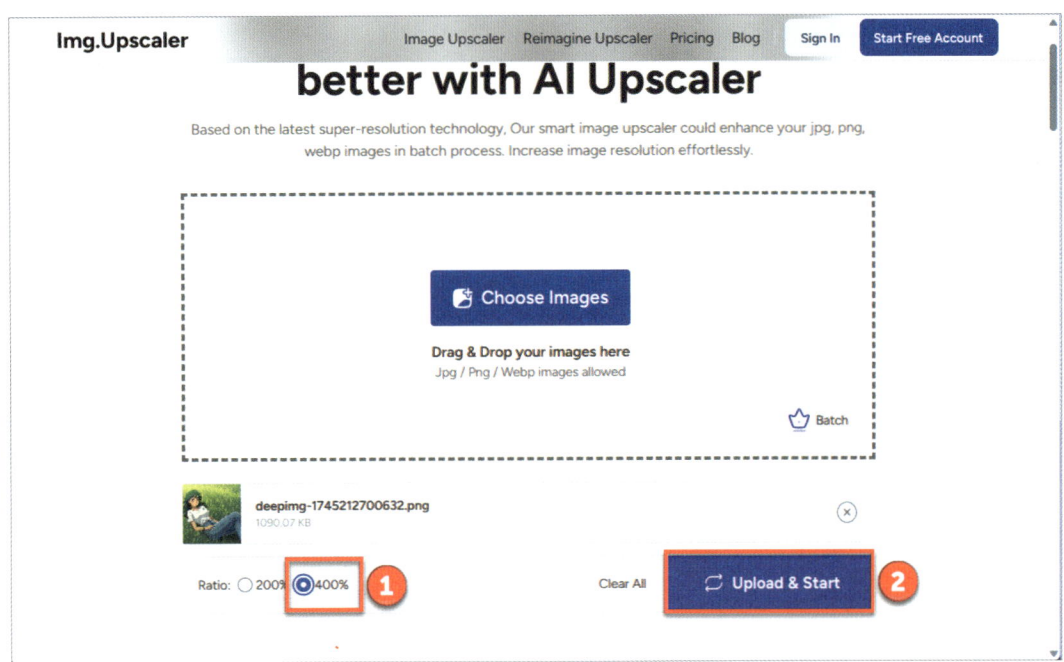

**04** 다운로드 버튼을 클릭해서 내 PC에 다운로드한 것들을 비교해서 살펴보세요. Ctrl 을 누른 상태에서 휠을 위로 굴려 확대한 상태에서 테두리와 선 등을 비교해 보면 업스케일이 왜 필요한지 알게 될 것입니다. 이미지 크기도 4배로 커진 것을 확인할 수 있습니다.

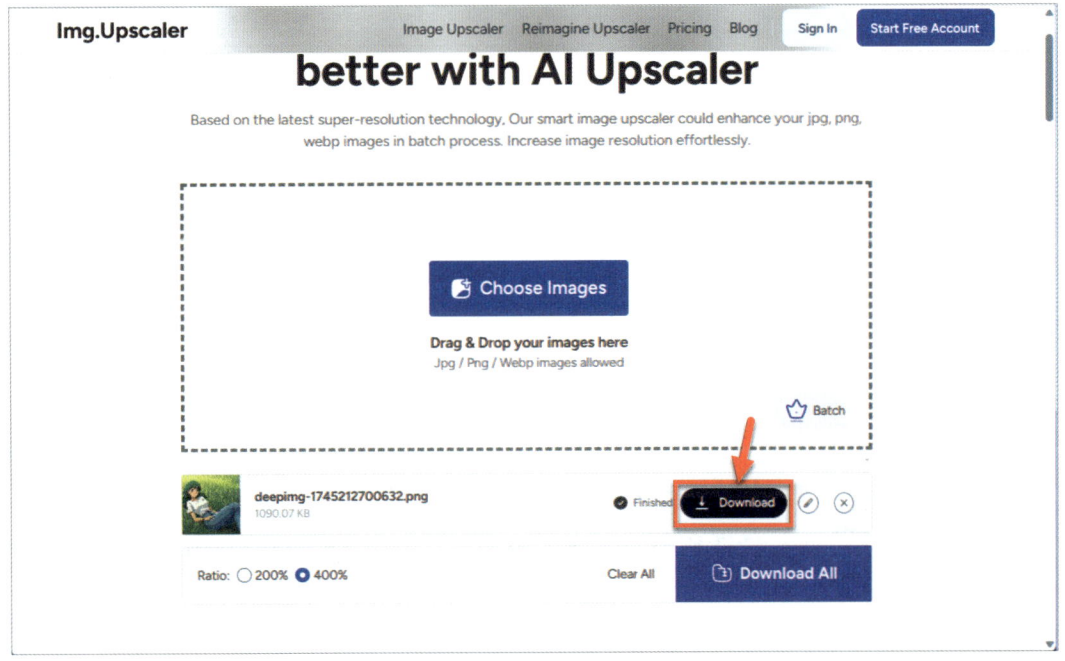

# CHAPTER 02

## 프롬프트 번역하기

일반적으로 AI 사이트의 프롬프트 창에는 영어를 입력하는 것이 더 좋습니다. 처리 속도도 빠르며, 한글보다 오류 발생 빈도도 낮습니다. 영어 데이터가 더 방대하여 더욱 상세하고 다양한 정보를 얻을 수 있기 때문입니다.

### 결과화면 미리보기

**프롬프트 지니** : 프롬프트에 한글을 입력하면 자동으로 영어로 번역해주는 크롬 확장 프로그램 (chatGPT 사용자만)

**DeepL 번역기** : 어디서든 사용할 수 있는 가장 자연스럽게 번역해주는 디플 번역기 활용하기

### 무엇을 배울까?

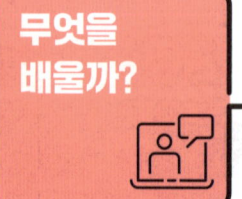

❶ 프롬프트 지니 설치하기
❷ 구글 번역기 사용하기
❸ 파파고 사용하기
❹ DeepL 번역앱 사용하기

## STEP 1 ▶ 프롬프트 지니 설치하기

**01**  크롬 브라우저 우측 상단의 ❶점3개(옵션) ▶ ❷확장프로그램 ▶ ❸Chrome 웹 스토어 방문하기를 차례대로 클릭합니다. (**챗GPT사용자만 설치함**)

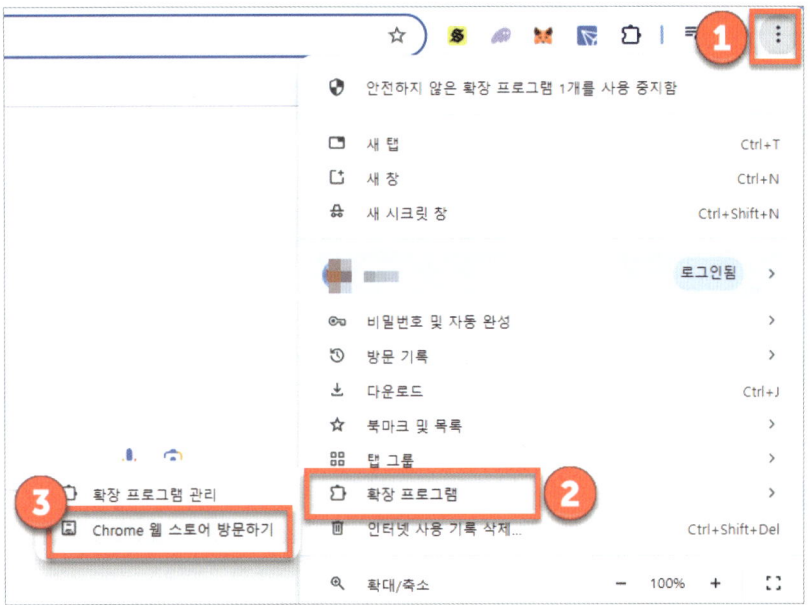

**02**  Chrome 웹 스토어가 새탭으로 열리게 되면, 검색상자에 **"프롬프트 지니"**를 입력하고 Enter 를 누릅니다.

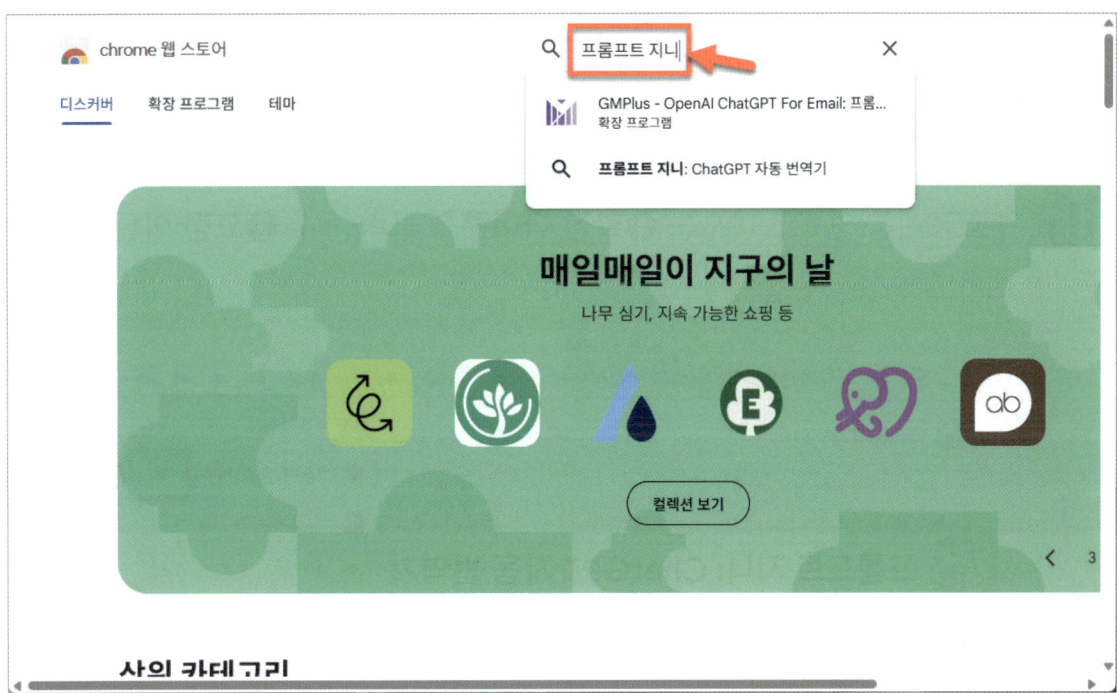

**03** 검색된 목록에서 아래와 같은 **프롬프트 지니:ChatGPT 자동 번역기**를 클릭합니다.

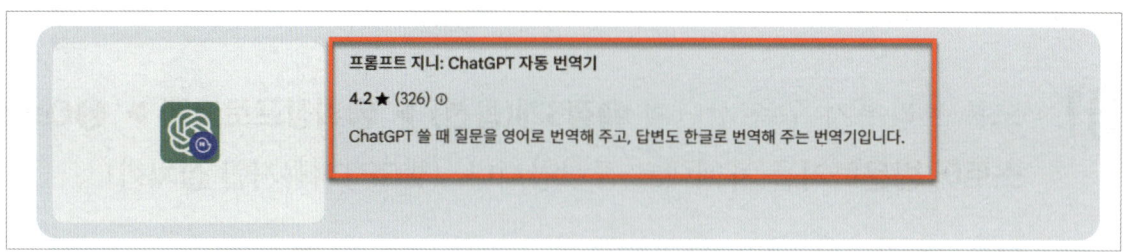

**04** **Chrome에 추가** 버튼을 클릭합니다.

**05** 다음과 같이 추가 여부를 묻는 창이 나오면 **확장 프로그램 추가** 버튼을 클릭합니다.

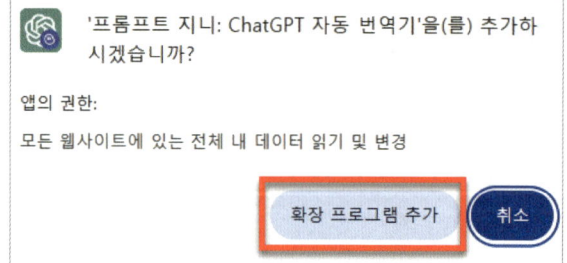

**06** 주소표시줄 옆으로 나오는 **❶확장 아이콘**을 클릭한 후 **❷고정** 버튼을 눌러서 항상 보이도록 고정해 둡니다.

## STEP 2 구글 번역기 사용하기

**01** 구글 웹사이트의 우측 상단에 있는 ❶**Google앱** 버튼을 클릭한 후 ❷**번역**을 선택합니다.

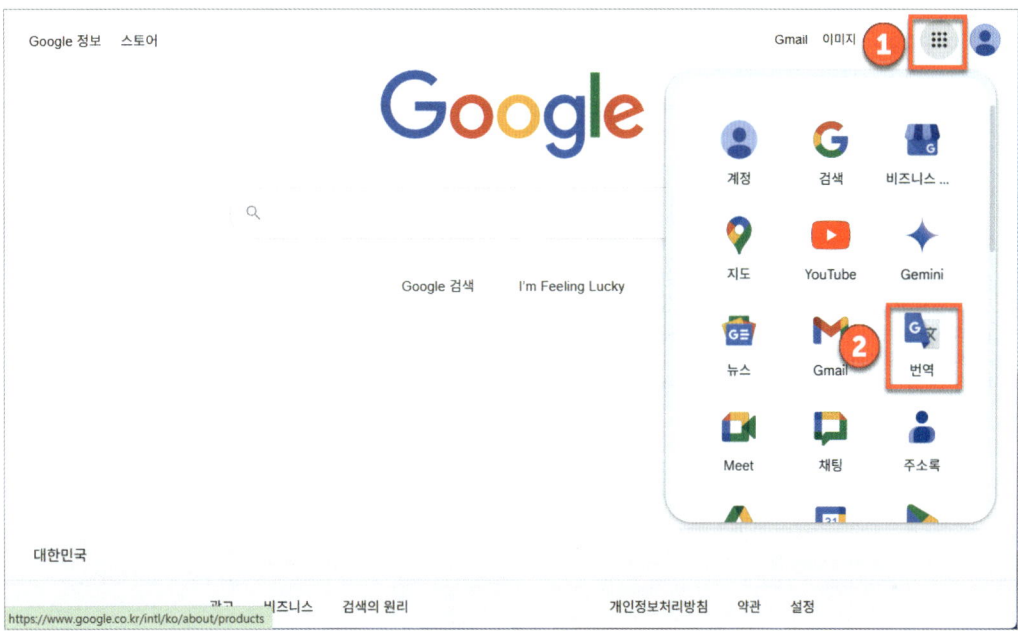

**02** 아래와 같이 왼쪽에 한국어로 ❶**내용을 입력**하고, 오른쪽은 영어로 변경한 다음 번역 결과에서 ❷ 🗐 **(복사) 버튼**을 클릭합니다. 복사된 영어를 이후에 프롬프트에 붙여넣으면 됩니다.

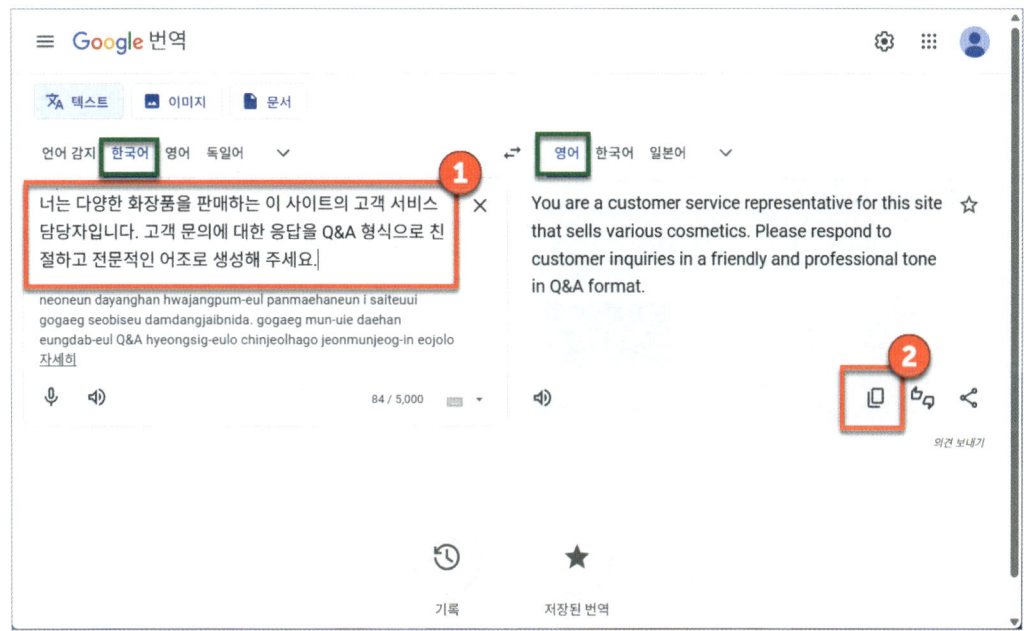

## STEP 3 ▶ 파파고 사용하기

**01** 크롬 브라우저를 실행한 후 **"파파고"**를 검색하여 파파고 번역 사이트로 이동한 후 왼쪽창에 **한글로 내용을 입력**합니다.

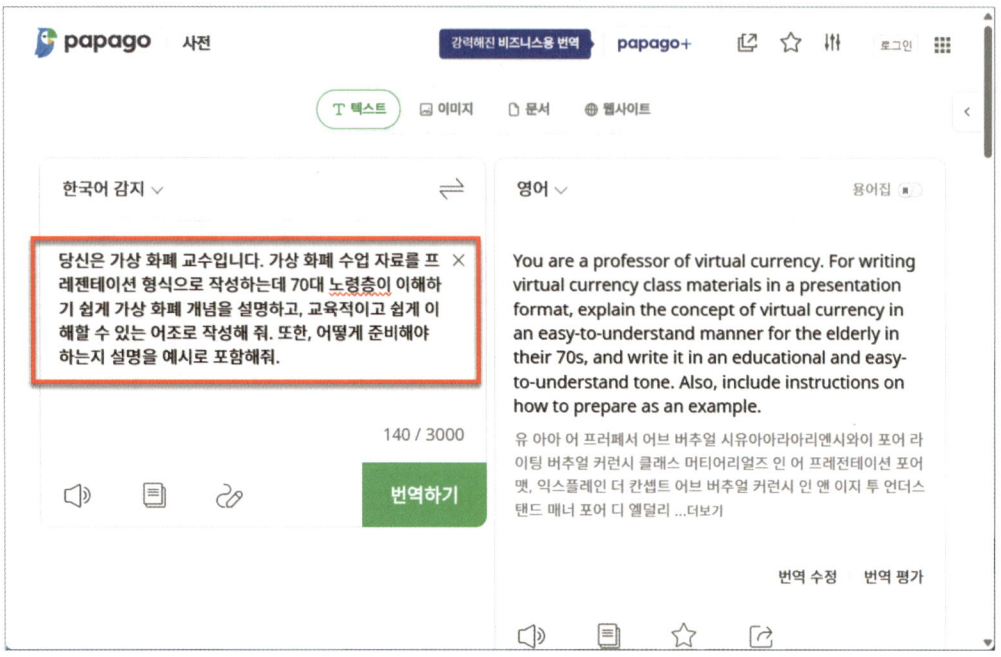

**02** 오른쪽 창에서 ❶**영어**로 선택되어 있는지 확인하고, 번역된 내용 아래쪽에 있는 ❷ 📄 **(복사) 버튼**을 클릭합니다.

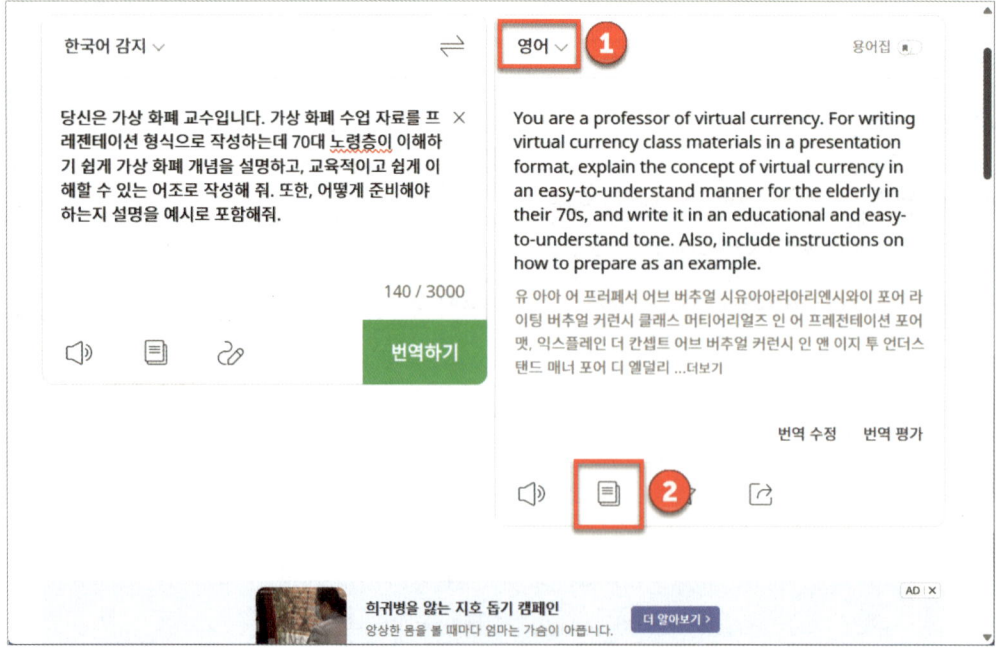

## STEP 4 > DeepL 번역앱 사용하기

**01** 크롬 브라우저를 실행한 후 **"DEEPL"**을 검색한 후 사이트로 이동합니다.

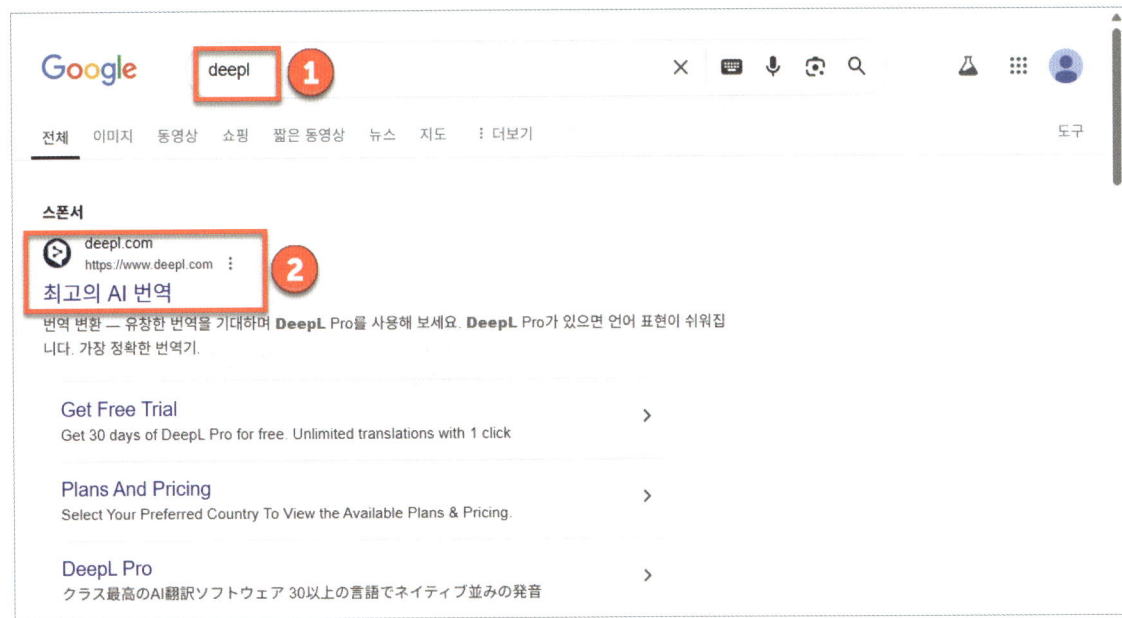

**02** 상단의 ❸**앱**에 마우스를 올리면 하단에 나오는 ❹**데스크톱 앱**을 클릭합니다. 이어서 나오는 웹페이지에서 **무료다운로드** 버튼을 클릭하여 내려받기를 합니다.

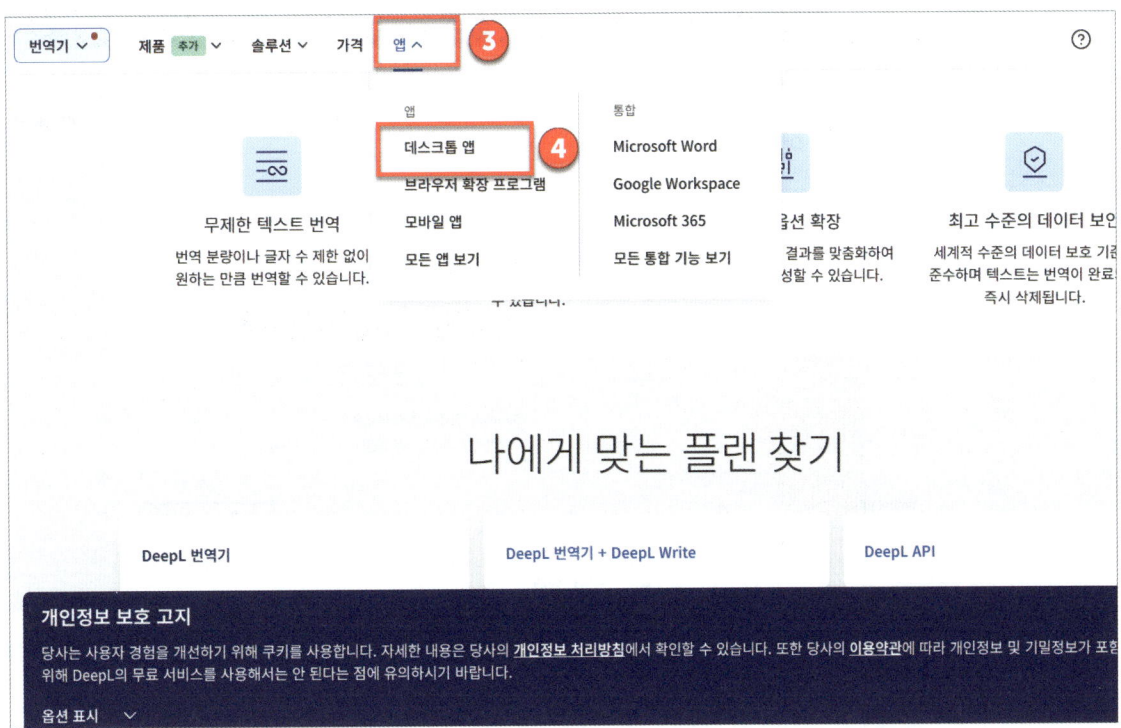

CHAPTER 02 프롬프트 번역하기 025

**03** 크롬 브라우저 **창을 닫은 후** 앞에서 다운로드한 설치 파일(DeepLSetup.exe)을 더블클릭하여 **설치를 진행**합니다.

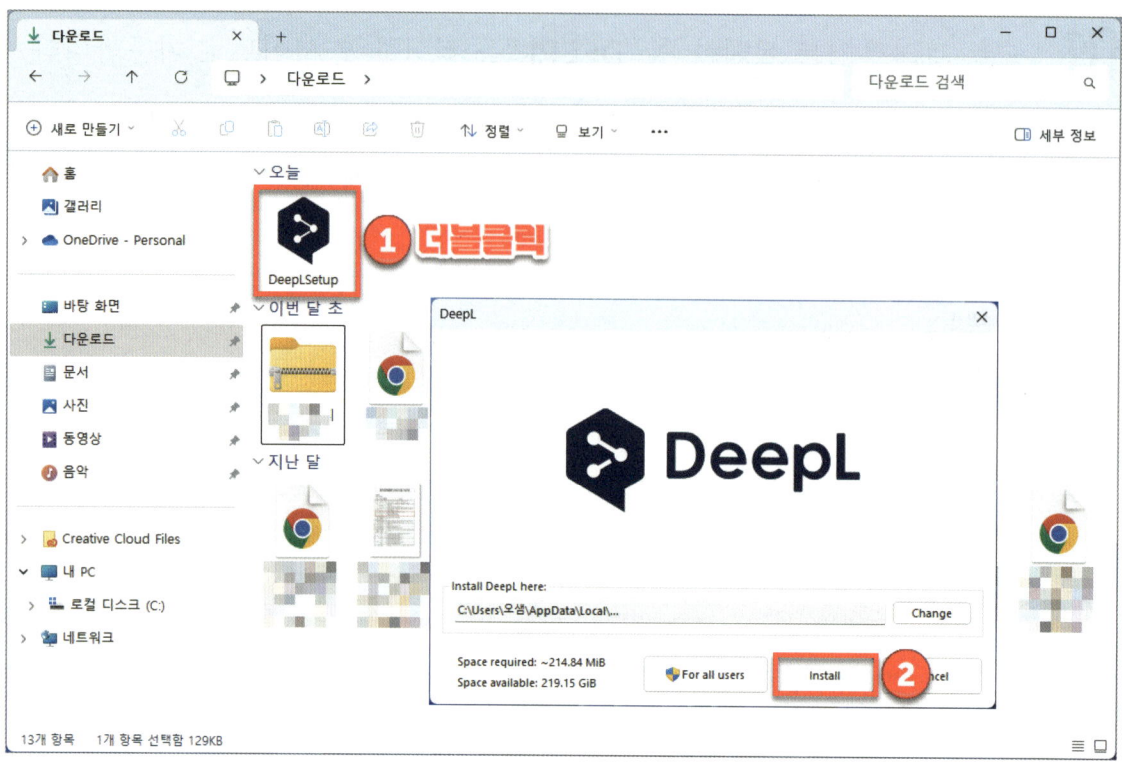

**04** 설치가 끝날 때까지 잠시 기다린 후, 설치가 끝나면 모든 창을 닫아줍니다.

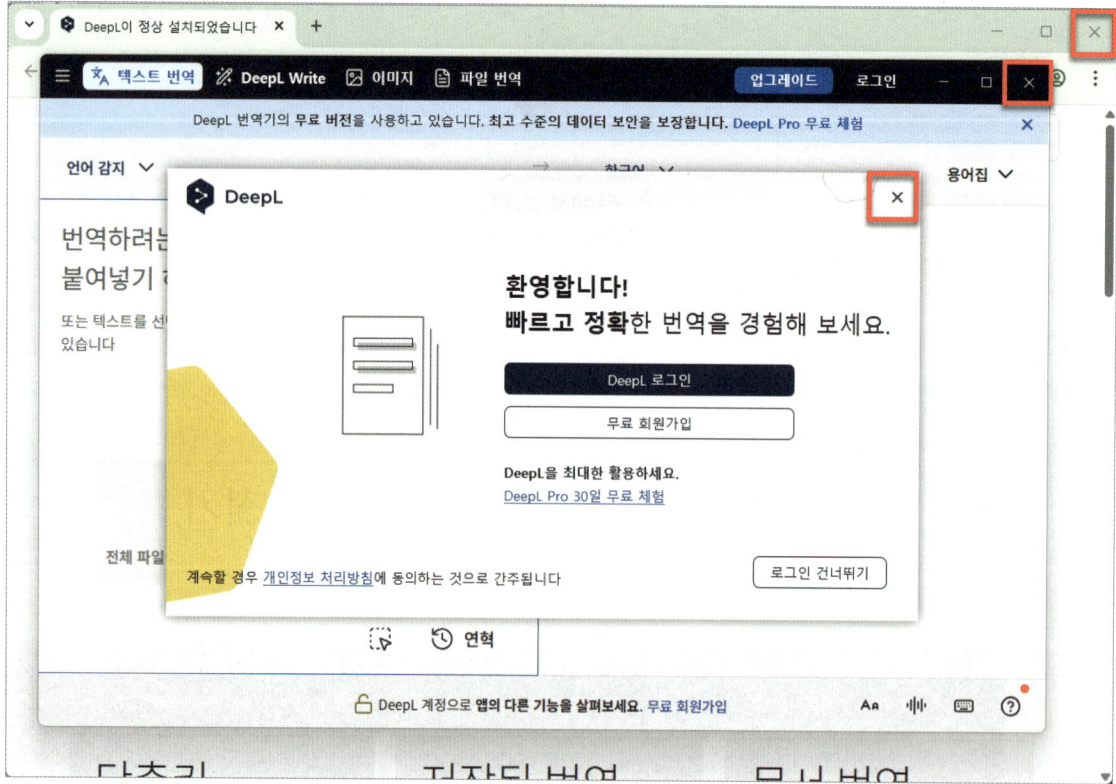

05 크롬 브라우저를 실행하여 **"독도"**를 검색한 후, 아래처럼 텍스트를 블록으로 지정합니다.

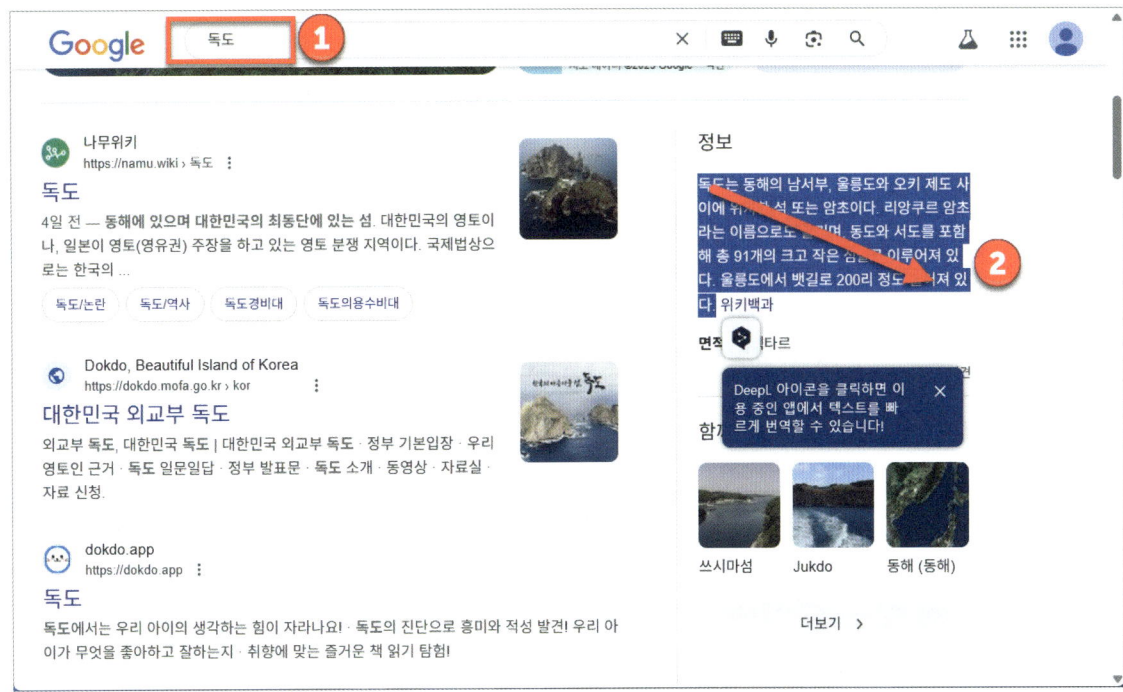

06 키보드 Ctrl + C + C 를 누르면 아래와 같이 번역이 되며, 복사와 바꾸기를 상황에 따라 선택합니다. (**어디서나 블록 설정 후 사용 가능**)

**07** 블록 지정한 후 나오는 DeepL 아이콘을 클릭합니다. ❶ ⏻ **(종료) 버튼**을 클릭한 후 ❷**DeepL 아이콘 끄기**를 선택하면 다음부터는 블록을 지정하여도 번역하는 아이콘이 보이지 않게 됩니다(Ctrl + C + C **사용**).

**08** 아이콘을 다시 활성화 하려면 **바탕화면**에 ⬢(DeepL 아이콘)을 실행한 후, 좌측 상단의 ❶ ≡ (메뉴)를 클릭 ▶ ❷**설정**을 선택합니다.

**09** [일반]에서 ❸**DeepL 플로팅 아이콘 활성화**를 체크한 후 ❹**닫기**를 클릭하면 지금부터는 블록 지정 시 자동으로 아이콘이 나타납니다.

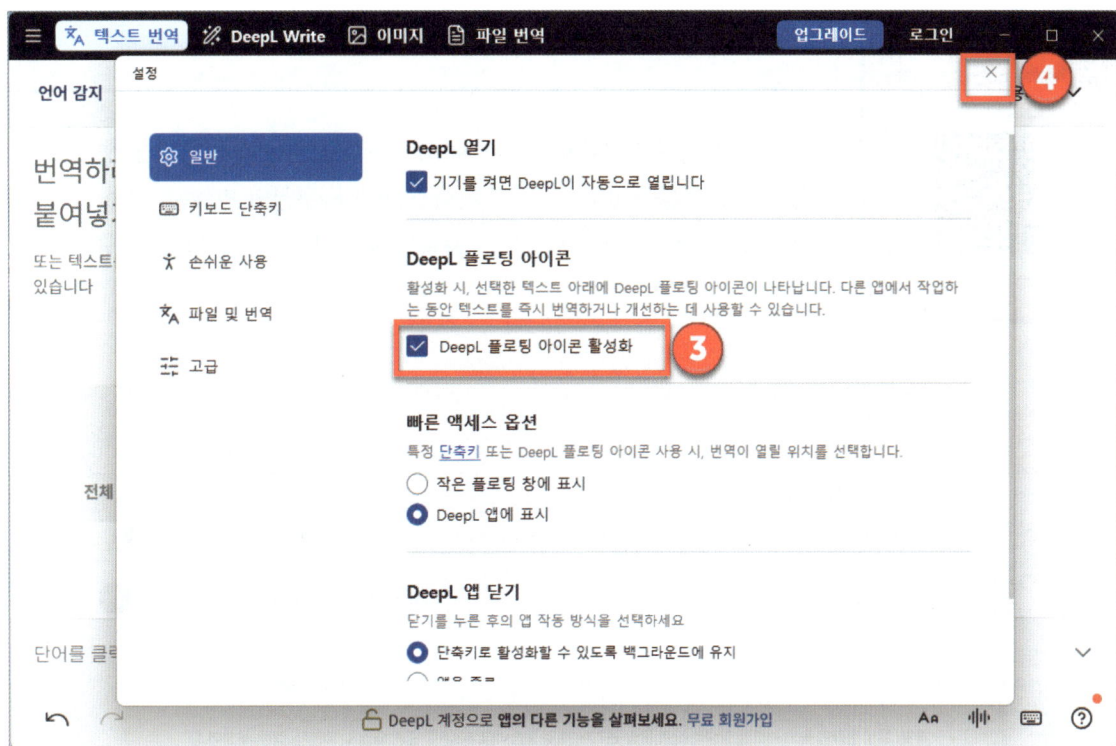

**10** 키보드 단축키가 다른 앱과 충돌하거나 불편하면 **[설정] 창의 [키보드 단축키]**에서 원하는 단축키로 변경할 수도 있습니다.

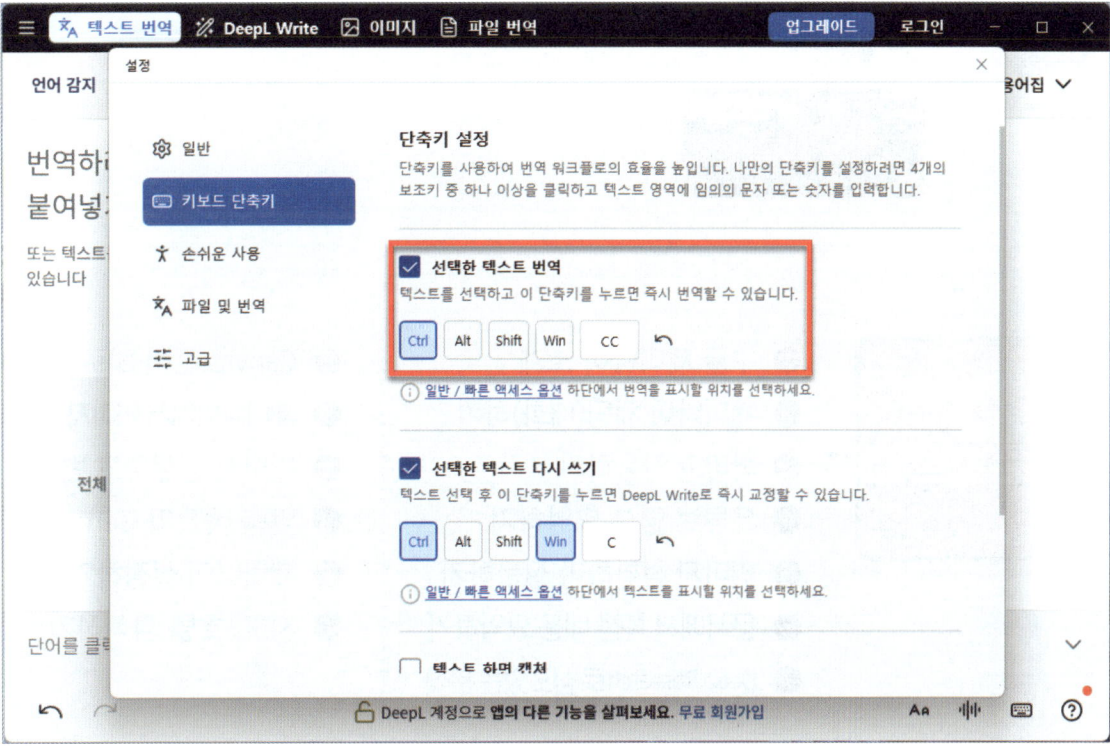

# CHAPTER 03 구글 제미나이 활용하기

구글에서 개발한 제미나이(Gemini)는 대화형 생성형 인공지능 챗봇으로 최근 많은 사용자를 확보하고 있는 서비스입니다. 구글의 방대한 검색 데이터를 활용해 어느 생성형 인공지능보다 훌륭하게 서비스를 지원하고 있습니다.

### 결과화면 미리보기

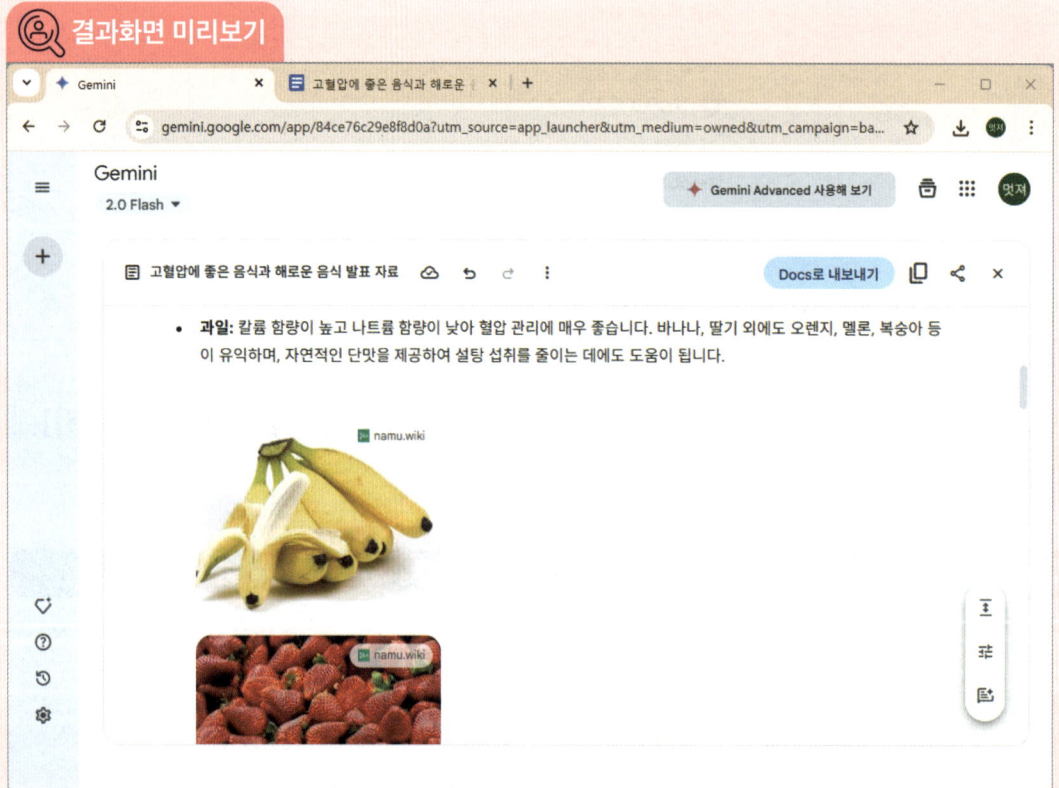

### 무엇을 배울까?

① 구글 제미나이 소개
② 제미나이 채팅(대화)하기
③ 파파고 사용하기
④ 유튜브 영상 요약하기
⑤ 이미지 첨부하여 질문하기
⑥ 문서에서 특정 내용 요약하기
⑦ Deep Research로 심도있는 분석

⑧ Canvas(캔버스)로 생성하기
⑨ 제미나이에서 이미지 생성하기
⑩ 이미지 생성하고 변경하기
⑪ 맞춤 버전의 Gems
⑫ 제미나이 설정하기
⑬ 지도, 호텔 검색하기

## STEP 1 ▶ 구글 제미나이 소개

**01**  크롬 브라우저를 실행한 후 ❶**구글앱** 버튼에서 ❷**검색**을 클릭하고 **로그인**을 합니다.

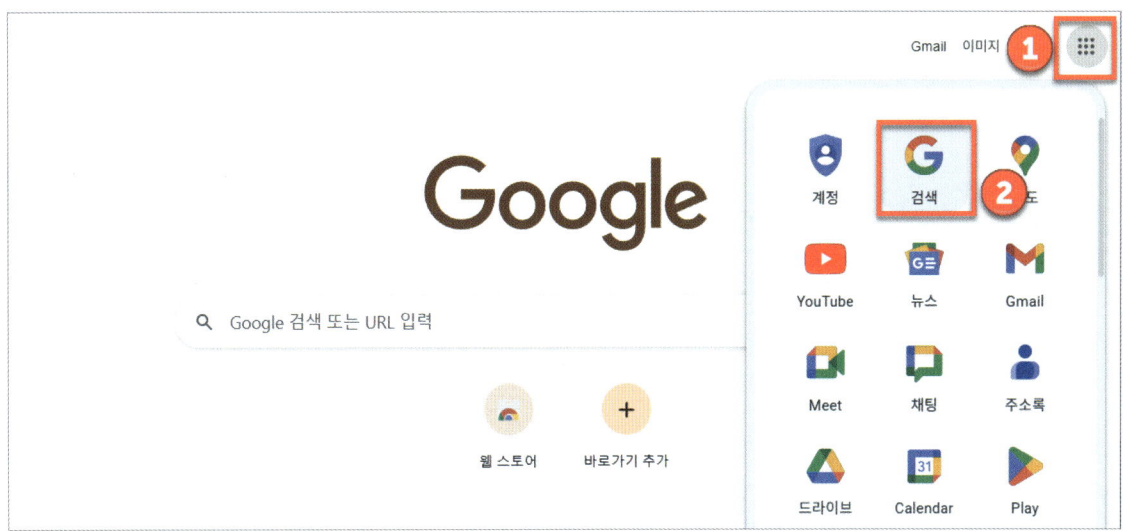

**02**  지메일 계정을 입력하면 왼쪽으로 닉네임이 나오지만, 계정이 틀리면 나오지 않으므로 계정을 확인한 후 다시 입력하고, **비밀번호**를 입력한 후 **[다음]**을 클릭하면 로그인이 됩니다. 일반적으로 비밀번호는 영어소문자, 숫자, 특수문자로 결합하는 것이 좋습니다.

**03** 나만의 Chrome 만들기 상자가 보이면 가급적 **크롬에도 로그인**을 하는 것이 좋습니다. 아래처럼 본인의 계정으로 계속한다고 누릅니다.

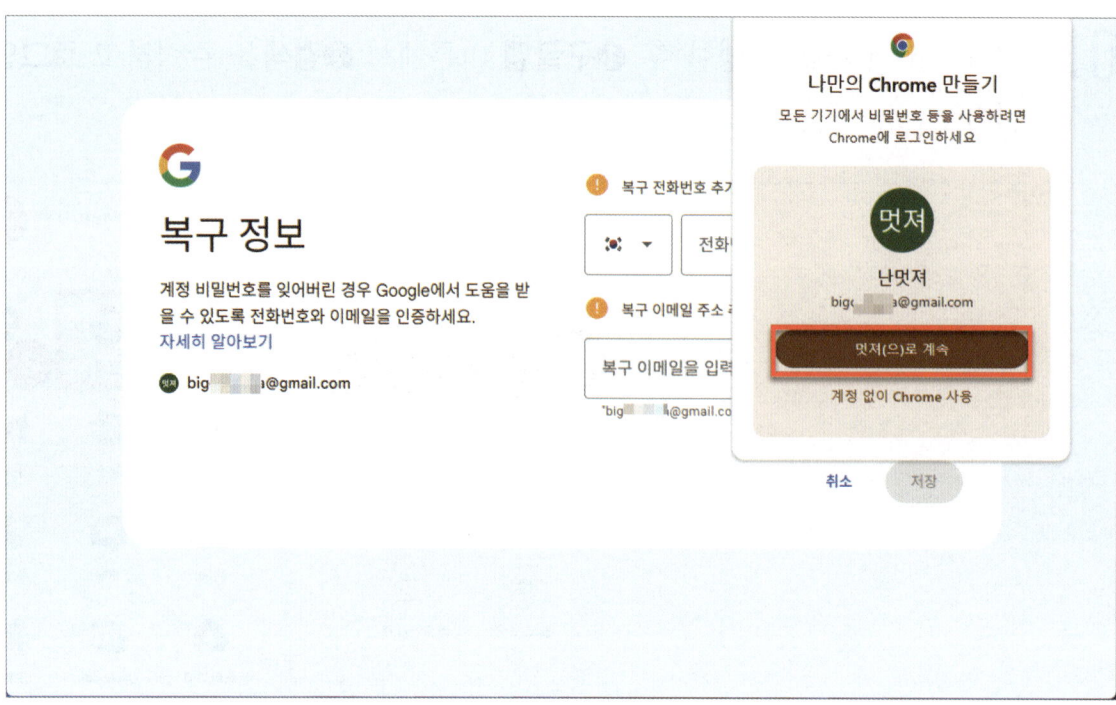

**04** 검색상자에 "제미나이"를 검색한 후 해당 사이트에서 작업을 진행할 수도 있으나, 여기서는 ❶**구글앱** 버튼을 클릭한 후 ❷**Gemini**를 선택하는 방법으로 진행하도록 합니다.

**05** 제미나이 화면은 **❶메뉴를 펼쳐진 대로 보기**, **❷제미나이 모델 선택**, **❸프롬프트 창**으로 구성되어 있습니다.

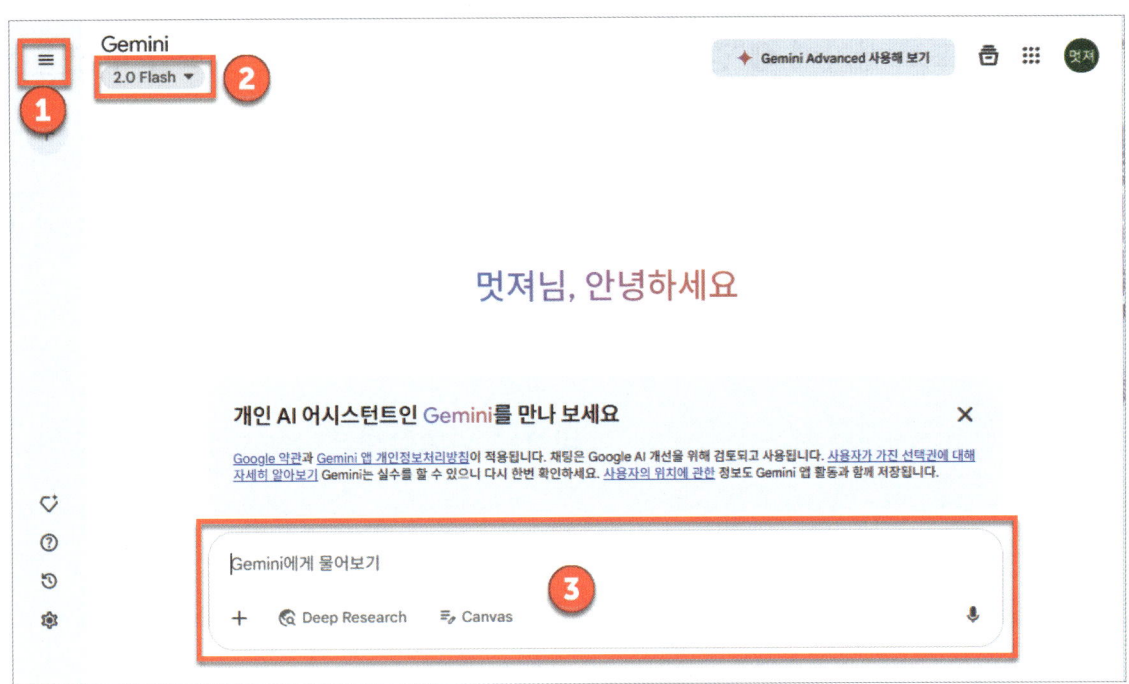

**06** 기본적으로 제미나이는 **일상적인 도움을 제공**하는 **2.0 Flash** 모델로 시작되며 (이 책을 보는 지금은 모델 버전이 향상되었을 수도 있음), 다른 모델도 선택할 수 있습니다. **Gemini Advanced**로 업그레이드를 하면 **1개월간 무료**로 사용할 수 있으나, 이후에는 29,000원의 비용이 발생합니다.

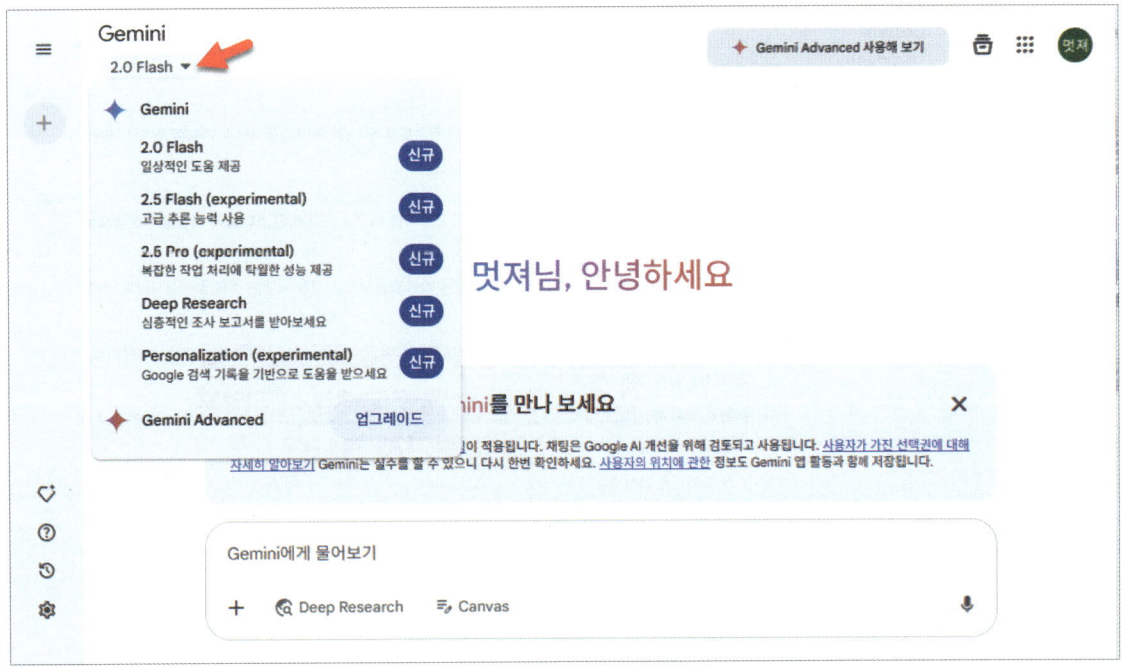

## STEP 2 > 제미나이 채팅(대화)하기

**01** 프롬프트 상자에 ❶**"강원도를 1박 2일 동안 효율적으로 여행할 수 있는 방법"**을 입력한 후 Enter 를 누르거나 ❷**전송** 버튼을 클릭합니다.

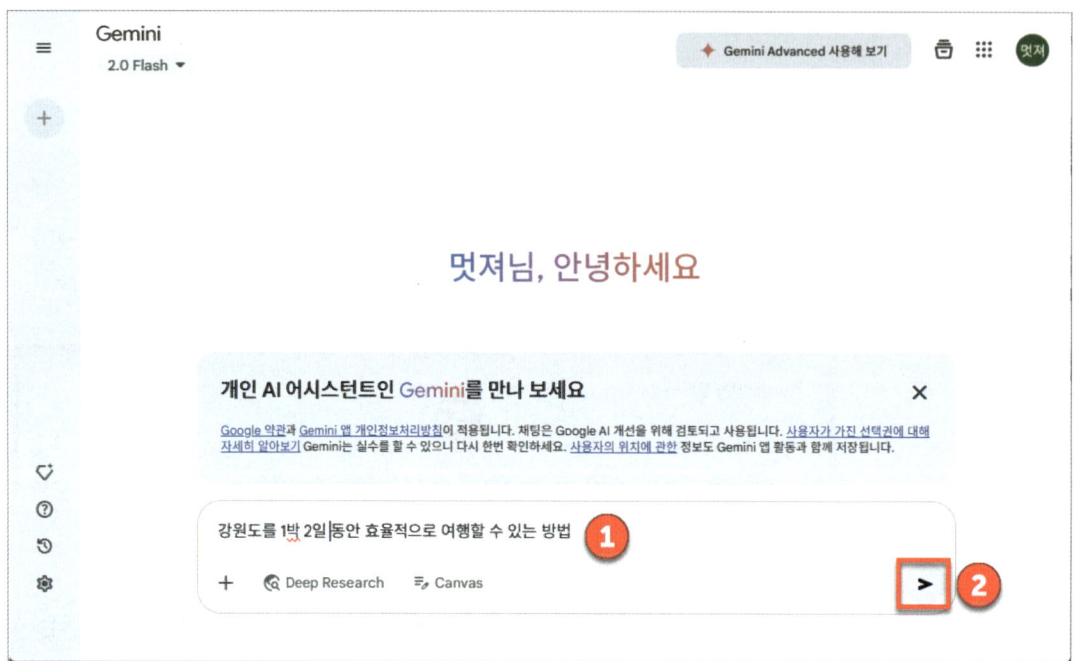

**02** 답변을 빠르게 해주고 있는 것이 확인되며, 상세한 질문도 답변해 줍니다. 여기서는 사용하는 방법을 확인하는 정도로 작업합니다.

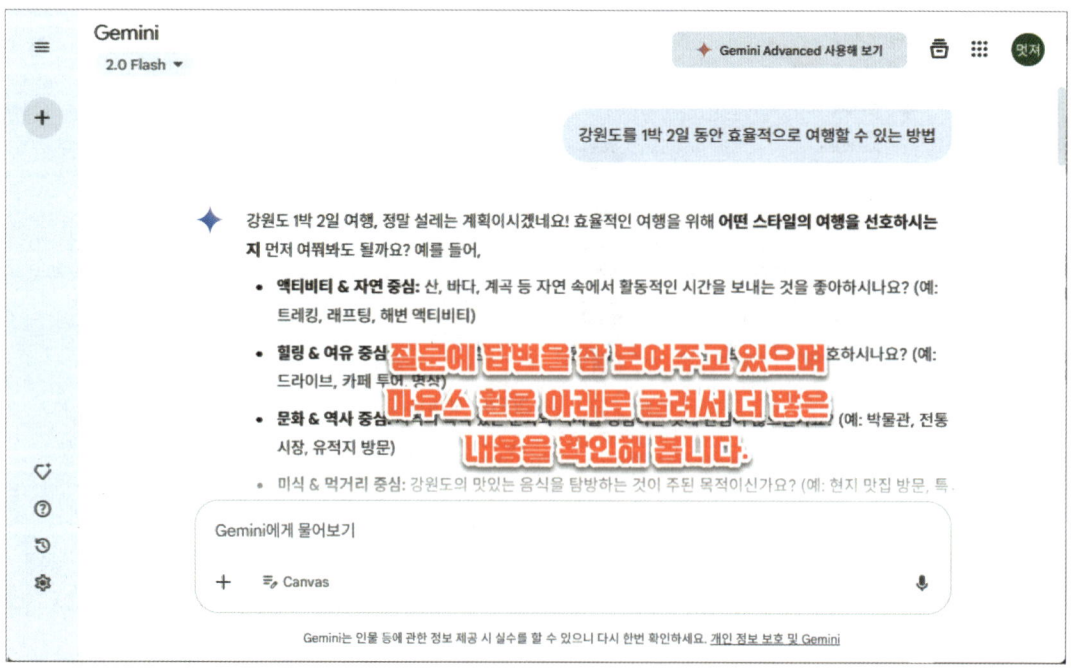

**03** 글로 작성된 내용을 **"표로 정리해 줄래"**라고 프롬프트에 입력해 보도록 합니다. 이때 프롬프트에 **"위 결과 내용을 표로 정리해 주세요"**라고 하는 것이 더 좋은 명령이 됩니다.

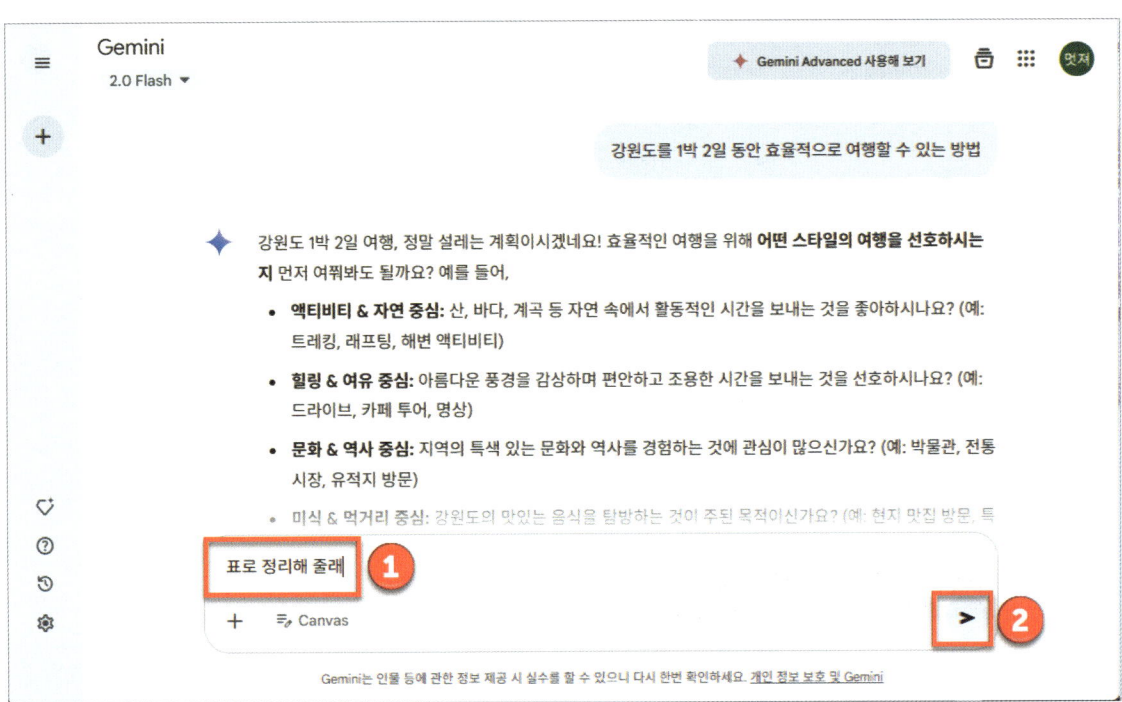

**04** 아래와 같이 1일차, 2일차 시간대별로 깔끔하게 정리를 해서 제공을 하고 있습니다. 상세하게 질문을 하면 더욱 정교한 답변을 하도록 만들어졌습니다.

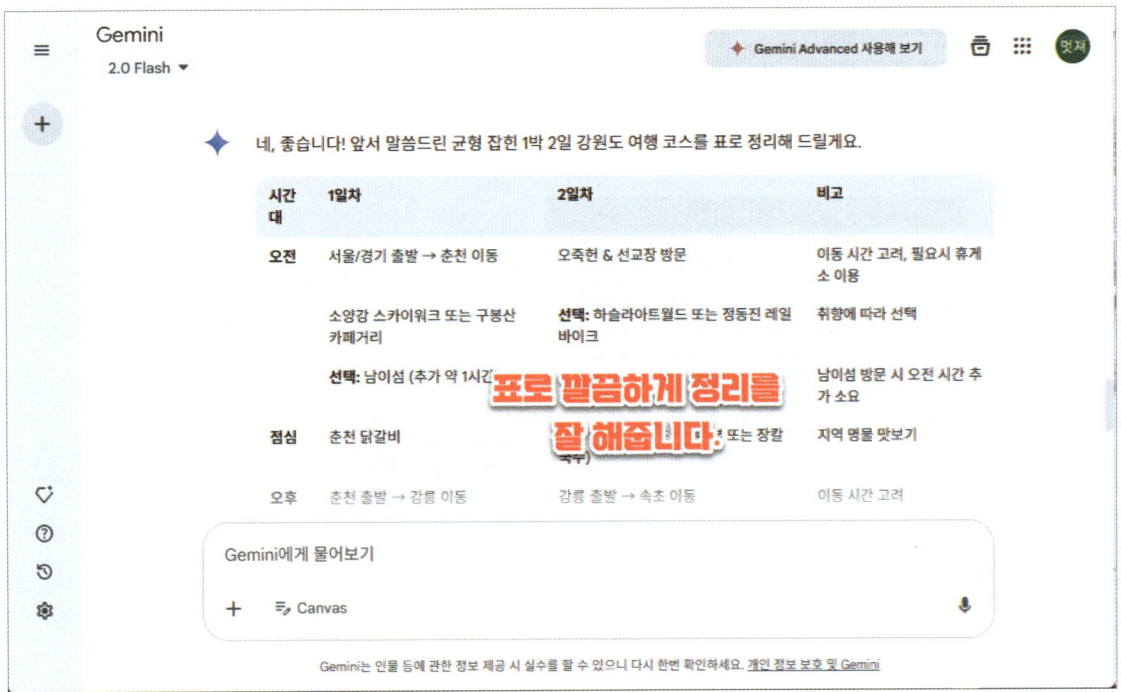

**05** 해당 결과를 표로 작성하게 되면 **Google WorkSpace(구글워크스페이스)**를 통하여 연동을 할 수 있게 됩니다. 내용 아래쪽에 있는 ❶**Sheets로 내보내기**를 클릭하여 생성되기를 기다린 후 ❷**Sheets 열기**를 클릭합니다.

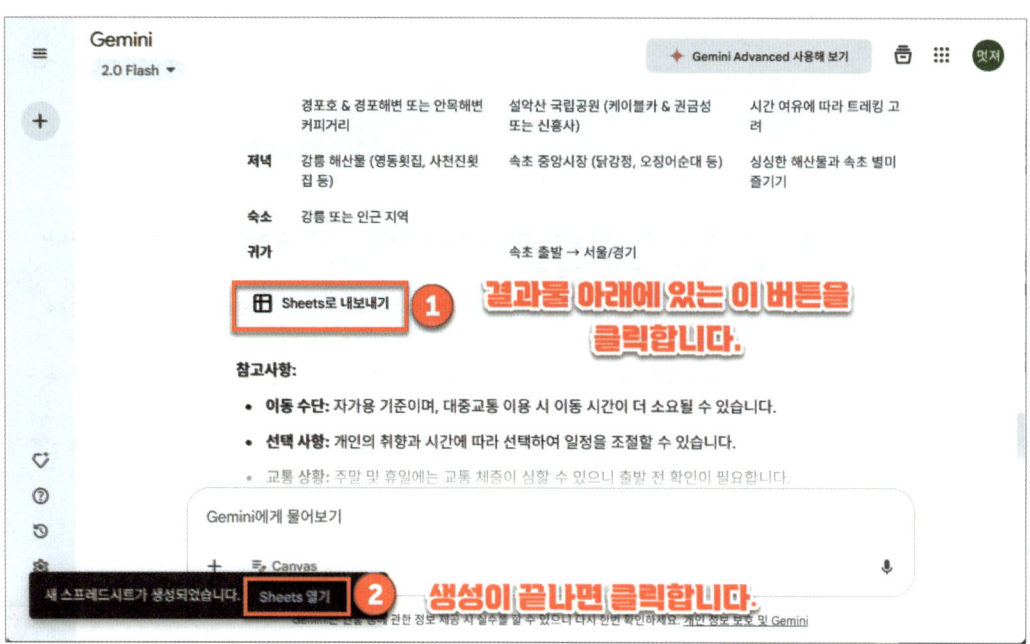

**06** ❸**테이블로 변환**을 클릭한 후, 상단의 파일명을 ❹**"강원도 여행"**으로 변경한 후 Enter 를 누르면 구글 드라이브에 저장이 됩니다. 상단의 탭을 닫은 후 **구글앱** 버튼에서 **드라이브**로 이동하여 저장된 파일을 확인해 보세요.

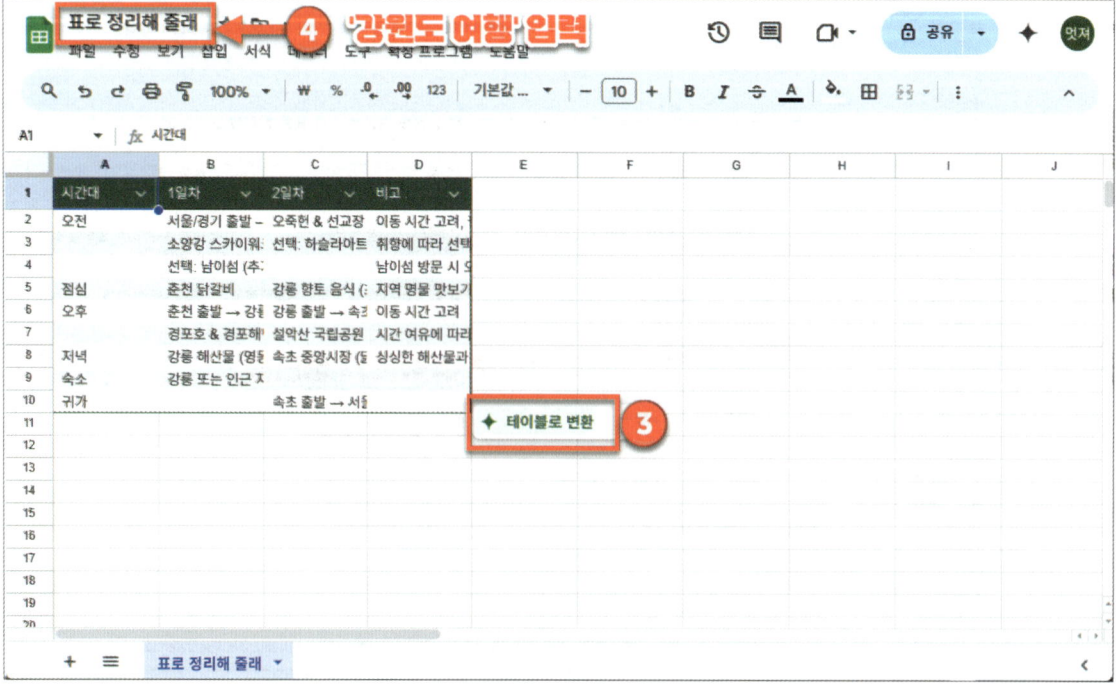

## STEP 3 ▶ 새로운 채팅(대화)하기

**01** 제미나이는 채팅이라고 하지만 토픽, 대화 등으로 바꿔 말해도 되며, 왼쪽의 ❶ **메뉴**에서 ❷**새 채팅**을 클릭합니다.

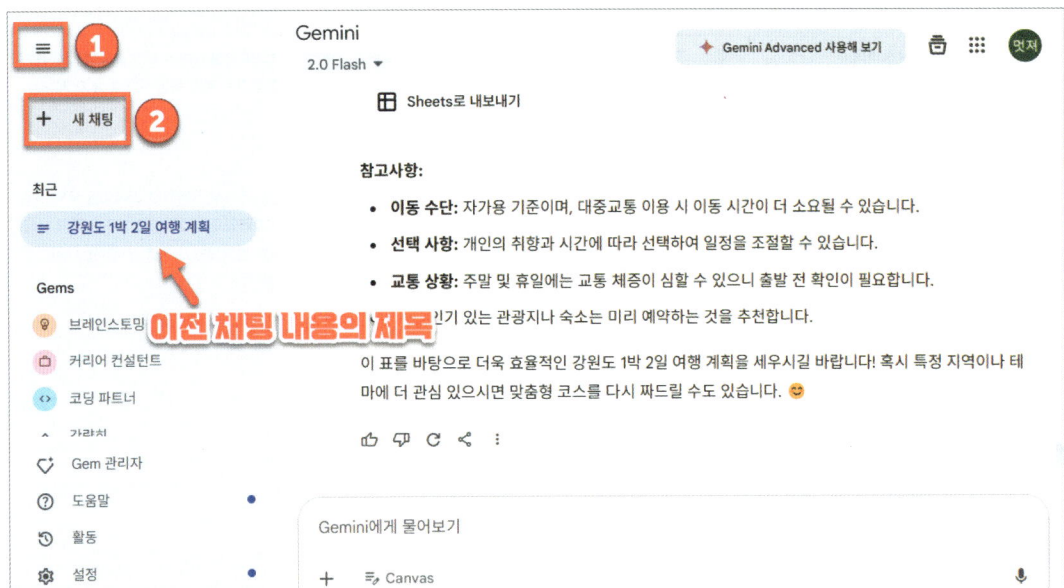

**02** 새 채팅창이 나오면 하단의 프롬프트에 "**2025년 한국의 인공지능 관련종목을 알려줘**"라고 질문을 하면 아래와 같이 관련기업 및 종목을 해당원에 맞게 찾아주게 됩니다.

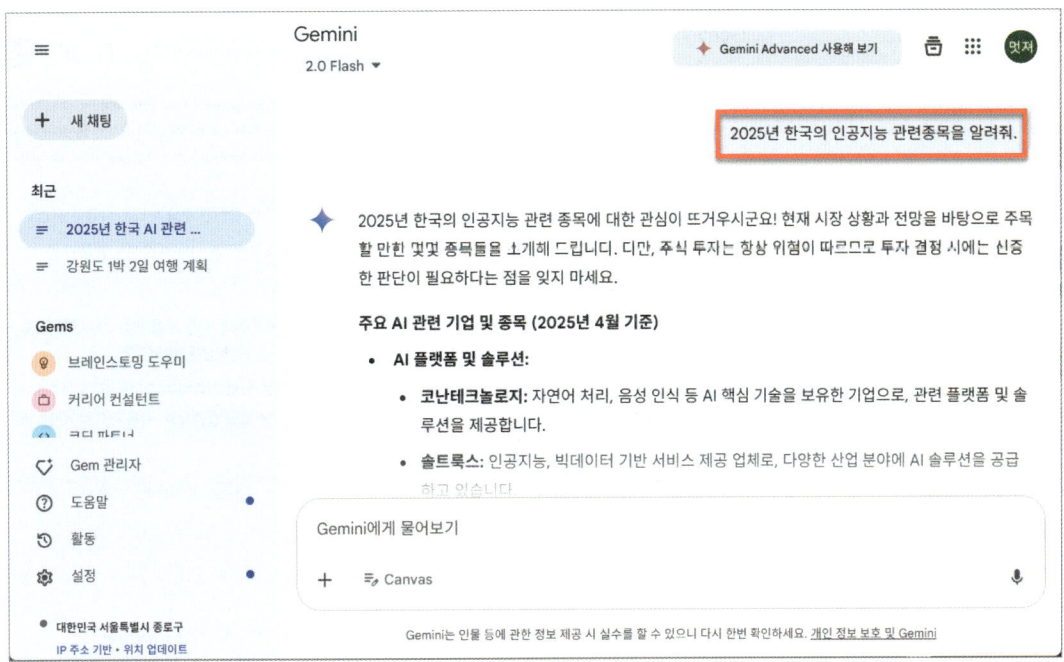

## 03 "한국에서 만들어진 코인 종류를 알려줘"라고 질문을 하면 답변이 잘 나오는 것이 확인됩니다.

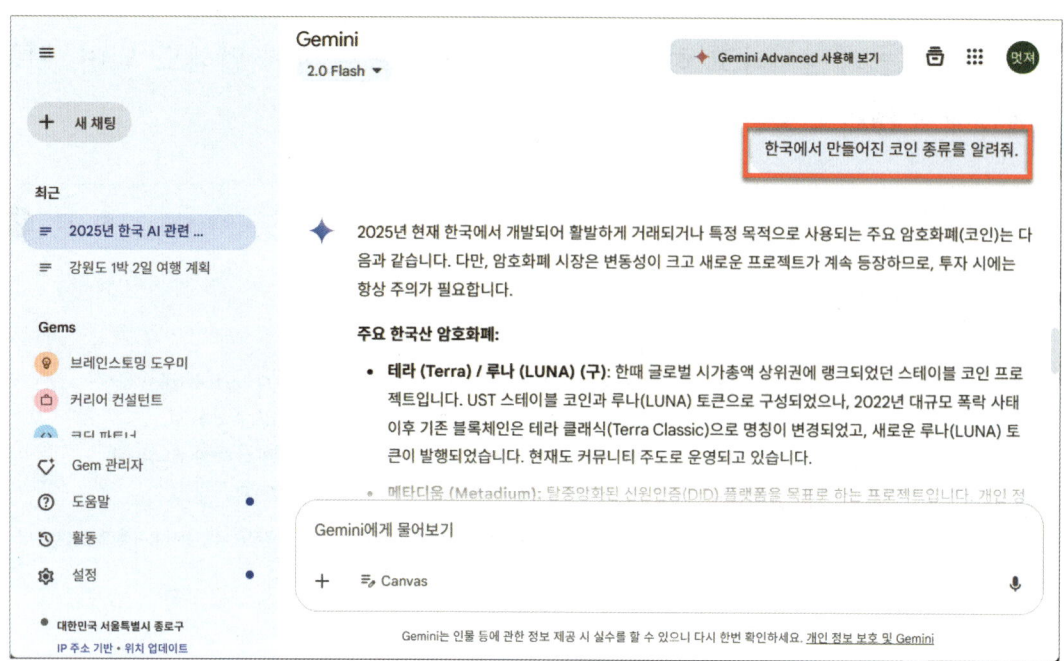

## 04 대한민국도 암호화폐에서 자유로울 수 없기 때문에 중앙은행인 "한국은행의 CDBC에 관련된 뉴스를 찾아줘"라고 입력하여 기사를 찾아보도록 합니다. [펼치기]를 누르면 해당 뉴스의 링크도 표시되므로 생성과 검색을 동시에 사용해 보는 예제가 되겠습니다.

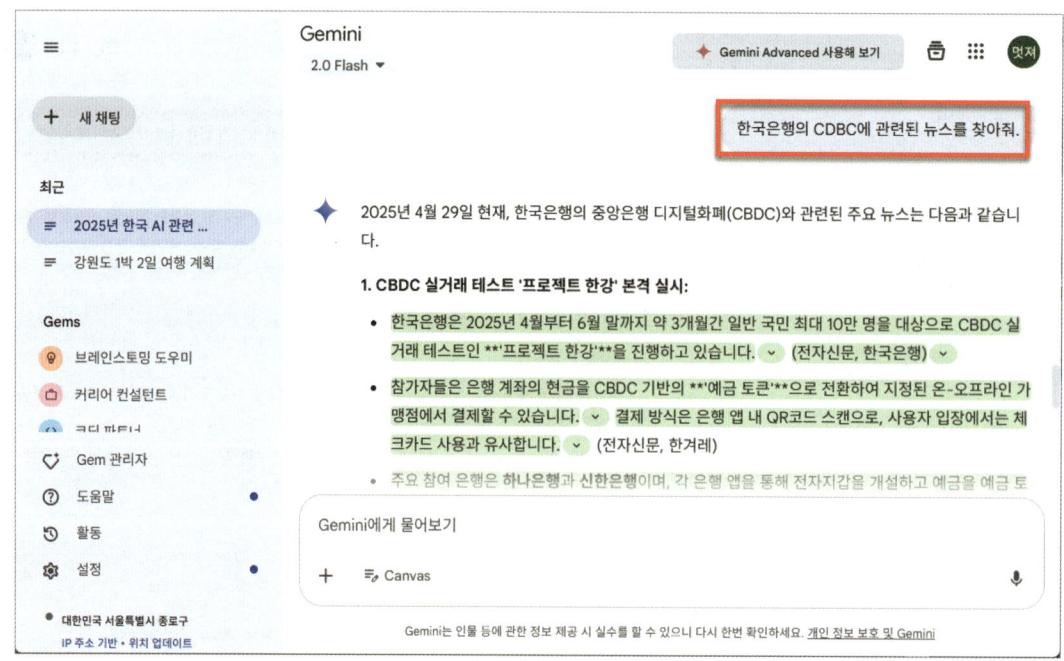

## STEP 4 ▶ 유튜브 영상 요약하기

**01** 구글에 로그인된 상태에서 **YouTube**로 이동합니다.

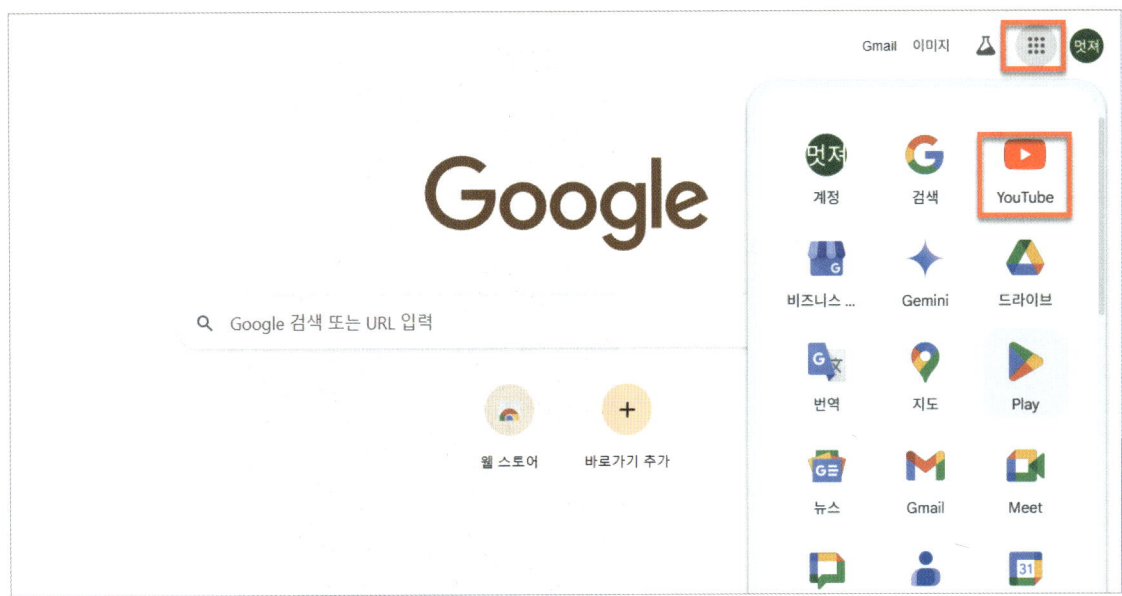

**02** 유튜브 탭이 열리면 검색상자에 ❶**"역노화 기술"**을 입력하고 Enter 를 눌러서 검색을 합니다. 화면 우측 상단에 있는 ❷**필터**를 클릭한 후 ❸**업로드 날짜**를 선택하면 최근 영상부터 나타납니다.

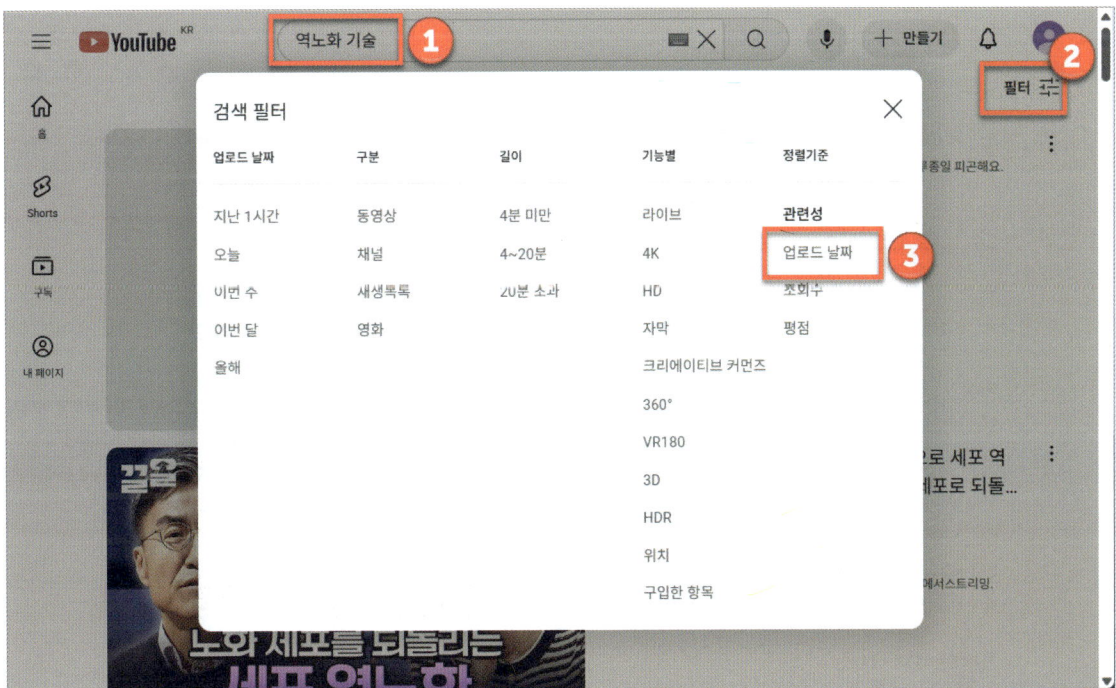

**03** 아래에 해당하는 **Shorts(쇼츠) 영상**을 클릭한 후, ❶**마우스 우클릭**으로 ❷**동영상 URL 복사**를 선택합니다. (참고로 네이버에 있는 영상은 접근권한이 없으므로 안 되며, 유튜브도 로그인을 해야만 가능함)

**04** 제미나이 탭으로 이동하여 하단 프롬프트에 ❶**붙여넣기**를 한 후, 스페이스바를 눌러서 ❷**한 칸을 띈 후에 "이 유튜브 영상을 요약해줘"라고 입력**하고 Enter 를 누릅니다.

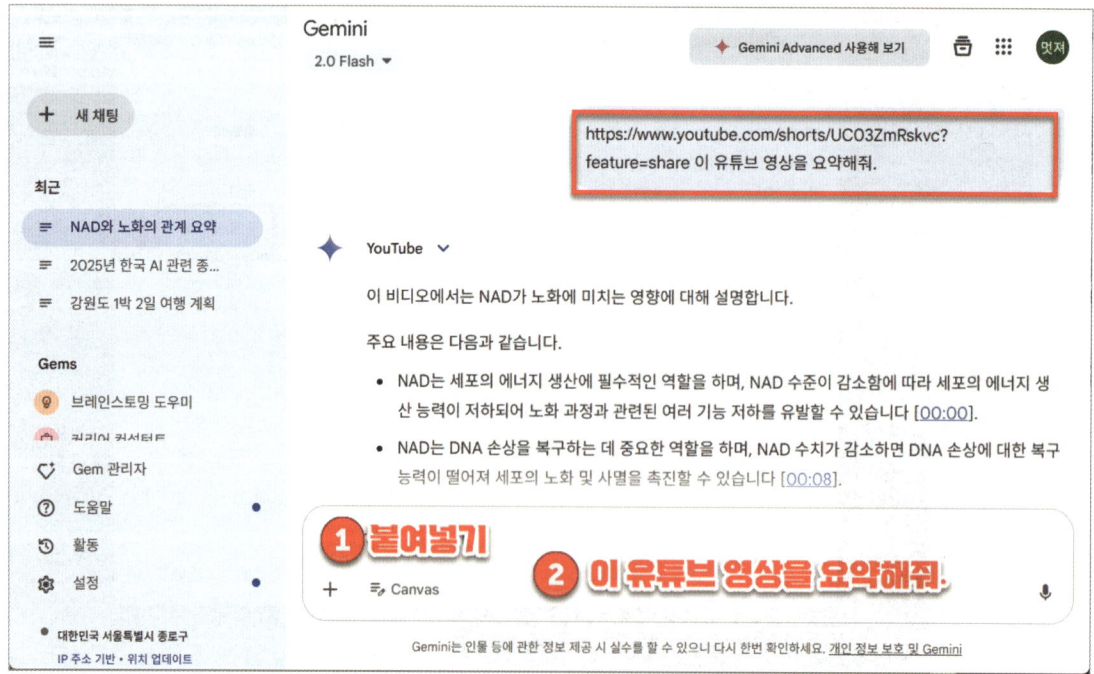

## STEP 5 ▸ 이미지 첨부하여 질문하기

**01** 새 채팅을 열고 프롬프트에서 ❶+(파일 추가) 버튼을 클릭한 후 ❷파일 업로드를 선택합니다.

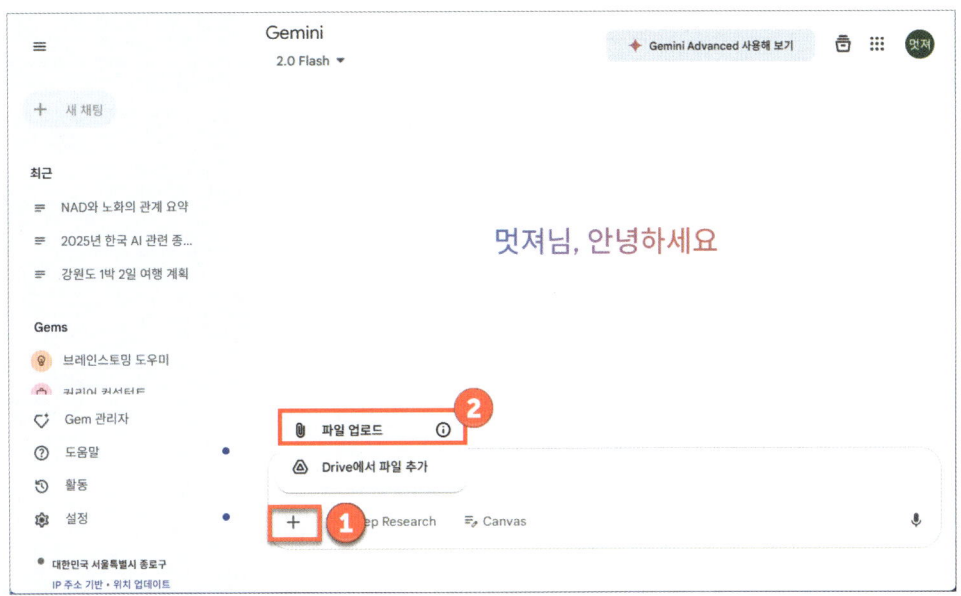

**02** 샘플로 제공(출판사 홈페이지에서 다운로드)된 파일을 이용하겠습니다. **문서 ▶ 인공지능예제** 폴더에서 아래의 **china** 파일을 가져옵니다.

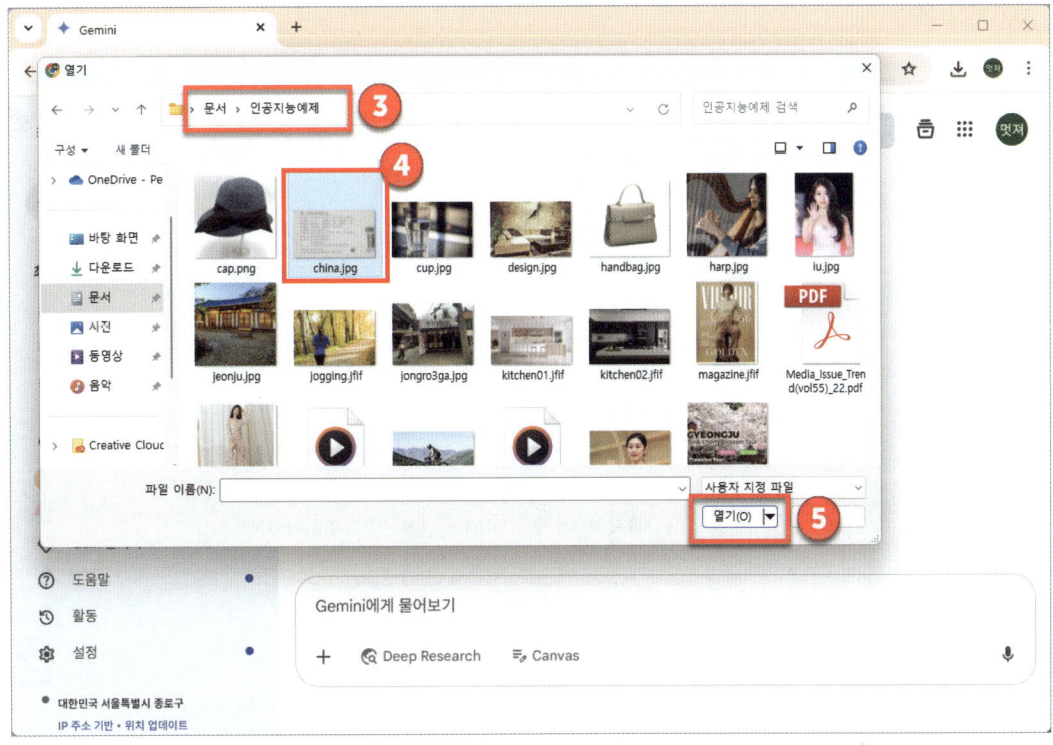

**03** 프롬프트에 이미지를 가져오면 **"한국어로 번역해줘"**를 입력한 후, Enter 를 눌러서 작업을 진행합니다.

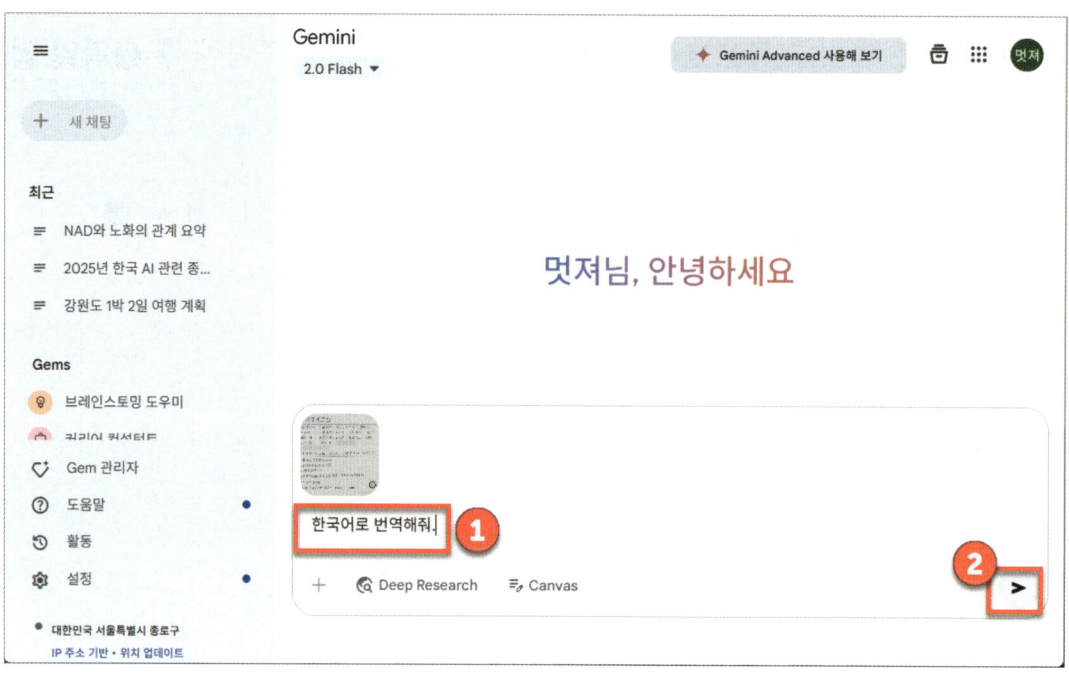

**04** **"위 제품의 충전기를 쿠팡에서 구매할 수 있으면 링크를 만들어줘"**라고 입력하고 Enter 를 눌러서 결과를 기다려봅니다. 결과가 나오면 하단에 링크가 나오게 되지만 해당제품의 충전기는 구매할 수 없다고 나오며 호환 가능한 케이블을 안내해 줍니다.

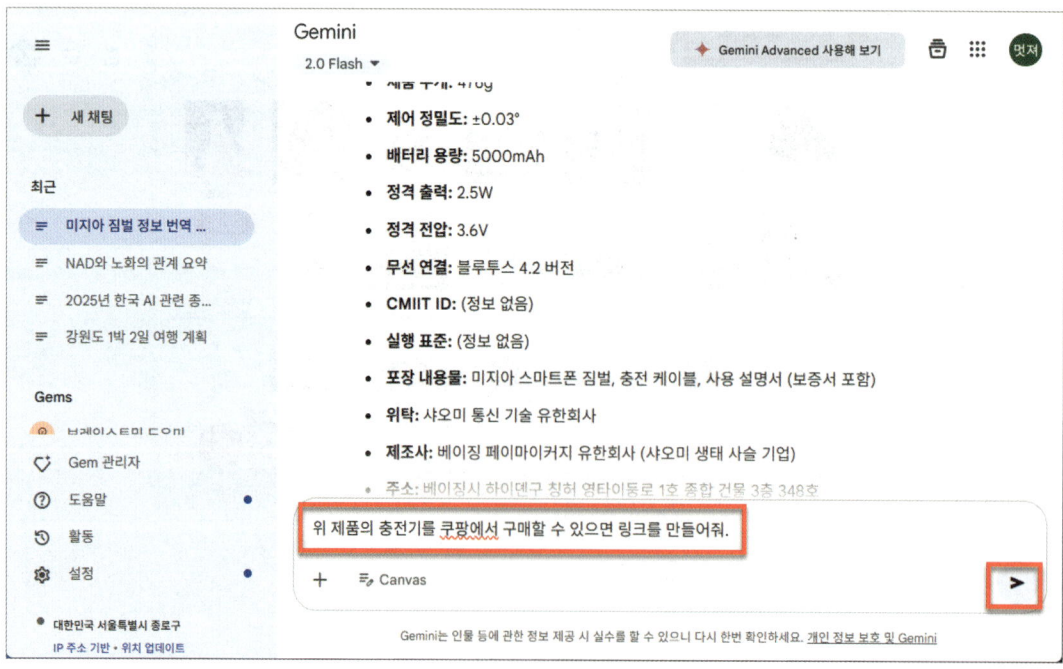

## STEP 6 > 문서에서 특정 내용 요약하기

**01** 새 채팅을 열고 프롬프트에서 ❶+(파일 추가) 버튼을 클릭한 후 ❷파일 업로드를 선택합니다.

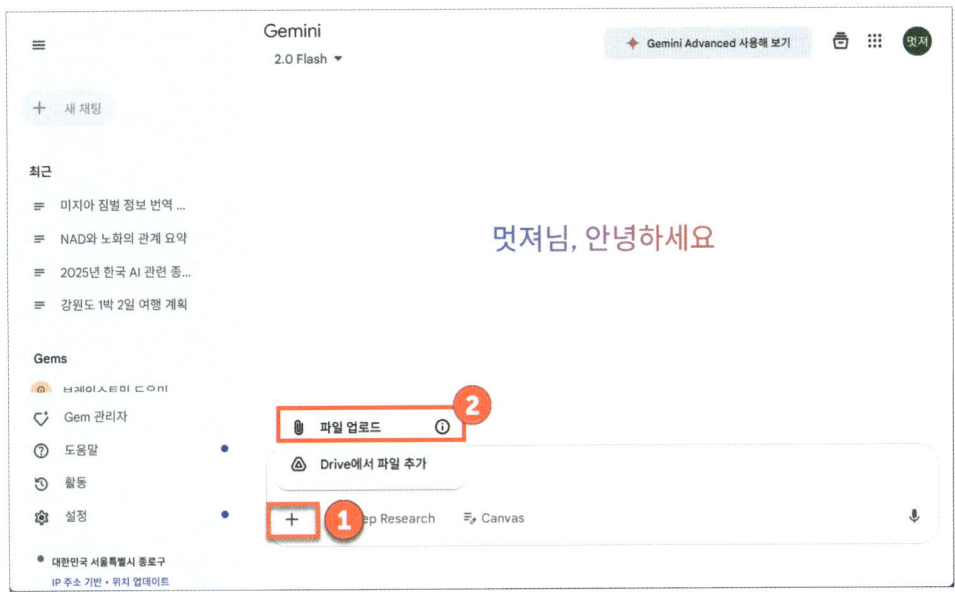

**02** 샘플로 제공된 **인공지능예제** 폴더에서 아래의 **PDF** 파일을 가져옵니다.

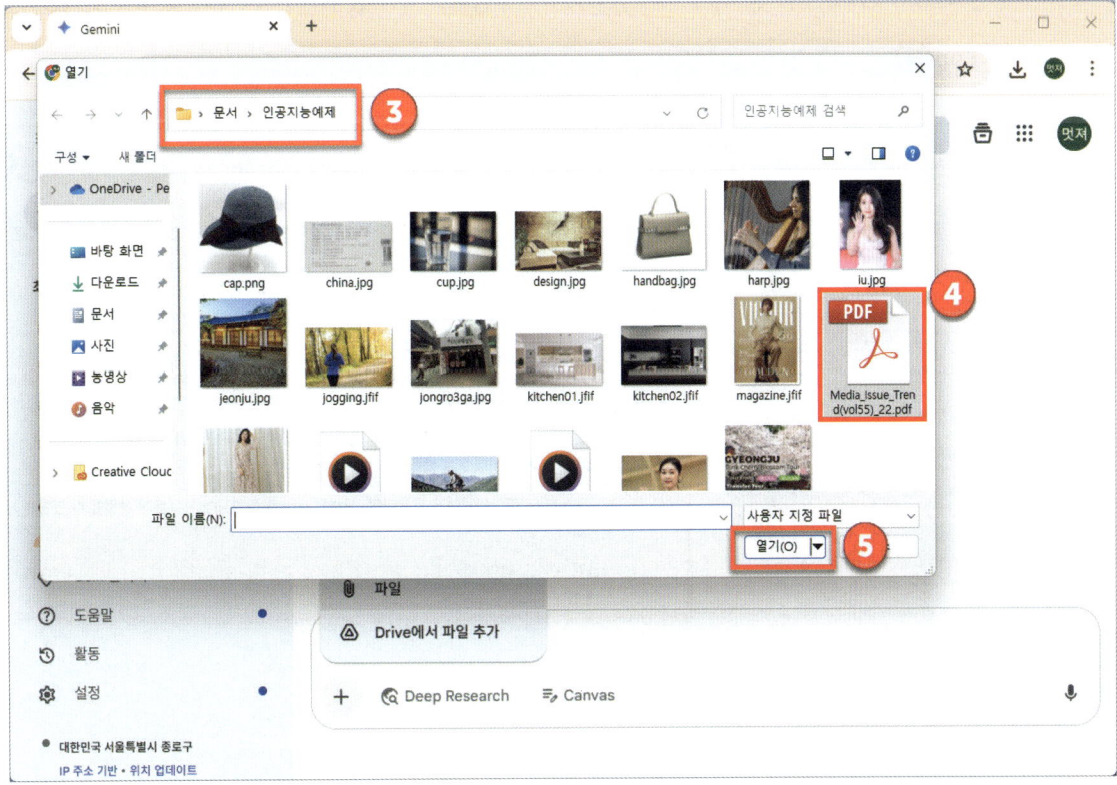

## 03 "해당 문서에서 음악에 관련된 내용이 있으면 리스트로 요약해줘"를 입력하고 전송합니다.

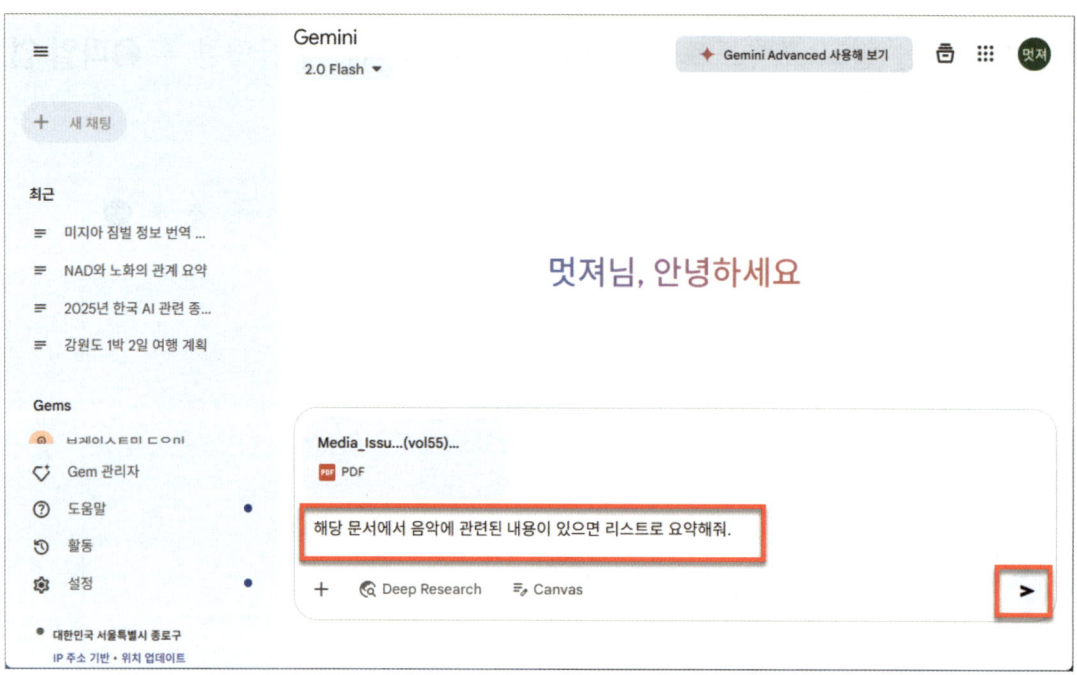

## 04 아래와 같이 PDF 문서 파일에서 사운드에 관련된 내용이 있으므로 요약을 리스트 형식으로 해주게 됩니다. 전체적인 요약뿐 아니라 부분적인 내용을 찾아 요약 가능하고, 보고서 형식도 다양하게 적용할 수 있습니다. **(개괄식 보고서로 다시 요약해줘)**

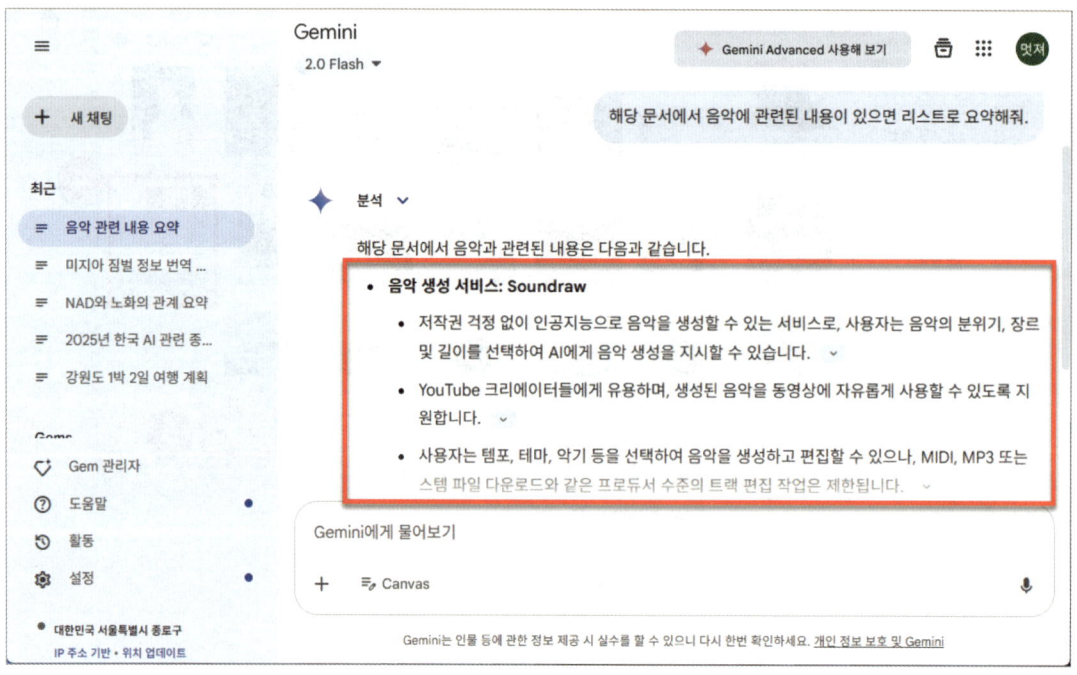

## STEP 7 ▸ Deep Research로 심도있는 분석

**01** 새 채팅을 열고 프롬프트에서 ❶**Deep Research**를 선택한 후 ❷**"2024년 유튜브 광고노출과 수익관계"**를 입력하고 ❸**전송**을 클릭합니다.

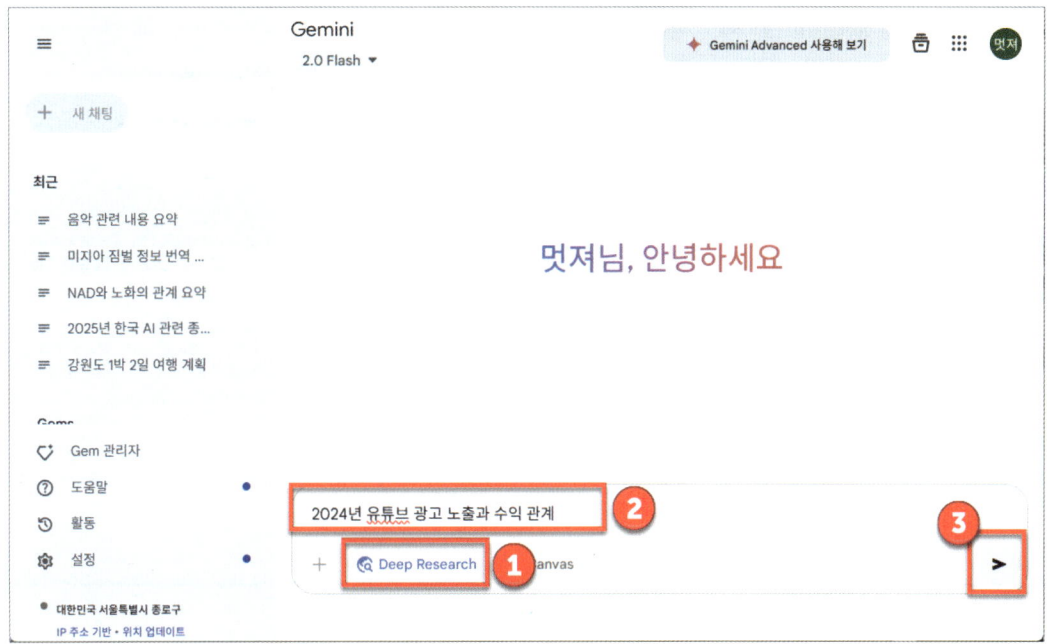

**02** 연구 계획을 짜봤다고 하면서 내용이 표시되는데, 계획수정과 연구시작이 하단에 나오지만 여기서는 **연구 시작**을 클릭합니다.

CHAPTER 03 구글 제미나이 활용하기

**03** 시간이 걸리지만 기다리면 아래와 같은 결과가 나오게 됩니다. 질문의도에 따라서 시간이 많이 걸릴 수 있으므로, 연습할 때는 간단한 주제로 질문하는 것이 좋습니다.

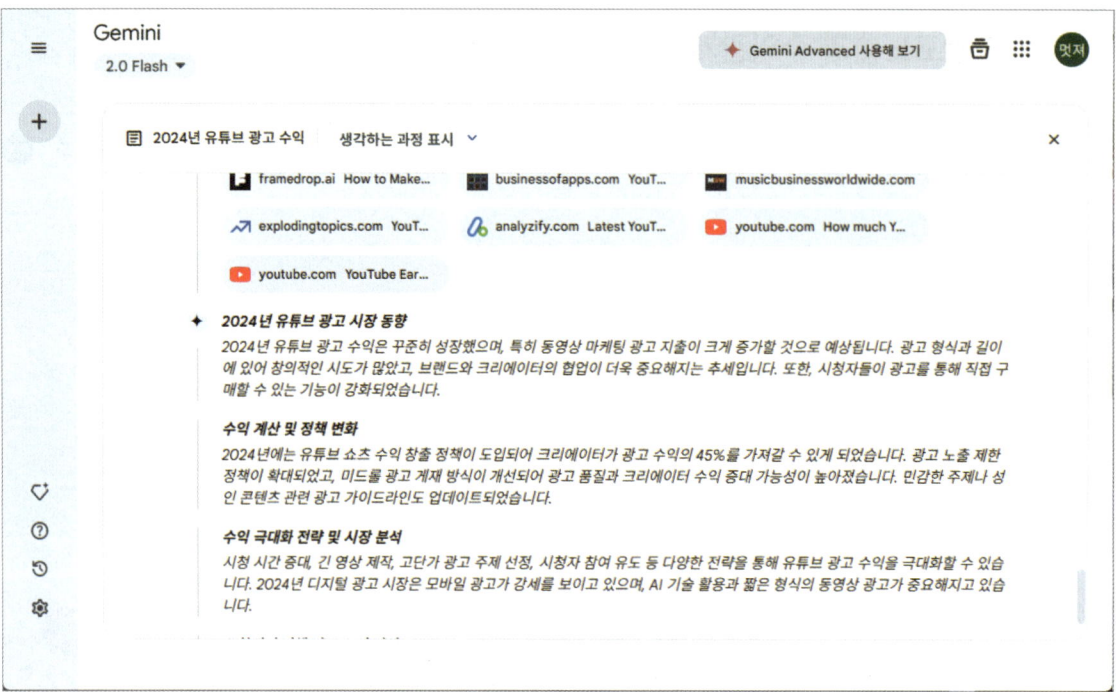

**04** 아래처럼 기다리면 결과가 나오게 됩니다. **Docs로 내보내기**를 클릭하면 구글 드라이브로 전송되어 문서가 열립니다.

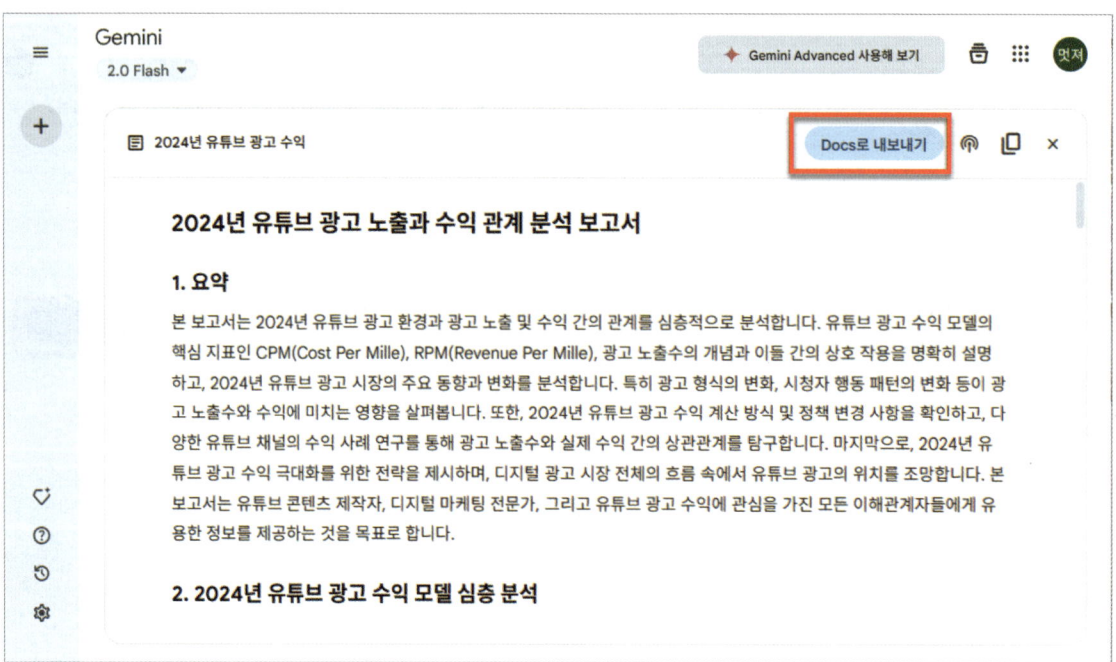

## STEP 8 > Canvas(캔버스)로 생성하기

**01** 새 채팅을 열고 프롬프트에서 **Canvas(캔버스)**를 선택한 후 **"고혈압에 좋은 음식과 해로운 음식 발표자료"**를 입력하여 문서 작성/편집 및 코드생성을 할 수 있습니다.

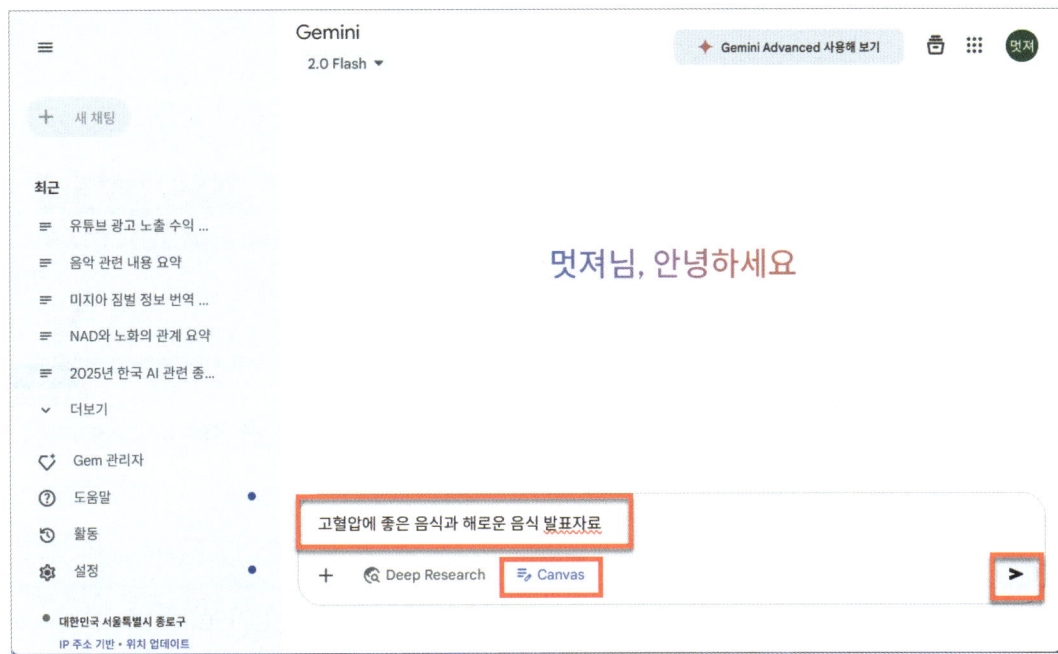

**02** 결과에서 오른쪽에 보이는 **길이 변경** 도구를 클릭해서 조절바를 드래그하면 **매우 짧게, 짧게, 길게, 매우 길게**로 조절할 수 있습니다.

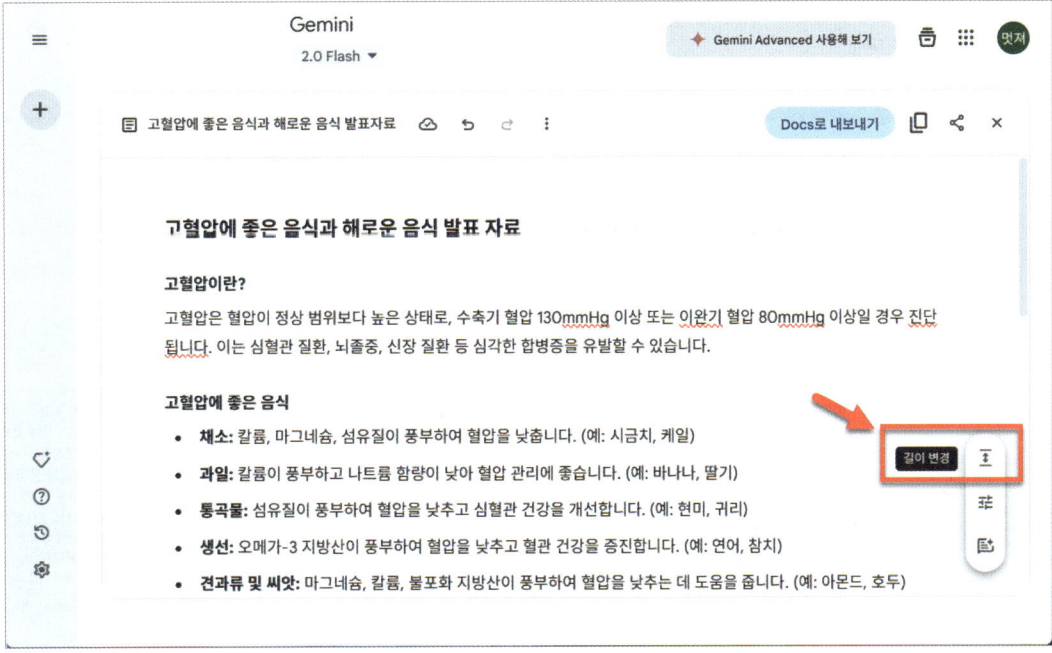

**03** 어조 변경을 눌러서 **매우 편하게, 편하게, 정중하게, 매우 정중하게**를 이용하여 변경해 보세요.

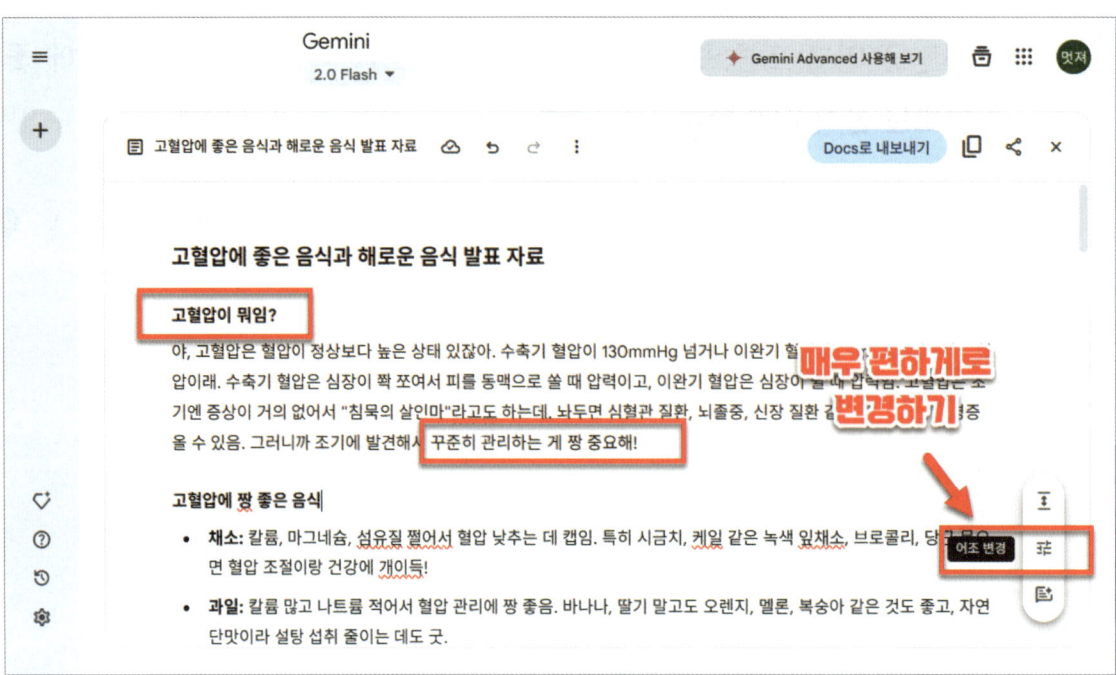

**04** 오른쪽 도구에서 제일 아래에 있는 **수정 제안**을 클릭하면 다음과 같이 격식있게 변경할 수 있습니다. **모두 적용**을 클릭해서 변경해 보세요. 왼쪽 창에는 짧게, 격조도 편하게 조절했던 과정이 글로 나타나므로 화면을 최대화 상태에서 프롬프트와 도구를 사용하도록 권장합니다.

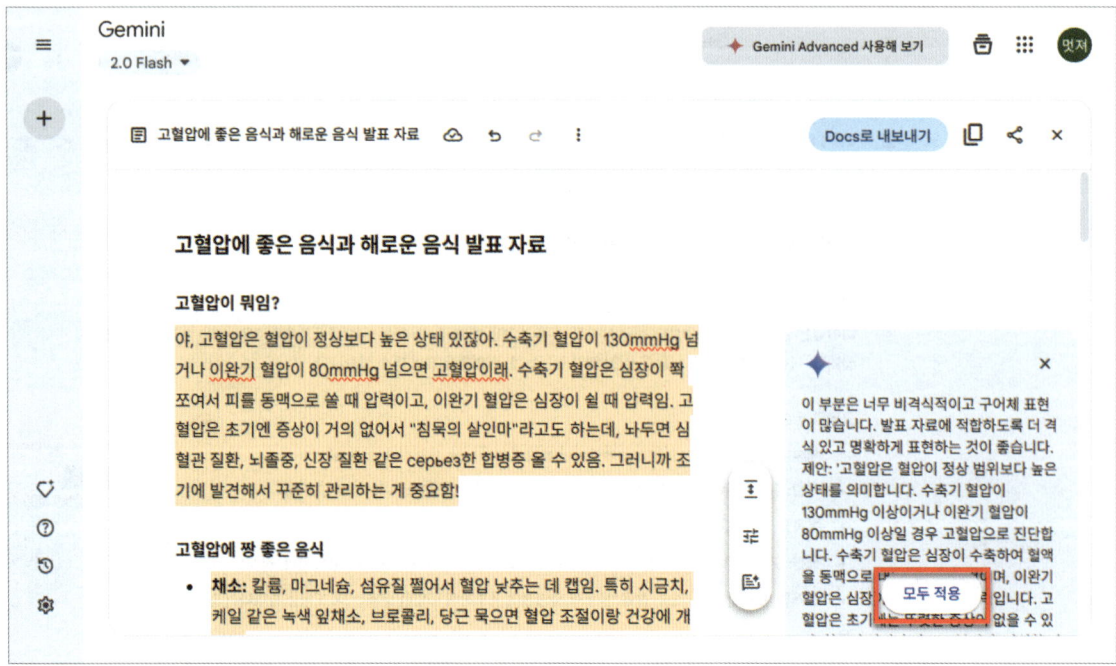

**05** 프롬프트에 **"항목에 해당하는 이미지도 추가해줘"**라고 전송을 하게 되면 발표자료에 사용할 이미지도 추가됩니다.

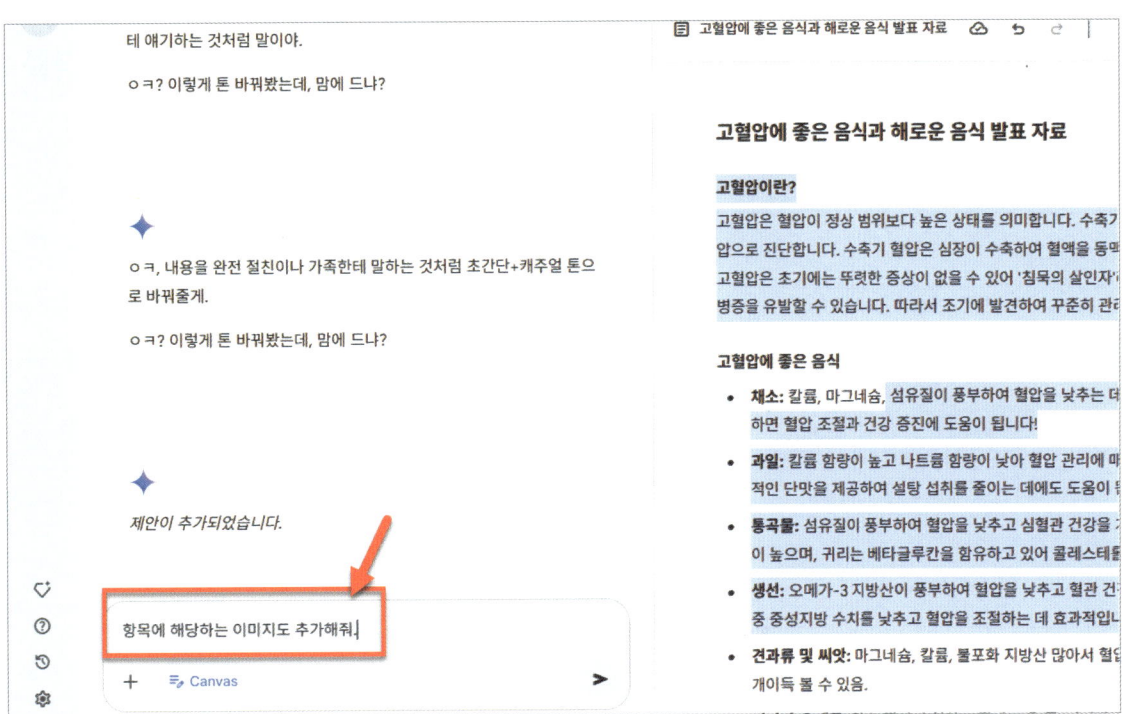

**06** 제미나이 캔버스에서 **직접 수정**할 수 있으나, **Docs로 내보내기**를 한 후에 **문서 편집**을 더 편하고 다양하게 할 수 있습니다. 제미나이에서는 추가한 이미지가 보이지만 Docs(문서)에서는 이미지가 보이지 않으므로 추가로 변경 작업을 해야 합니다.

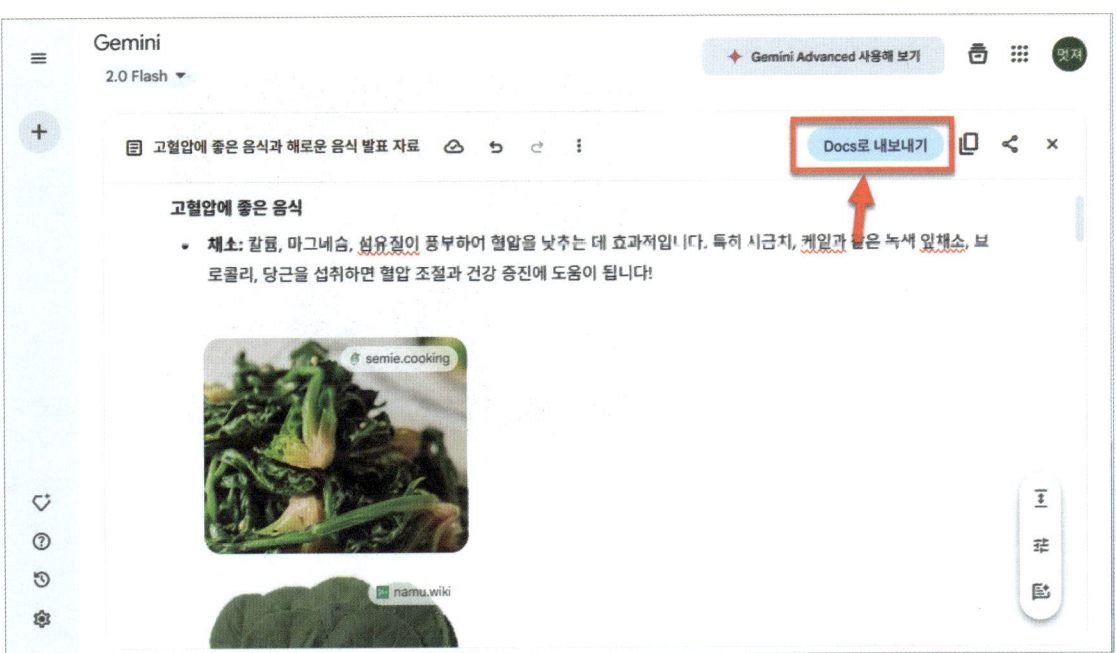

## STEP 9 ▸ 제미나이에서 이미지 생성하기

**01** 새 채팅을 열고 프롬프트에 **"들판 위를 신나게 웃으며 달려오는 팬더를 그려줘"** 라고 입력하고 **전송**을 클릭합니다.

**02** 이미지를 생성하고 있으며, 잠시 기다리면 아래와 같은 결과물이 생성됩니다. 프롬프트에 **"아기 팬더도 함께 그려줘"** 라고 입력한 후 **전송**합니다.

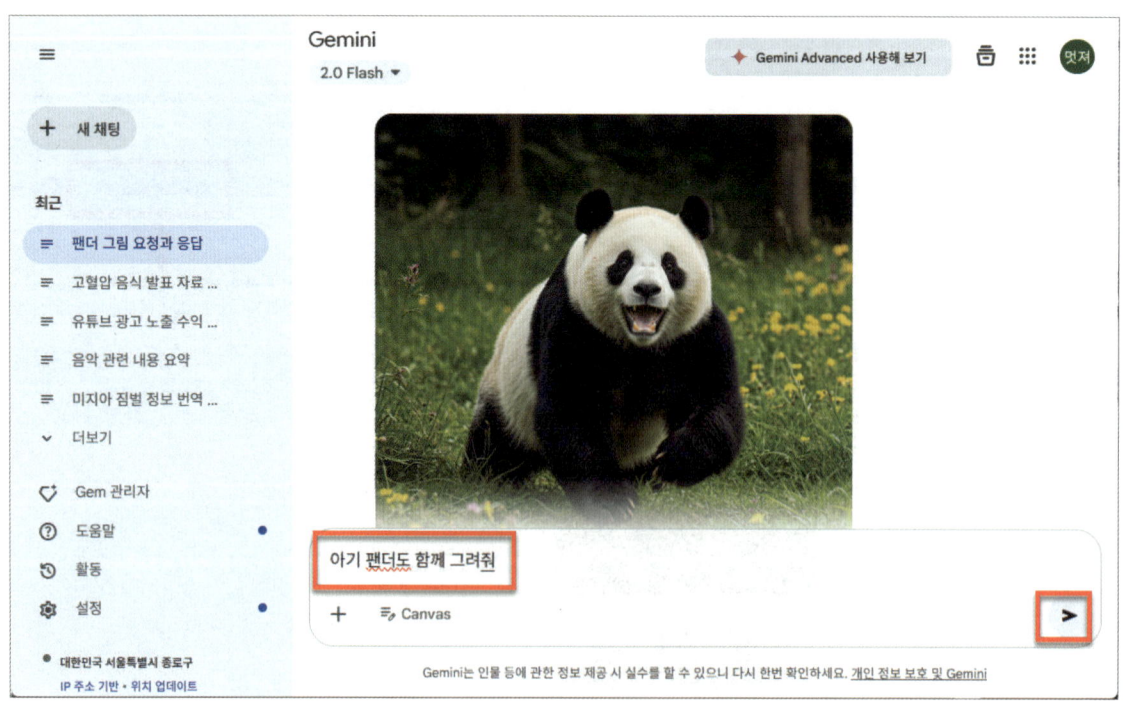

**03** 프롬프트에 **"사람에게 대나무 잎을 받아 먹는 애니메이션 스타일로 변경해줘"**라고 입력한 후 **전송**을 클릭합니다.

**04** 아래와 같이 애니메이션 스타일로 변경되었습니다. 프롬프트에 **"9:16 사이즈로 변경해줘"**라고 전송하면 세로 방향으로 긴 크기로 이미지가 다시 생성됩니다.

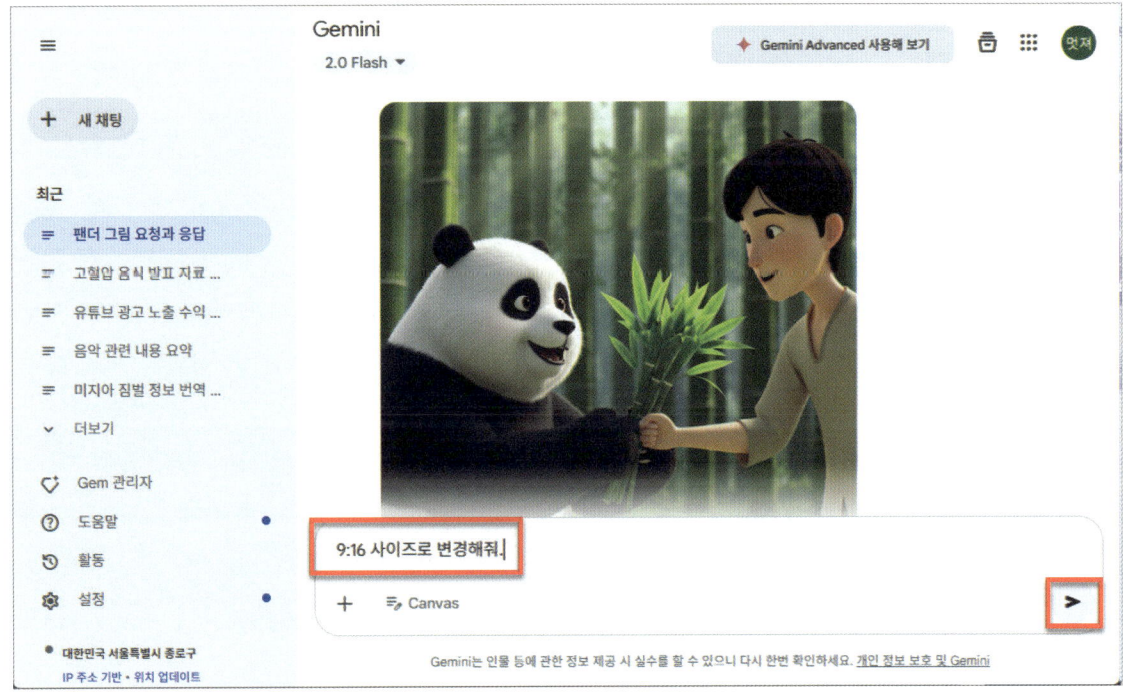

**05** 생성된 이미지에 마우스를 올리면 **원본 크기 다운로드**가 나타나고 클릭해서 다운로드할 수 있습니다. 파일명을 붙여 저장할 수 있으며 **PNG 형식**으로 저장됩니다.

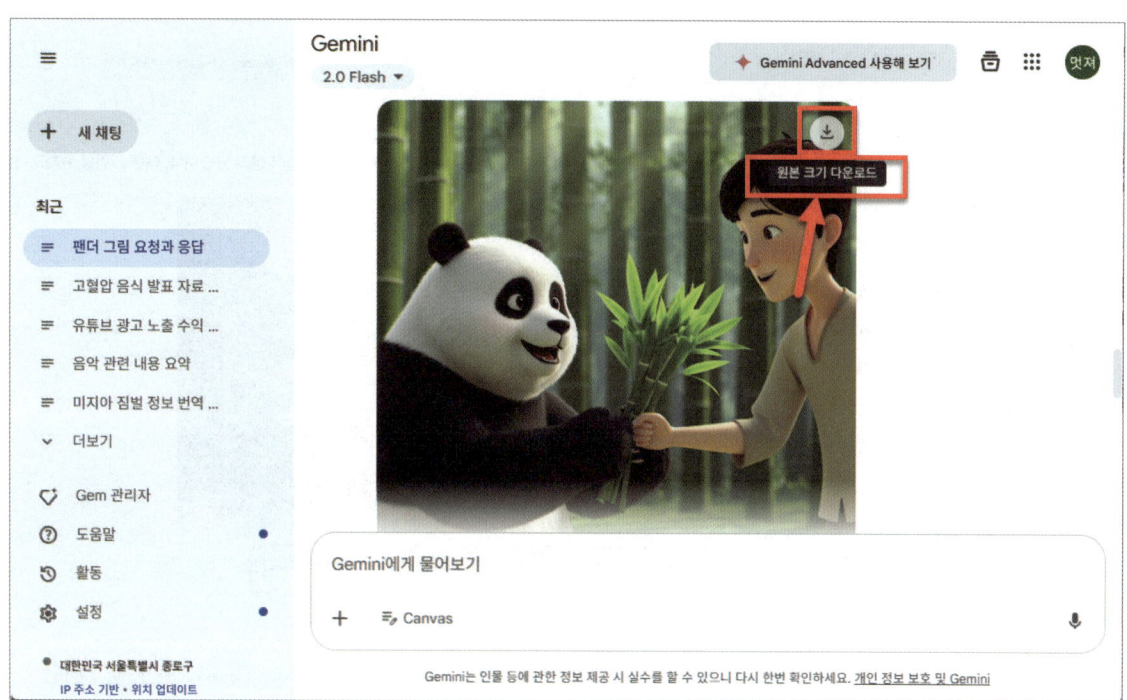

**JFIF 형식** : 다운로드한 그림의 확장자가 **JFIF 형식**으로 되어 있는 경우도 있습니다. JFIF 형식은 JPG이미지를 공유하기 위한 표준 파일 형식으로 **웹에서 JPG이미지를 주고 받을 때 사용**되는 파일 형식으로 JPG로 변경해서 사용해도 됩니다.

## STEP 10 ▶ 이미지 생성하고 변경하기

**01** 새 채팅을 열고 프롬프트에 **"짧은 머리의 귀여운 여학생이 한 손에 시원한 음료수 병을 들고 있는 실사 이미지를 생성해줘"** 라고 입력합니다.

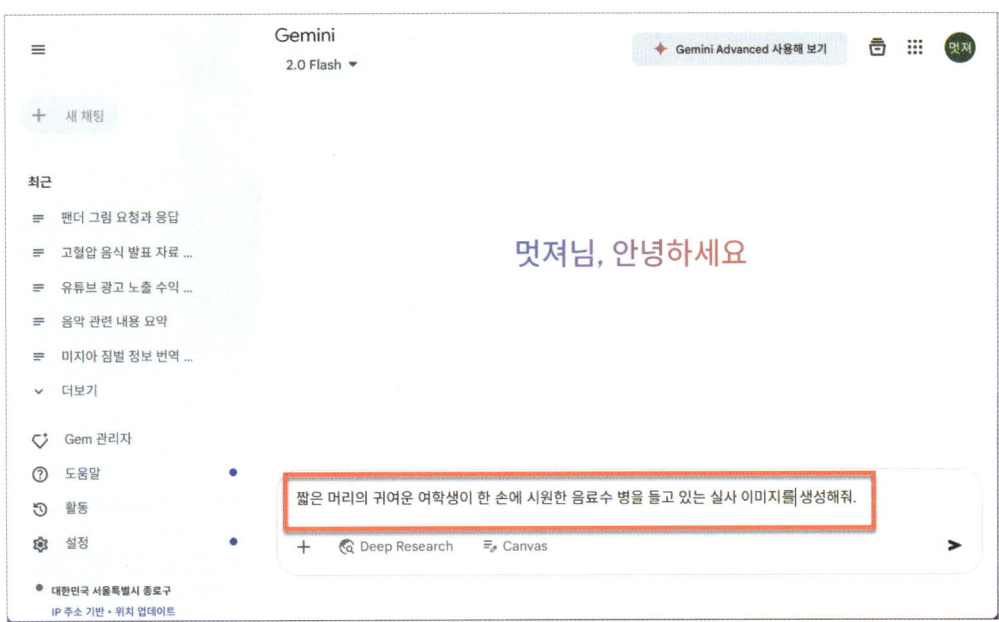

**02** 프롬프트에 **"모자는 흰색으로 레이스가 달리게 변경하고 머리색은 금발로 변경해 줘"** 를 입력하고 전송합니다. 만약 모자가 없는 이미지가 나왔다면 프롬프트 내용을 적당하게 바꾸어 입력합니다.

**03** 프롬프트에 **"음료수는 첫 번째 생성한 이미지로 다시 변경해줘"**를 입력하고 전송을 다시 눌러주세요. 생성된 이미지의 얼굴이 변경되어서 나타났습니다.

**04** 프롬프트에 **"얼굴도 첫 번째 이미지로 다시 변경해줘"**를 입력하고 전송을 눌러서 이미지를 다시 생성해 보세요. 이미지가 변경될 때마다 인물이나 변경되는 것도 점차 좋아지게 될 것입니다.

## STEP 11 > 맞춤 버전의 Gems

**01** 메뉴에서 ❶**Gem 탐색**를 클릭한 후 **브레인스토밍 도우미** 항목에 있는 ❷**사본 만들기**를 클릭합니다.

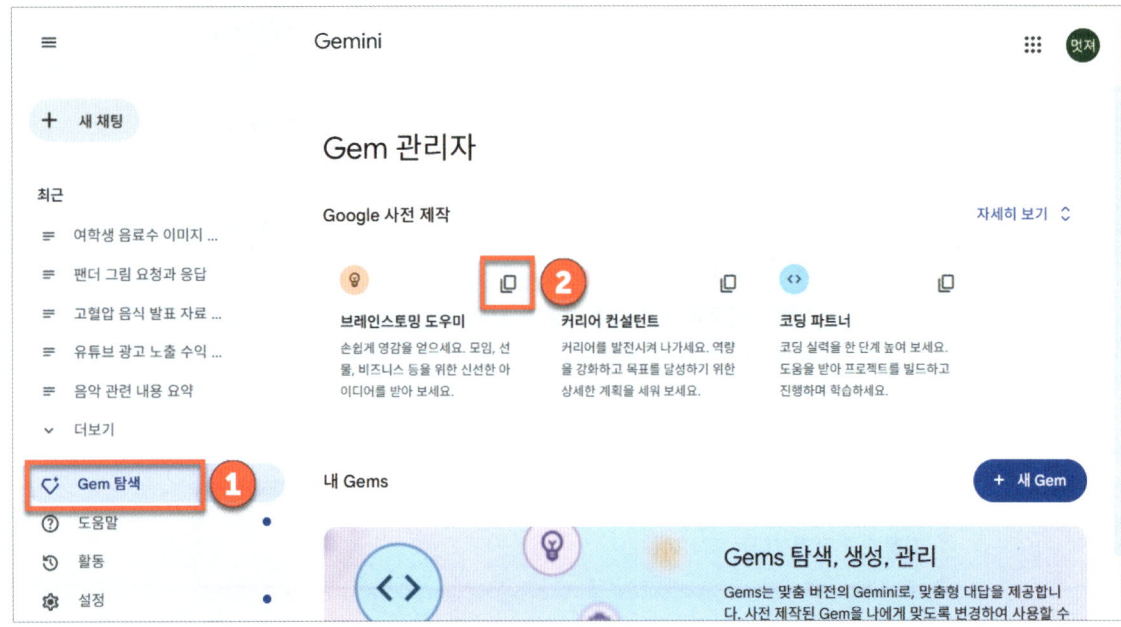

**02** 이름을 ❶**세미나 브레인스토밍**으로 변경한 후 프롬프트에 ❷**"김치냉장고 신제품 발표"**를 입력한 후 ❸**전송**을 클릭합니다.

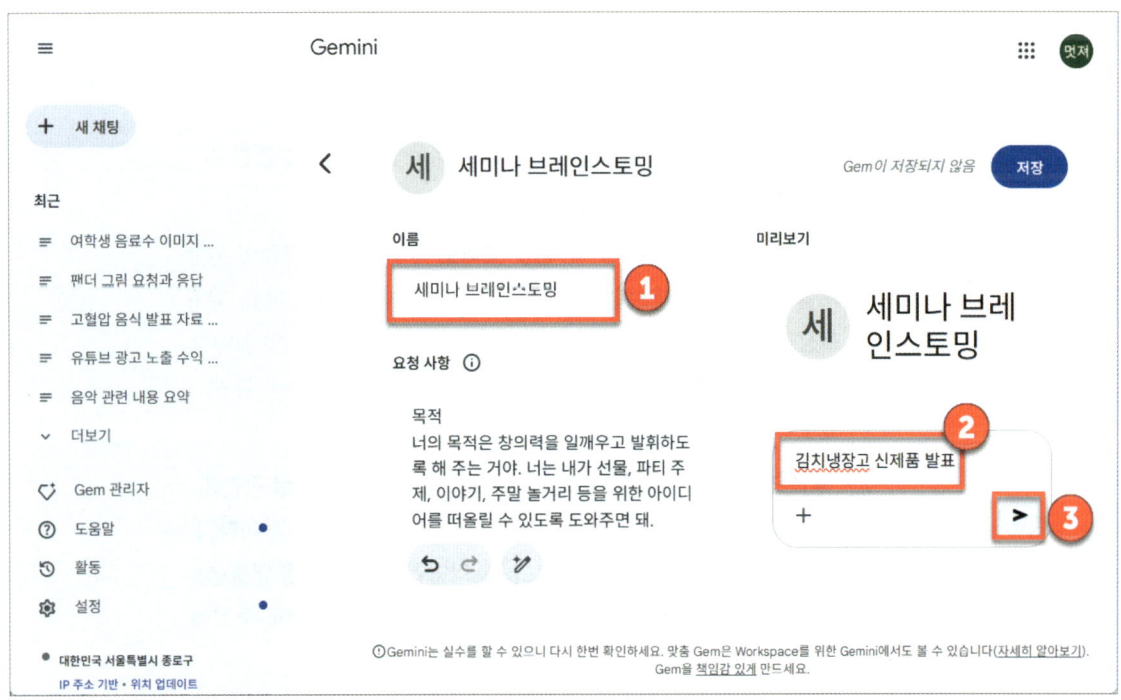

CHAPTER 03 구글 제미나이 활용하기　055

**03** 왼쪽에 있는 요청사항대로 브레인스토밍을 해서 미리보기가 오른쪽 창에 나오게 됩니다. **프롬프트에 아래처럼 입력한 후 전송**합니다.

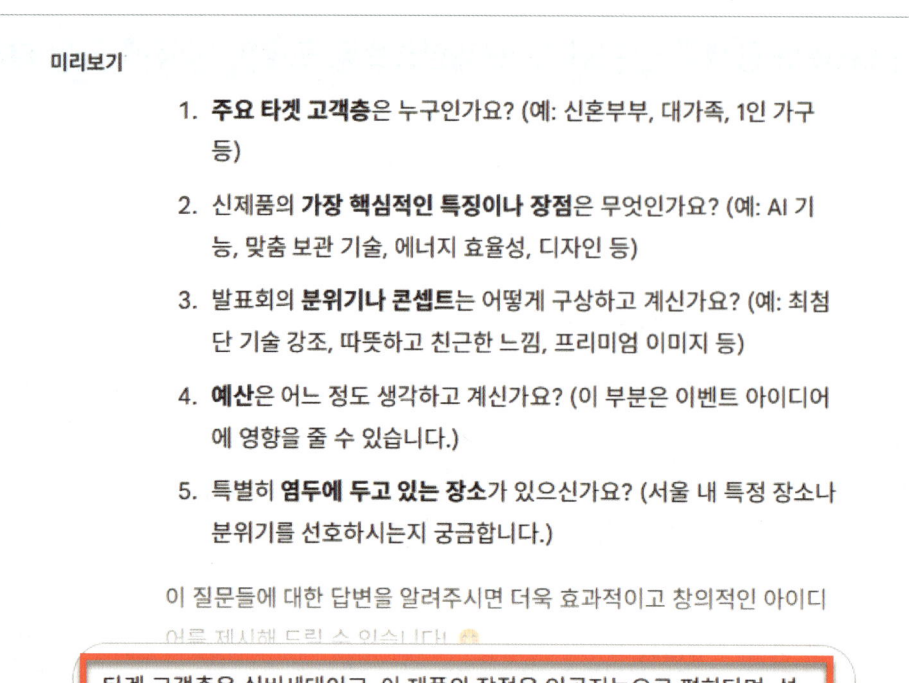

**04** 아래와 같이 결과물을 보여주게 됩니다.

> 미리보기
>
> 실버세대라는 상점이 아주 매력적이네요. 👍
>
> 이 핵심 장점들을 바탕으로 신제품 발표회를 더욱 돋보이게 할 만한 아이디어를 몇 가지 떠올려 봤어요.
>
> 1. **"인공지능, 김치 맛을 👵 👴 손맛 그대로!"**: 마치 오랜 경험의 손맛처럼 김치를 맛있게 보관해 준다는 점을 강조하는 콘셉트예요. 발표회장을 편안하고 따뜻한 분위기로 꾸미고, 전통적인 요소와 현대적인 기술을 조화롭게 보여주는 거죠. 어르신들이 친숙하게 느낄 수 있도록 말이죠!
>
> 2. **"우리 집 어디든 스마트하게! 🏠 똑똑한 김치냉장고, 생활 공간에 딱!"**: 좁은 공간이나 다양한 라이프스타일에 맞춰 설치가 용이하다는 점을 부각하는 아이디어예요. 실제 다양한 주거 환경을 연출한 공간에서 제품을 전시하고, 설치의 편리성을 시연하는 것도 좋겠네요.

## STEP 12 ▸ 제미나이 설정하기

**01** 왼쪽창 메뉴 하단에 있는 ❶**설정**에서 ❷**저장된 정보**를 클릭합니다.

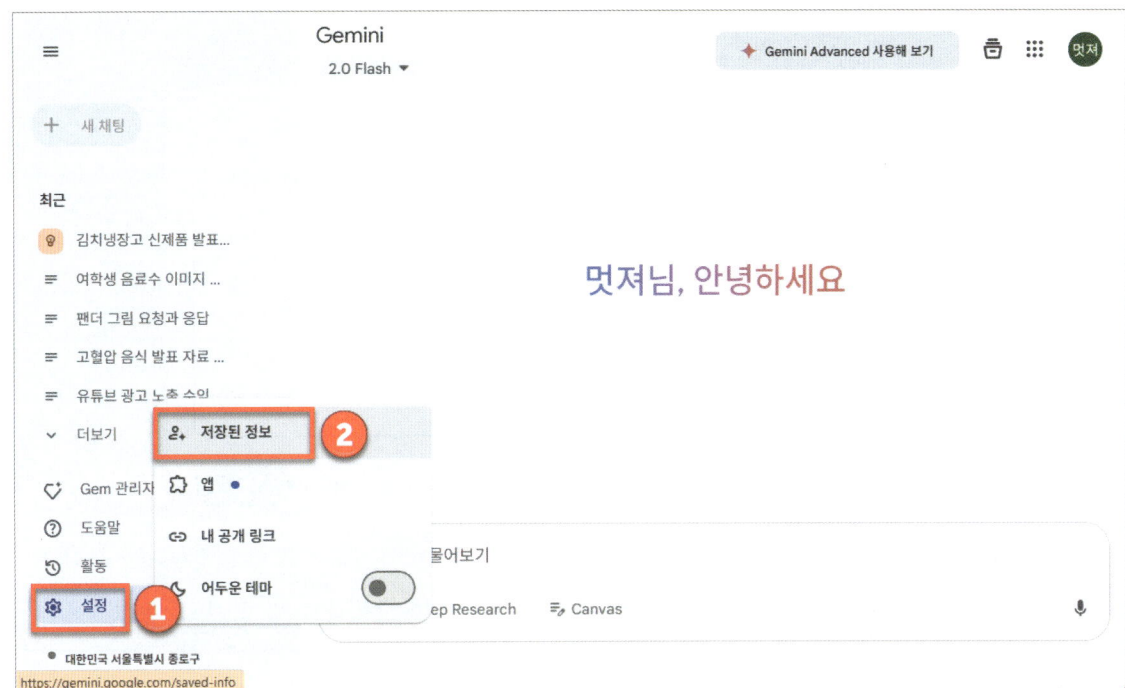

**02** **추가** 버튼을 누릅니다. 제미나이가 무엇을 기억하고 답변해주길 원하는지 내용을 입력하는 것으로, 제미나이에게 반드시 기억시켜야 할 것을 입력하는 것입니다.

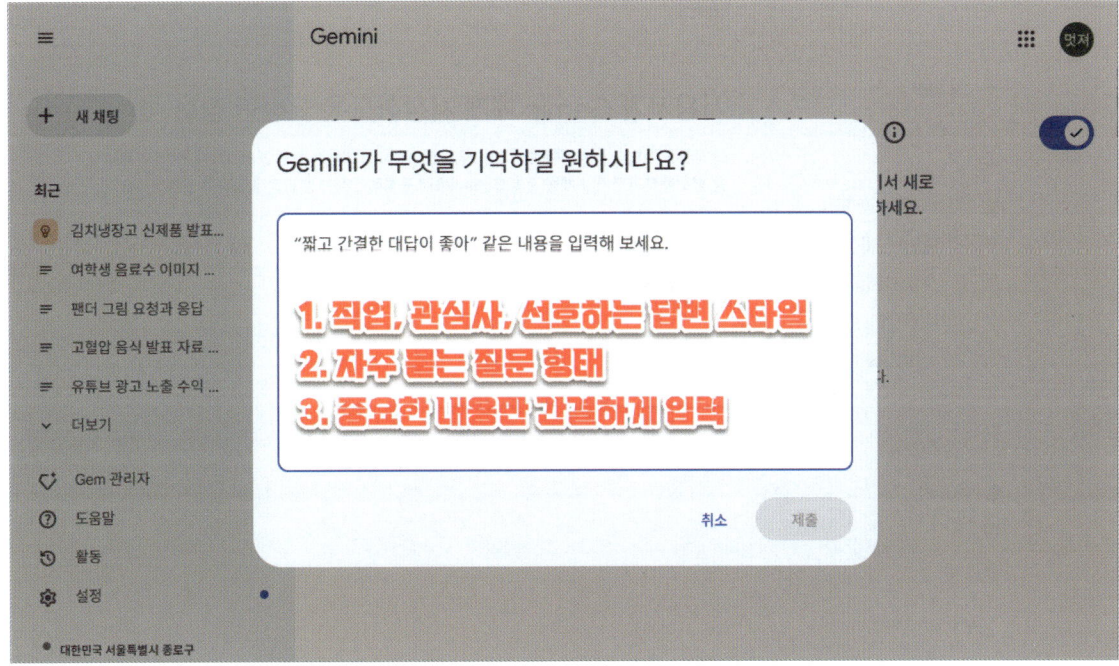

**03** **"나는 시민기자이고, 환경에 관심이 많습니다"**를 입력한 후 제출을 클릭합니다. 내용은 본인에게 맞는 것을 생각해서 입력하면 되며, 이후 프롬프트 입력 시 반복적인 내용을 생략하게 되는 것이므로 요약해서 입력하세요.

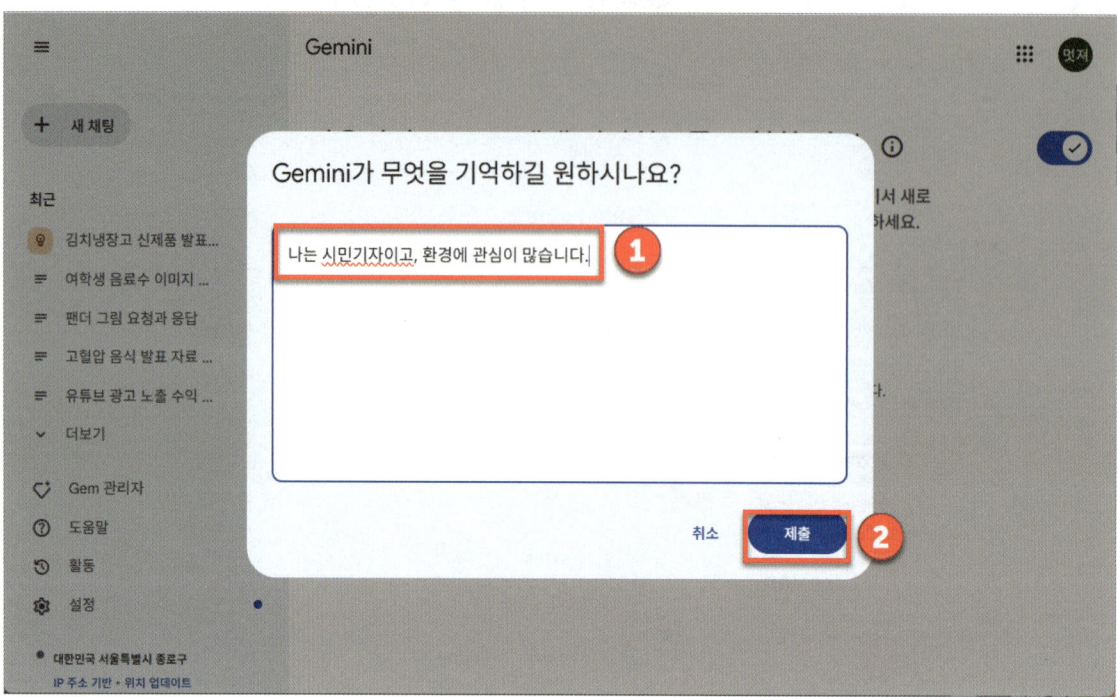

**04** 제미나이에게 저장하도록 요청한 정보가 보이며, **추가** 버튼을 클릭해서 필요한 내용을 더 입력하도록 합니다.

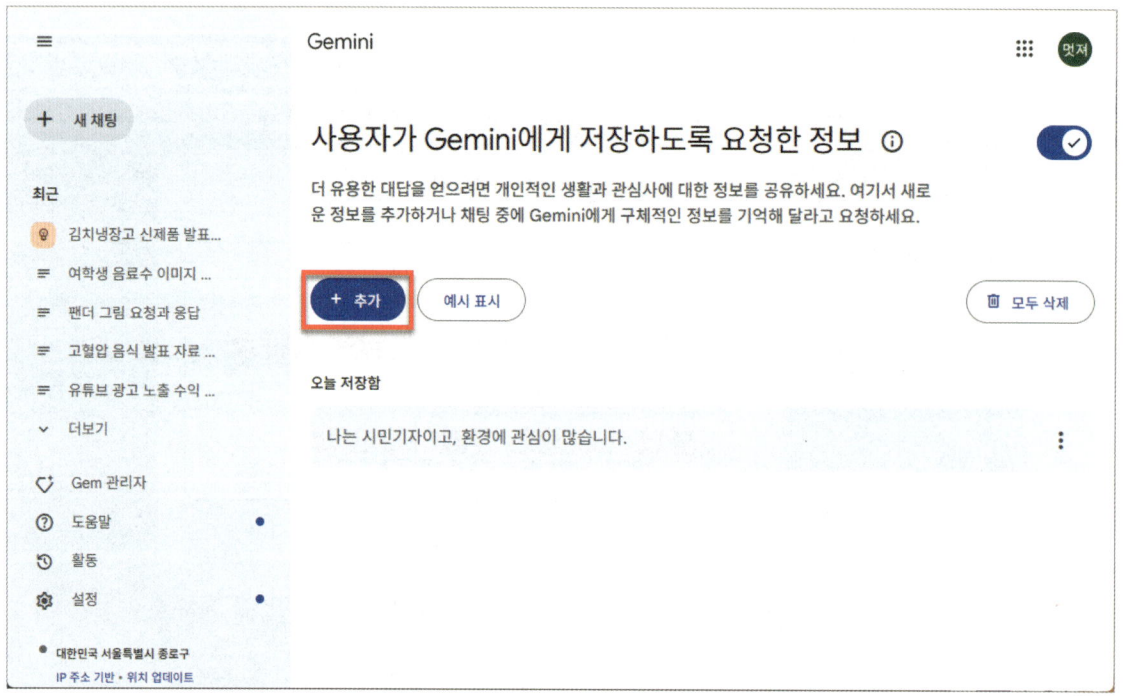

**05** 아래의 내용을 그대로 입력해서 **제출** 버튼을 클릭합니다. 이제부터는 새 채팅에 따로 입력하지 않아도 제미나이가 자동으로 프롬프트에 반영해 줍니다.

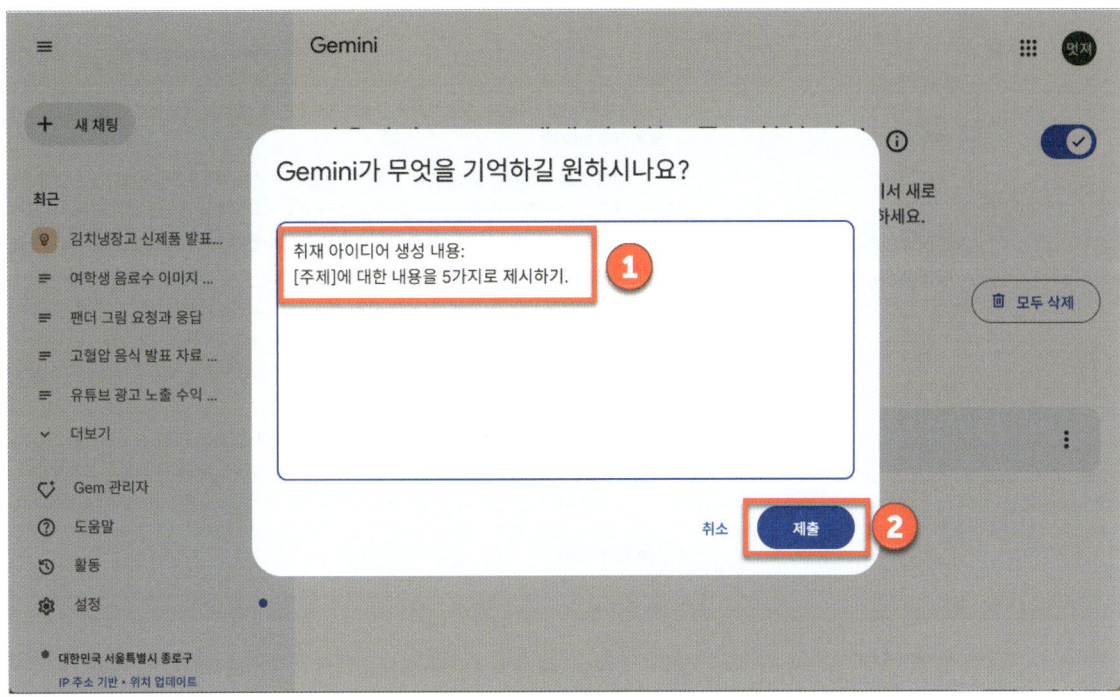

**06** 새 채팅을 열고 **"중랑천 생태보존 아이디어"**를 입력한 후 전송 버튼을 클릭하면 좀 더 빠르게 원하는 결과를 얻어낼 수 있게 됩니다. 불필요한 내용은 빼고 필요한 내용을 추가해서 작업해 보세요.

**07** 아래와 같이 설정에서 지정한 대로 결과가 나왔습니다. 결과물 프롬프트에 다음 그림과 같이 **"취재대상을 선정하기"**를 입력한 결과를 확인해 보세요.

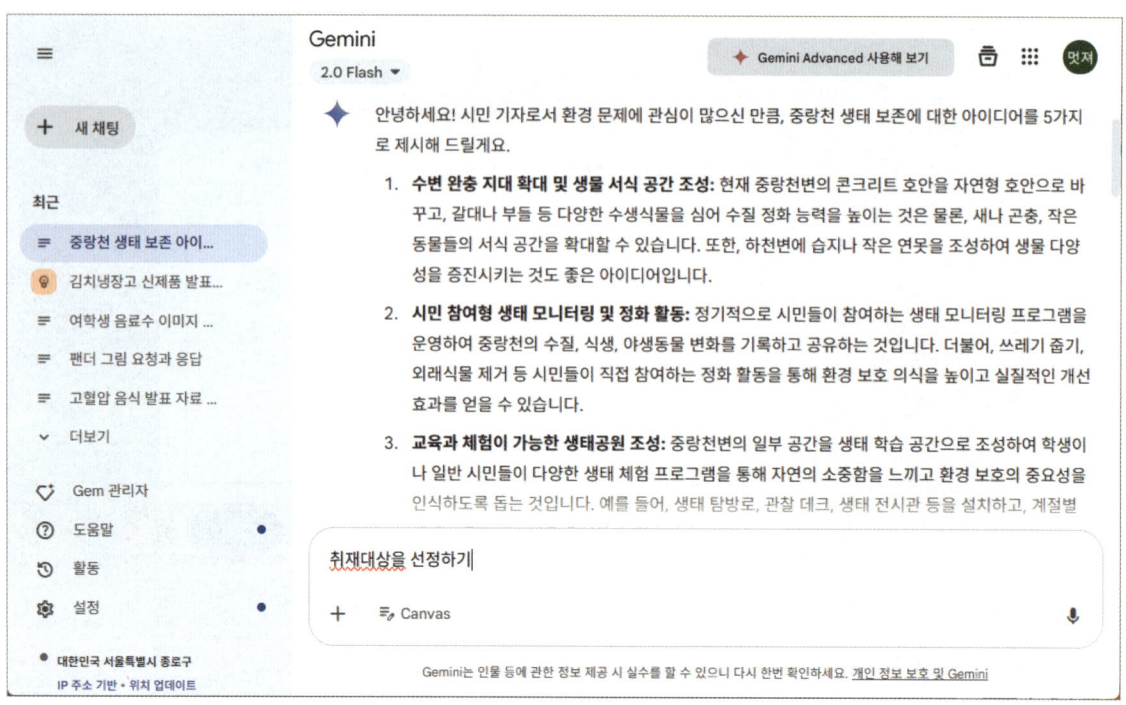

**08** 각 항목에 해당하는 취재대상이 선정되어 취재에 도움이 될 수 있도록 제미나이를 이용합니다.

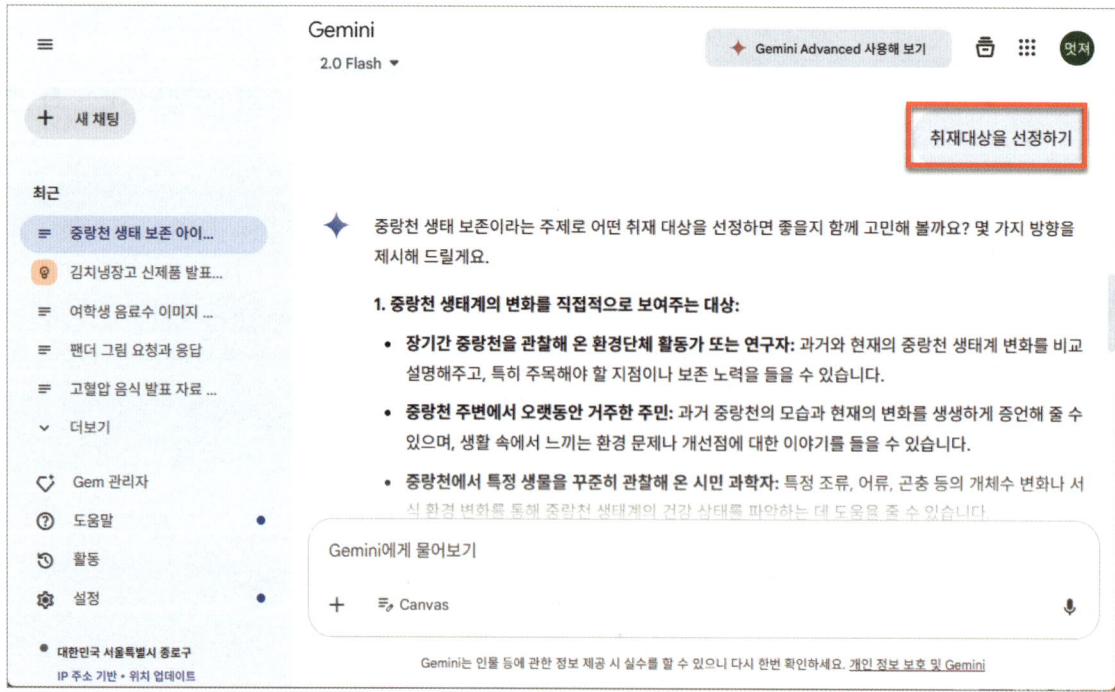

# STEP 13 - 지도, 호텔 검색하기

**01** 위치기반 정보를 이용하여 여행 계획을 작성할 수 있습니다. ❶**프롬프트에 입력**한 후 답변 내용 중 ❷**지도에서 보기**를 클릭합니다.

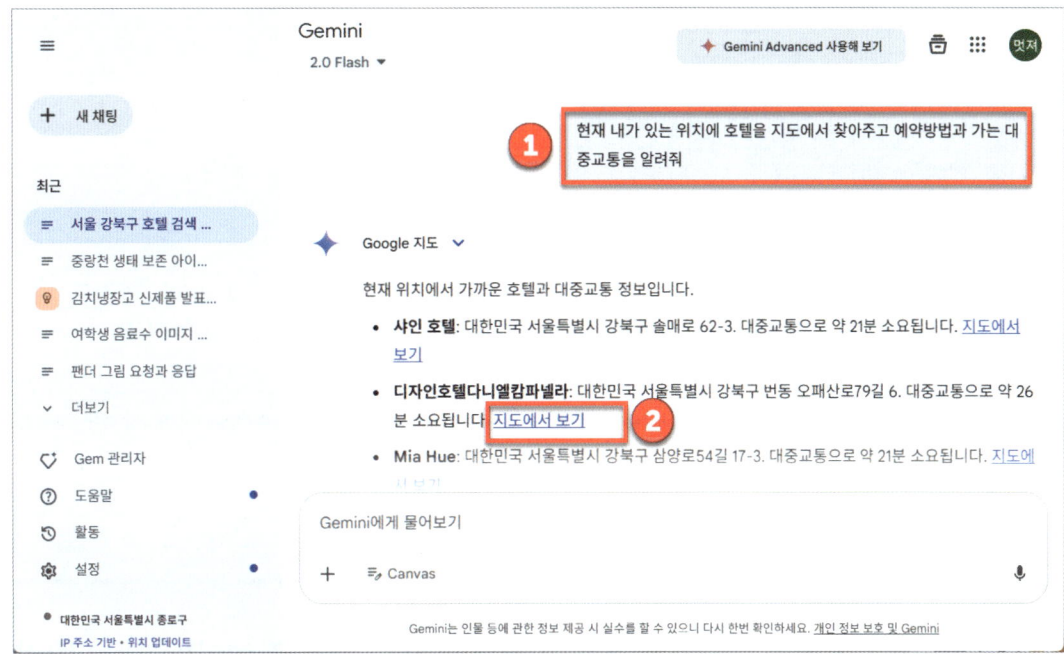

**02** 현재 위치를 입력하거나 지도에서 출발지를 클릭하면 다양한 대중교통을 이용하는 방법이 나오게 됩니다.

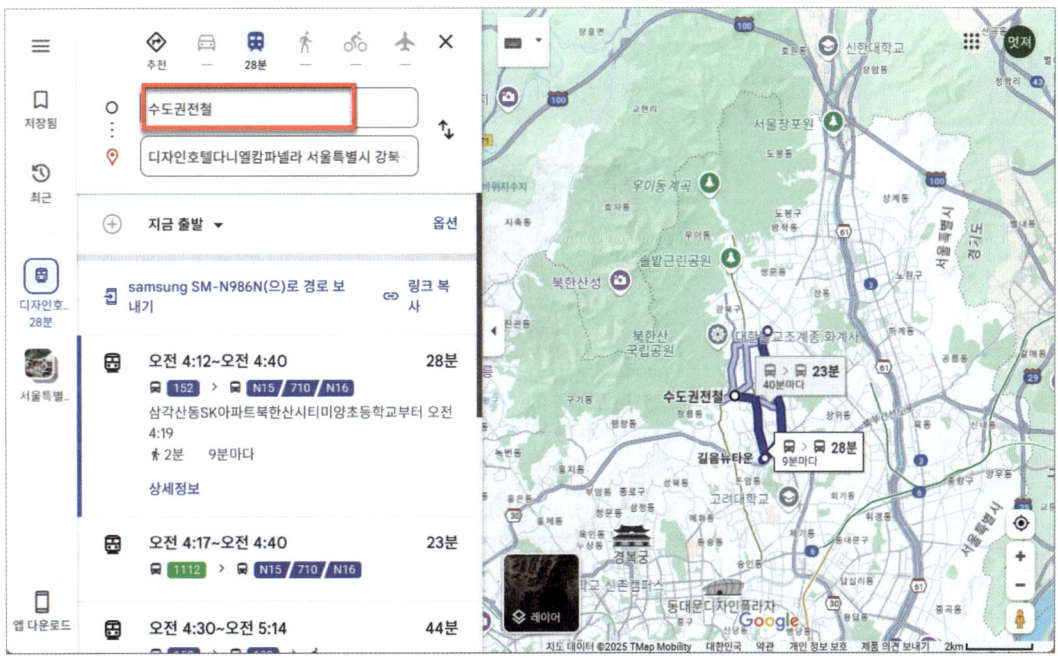

CHAPTER 03 구글 제미나이 활용하기 061

**03** 프롬프트에 **"@Google 호텔 3월에 일주일 동안 푸켓에 머물 예정이야. 괜찮은 호텔을 추천해 주고 여행 준비물에 대해 알려 줘"**라고 입력한 후 **전송** 버튼을 클릭합니다.

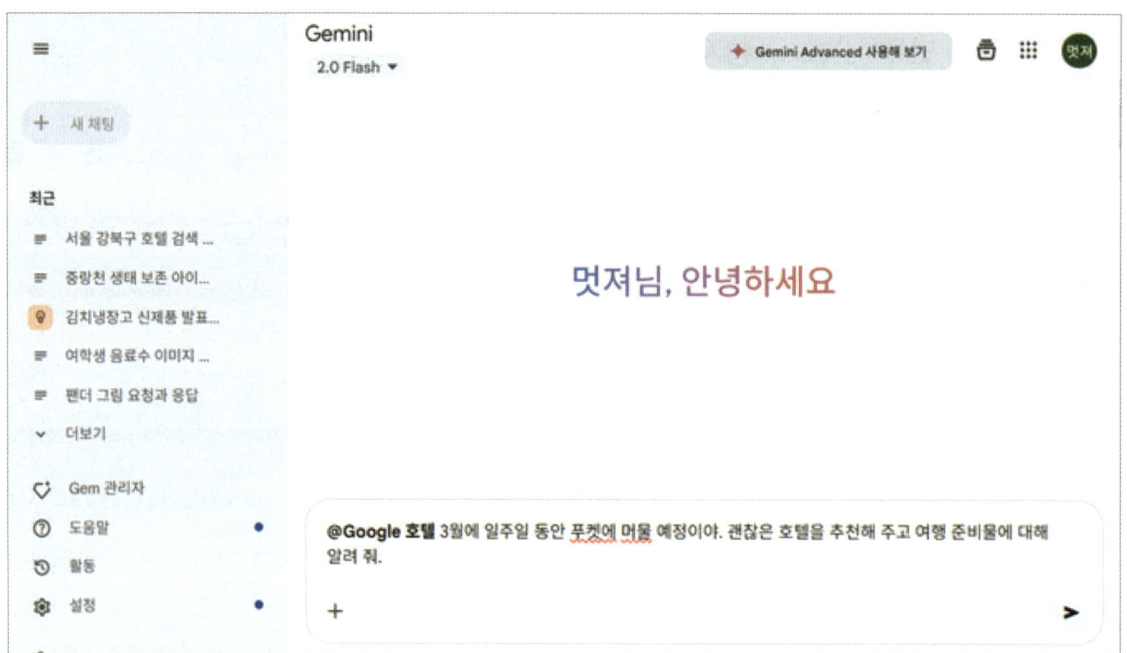

**04** 새 채팅의 프롬프트에서 **"울 소재의 러그에 포도 주스를 쏟았어. 닦는 방법을 알려주는 동영상을 찾아줘"**라고 입력하고 전송을 클릭하면 해당 유튜브 영상을 찾아서 보여줍니다.

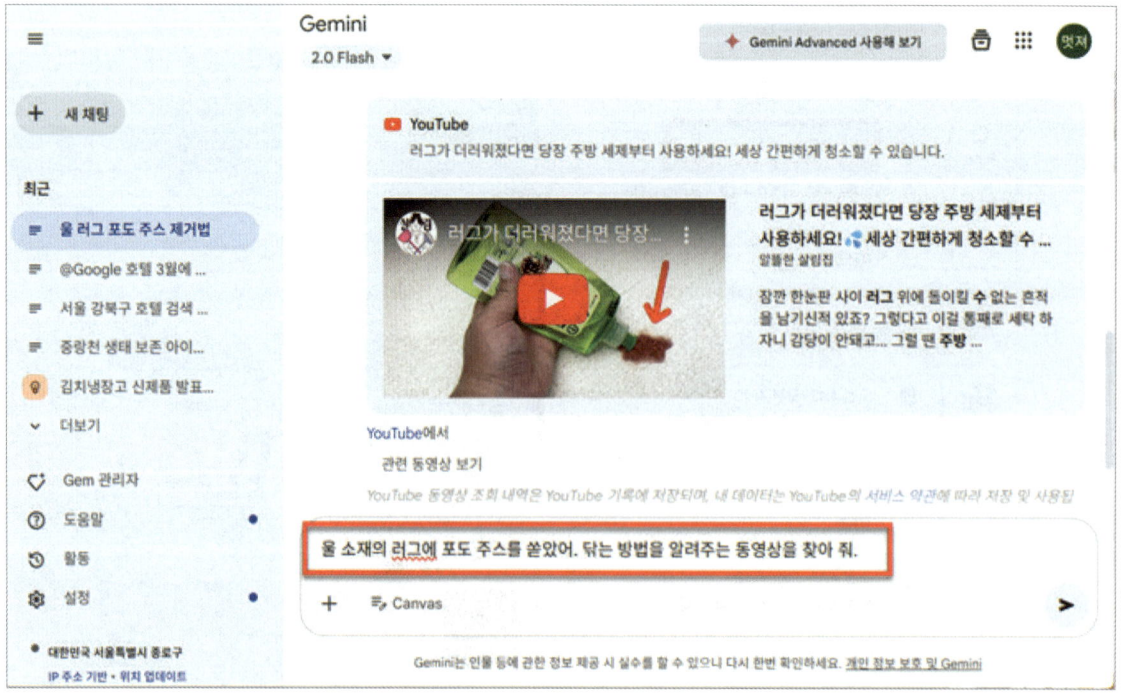

# CHAPTER 04

# 구글 AI 스튜디오 활용하기

코딩 없이 여러 가지 실험을 할 수 있는 Google AI Studio라는 사이트를 통해 언어모델과 실험을 진행하도록 하겠습니다. 구글 AI 스튜디오는 고성능 제미나이 모델을 사용하여 답변 일관성이 최대화되었으며 추론 기능까지 탑재하고 있습니다.

## 결과화면 미리보기

## 무엇을 배울까?

❶ 구글 AI 스튜디오 들어가기
❷ 이미지 생성하기
❸ 창의성 조절 이미지 생성하기
❹ 생성된 이미지 변경하기
❺ 첨부 파일로 이미지 변경하기
❻ 9:16 비율 이미지 생성하기
❼ 이런 것도 된다

## STEP 1 구글 AI 스튜디오 들어가기

**01** 크롬 브라우저에서 **"구글ai스튜디오"**를 검색한 후 해당 사이트를 들어갑니다.

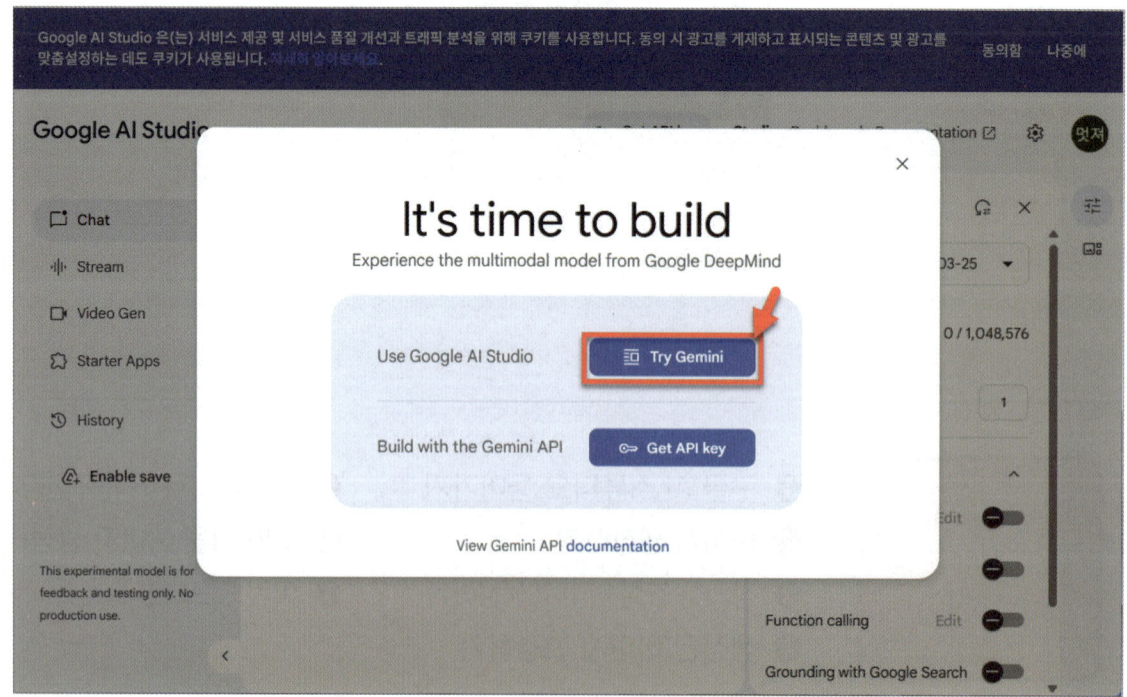

**02** 아래의 화면은 처음에만 나오는 것이므로 Use Google AI Studio 옆에 있는 **Try Gemini** 버튼을 클릭하여 시작합니다.

**03** 구글 AI 스튜디오의 사용하는 것에 관한 서비스 약관과 개인정보처리방침에 **모두 체크**를 한 후 **동의** 버튼을 클릭합니다.

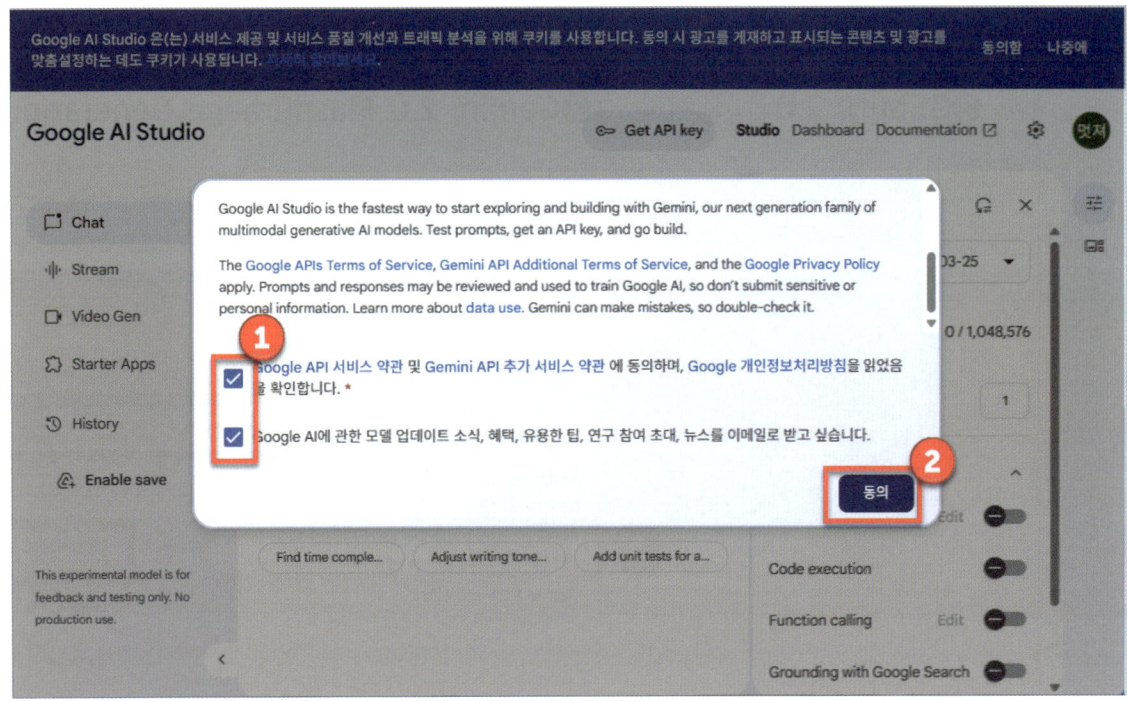

**04** 서비스 제공 및 서비스 품질 개선 및 광고를 게재하고 표시되는 콘텐츠 설정에 쿠키가 상용되는 것을 상단에 표시하고 있는데 **동의함**을 클릭합니다. 이제 프롬프트에 원하는 **문구를** 입력하면 됩니다.

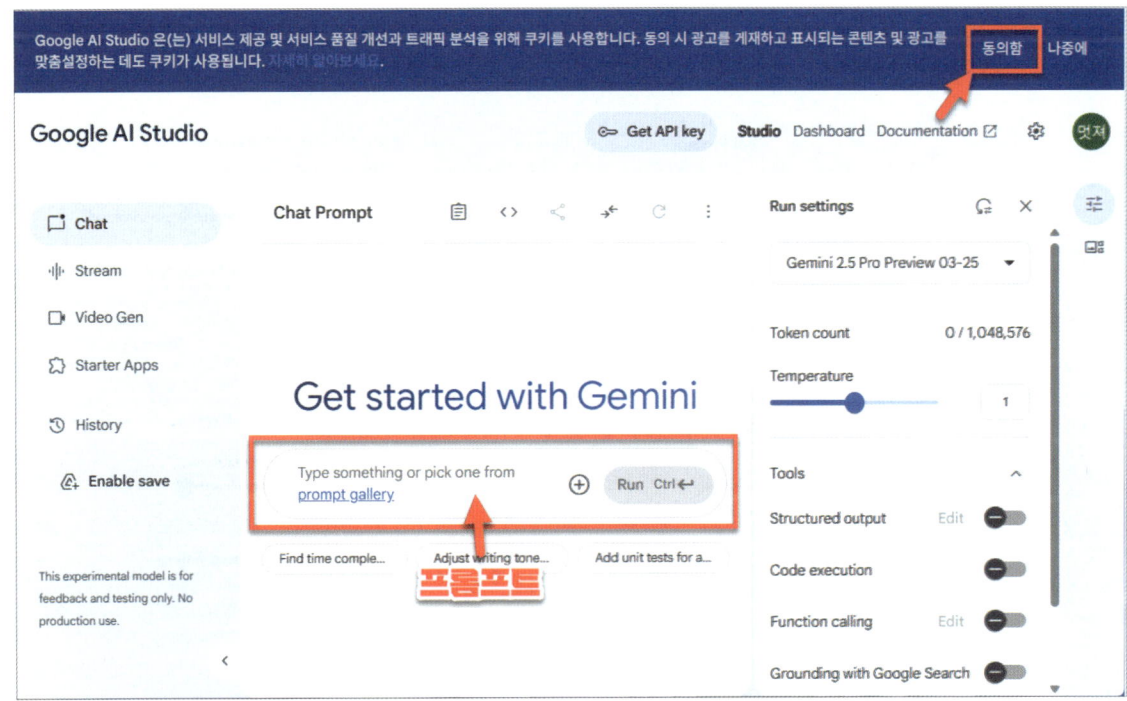

## STEP 2 › 이미지 생성하기

**01** 이미지 생성을 하려면 오른쪽 Run settings 창에서 ❶**Gemini 2.5 Pro**를 클릭한 후 ❷**GEMINI 2.0**을 선택하고 ❸**Gemini 2.0 Flash(Image Generation)**을 선택합니다.

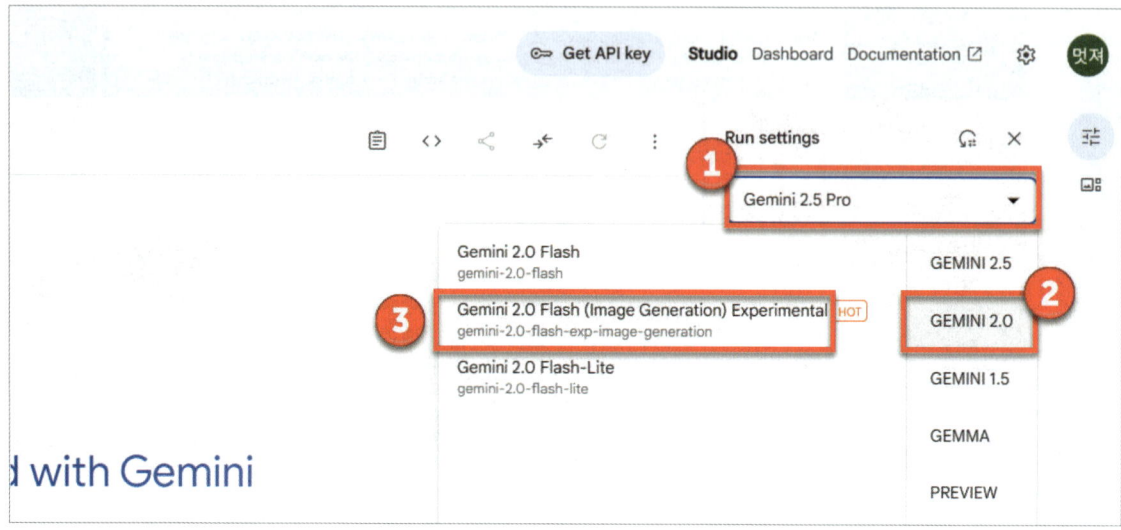

**02** 프롬프트 상자에 ❶"**달마시안을 고화질로 생성해줘**"라고 입력한 후 ❷**Run** 버튼을 클릭하거나 Ctrl + Enter 를 누릅니다.

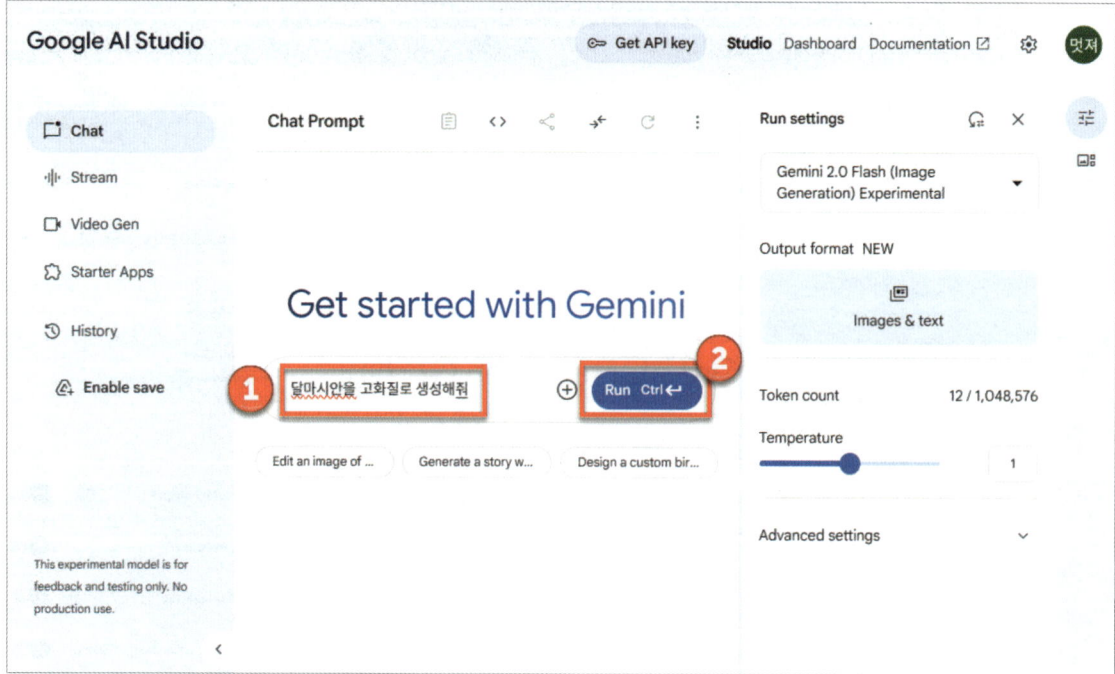

**03** 해당하는 이미지가 고화질로 생성되었지만, 이미지 내에 한글로 프롬프트 문구가 표시되었습니다. 사용자에 따라 결과 이미지가 다르게 표시될 수도 있지만, 신경쓰지 말고 계속 따라해 보세요.

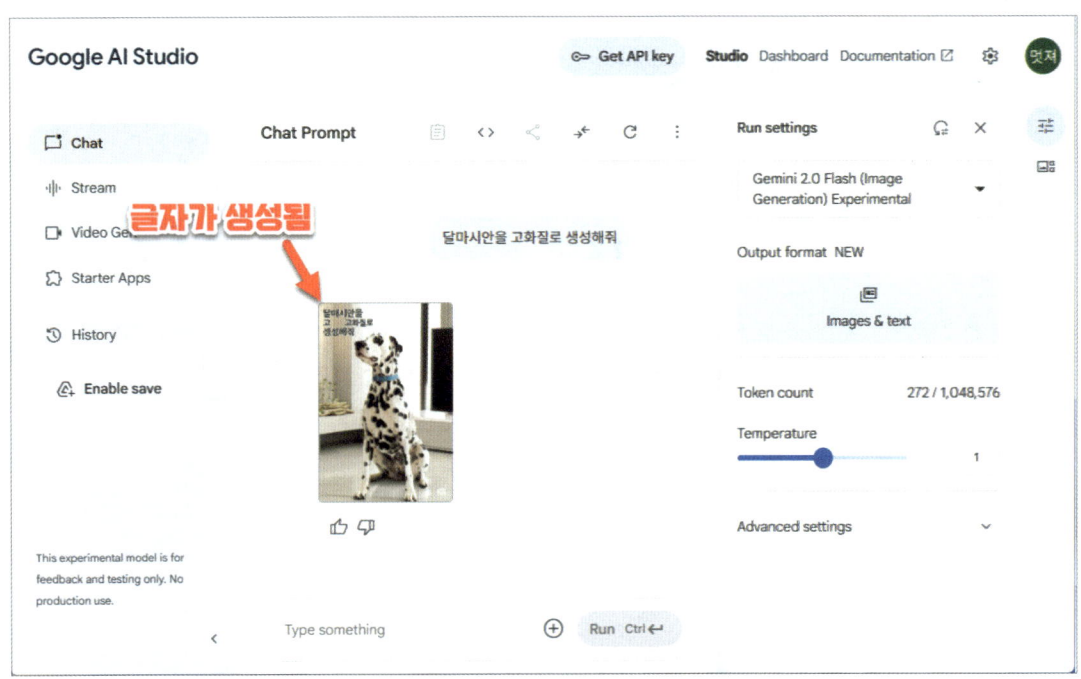

**04** 해당 문구를 영어로 변경하려면 질문 항목에 마우스를 올려놓아 표시되는 ✏️**연필(Edit)** 버튼을 클릭해서 한글로 입력된 내용을 블록으로 지정하면 앞 과정에서 설치했던 **DeepL 아이콘**이 보이게 됩니다.

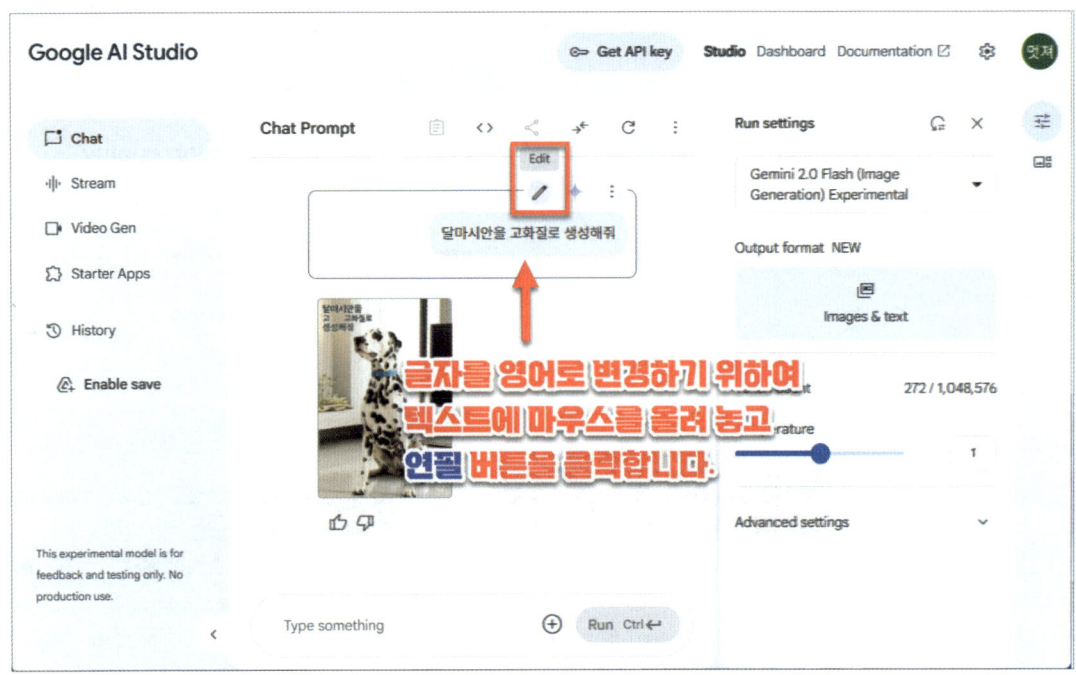

**05** ❶**문장을 블록**을 지정한 후 ❷**번역** 버튼을 클릭하면 번역된 결과창이 나오게 됩니다. ( Ctrl + C + C 를 눌러서 번역 가능)

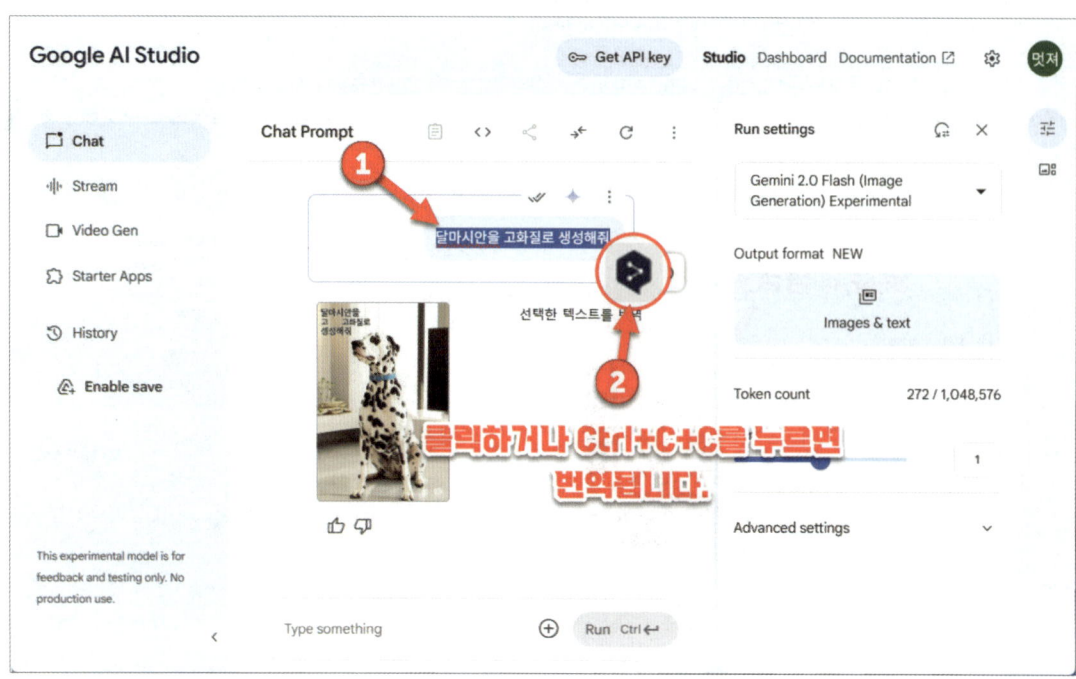

**06** DeepL 번역기 앱이 실행되면서 번역 결과가 나오며, 하단에 있는 **번역문 삽입** 버튼을 클릭해서 구글 AI 스튜디오 화면으로 되돌아갑니다. 여기서 대안으로 제시된 문구나, 개선된 번역을 이용할 수도 있습니다.

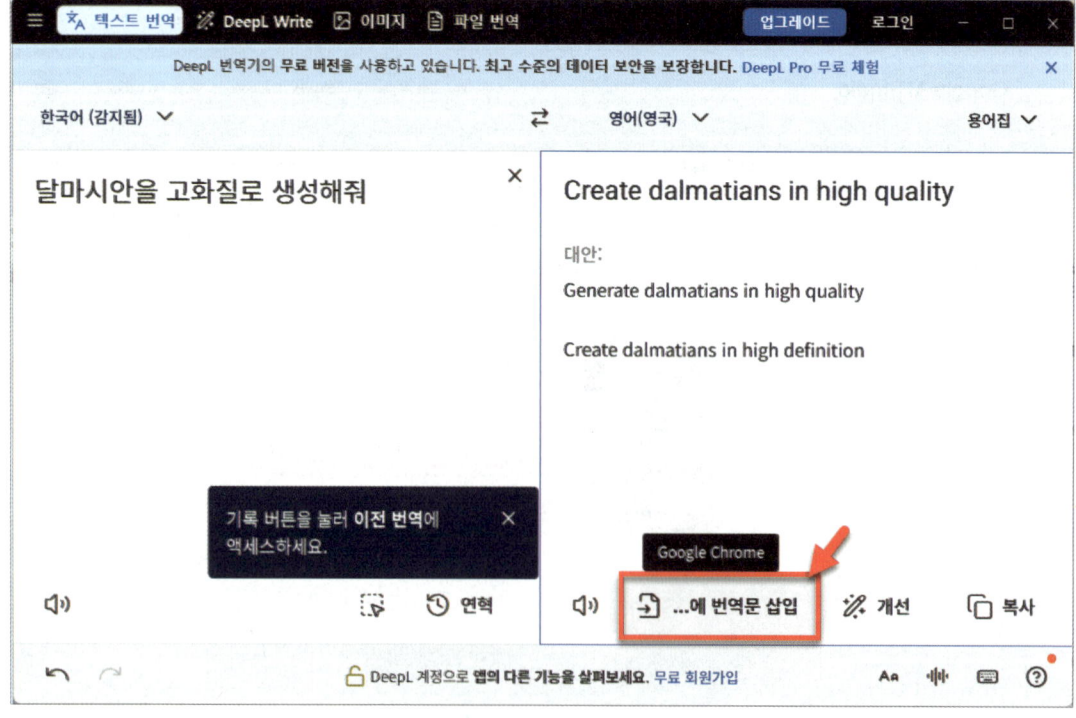

**07** 영어로 프롬프트 내용이 변경되었다면, 아래처럼 **반환(Return this turn) 버튼**을 클릭하면 다른 이미지로 다시 생성해 줍니다.

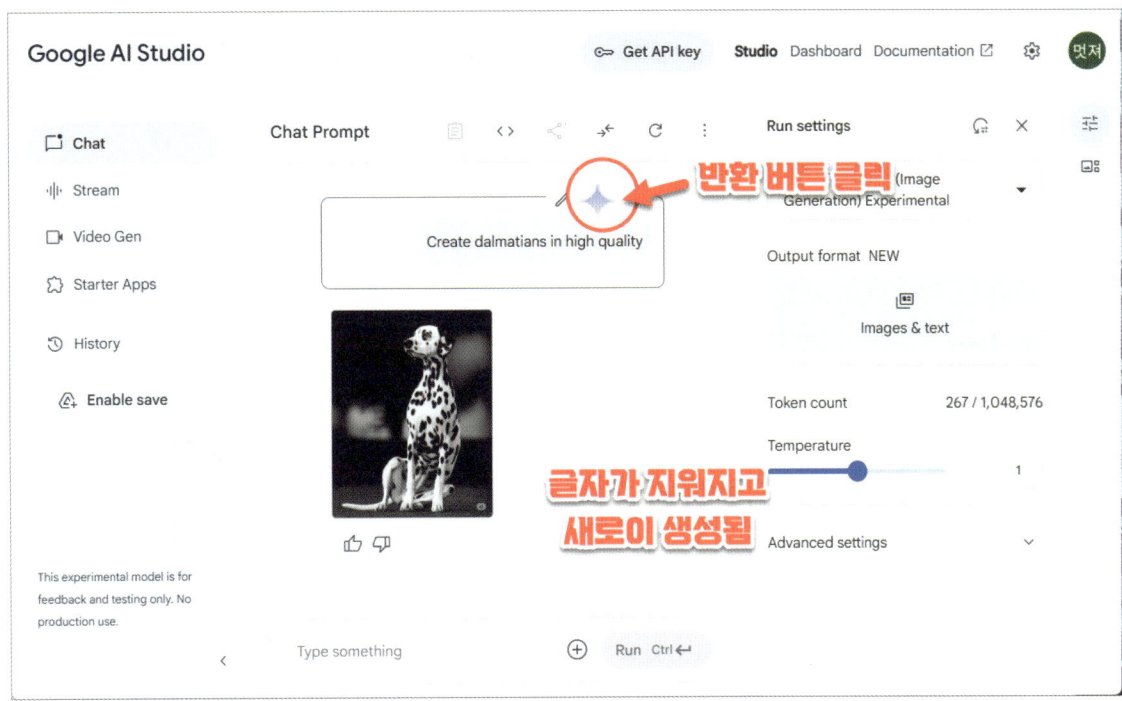

**08** 해당 프롬프트 내용에 ❶점3개(더보기)를 클릭하여 ❷**Copy text**를 이용하여 복사하고, 동일한 영어 문장을 프롬프트에 붙여넣은 후 **Run** 버튼을 눌러서 새로운 이미지를 생성해 보세요.

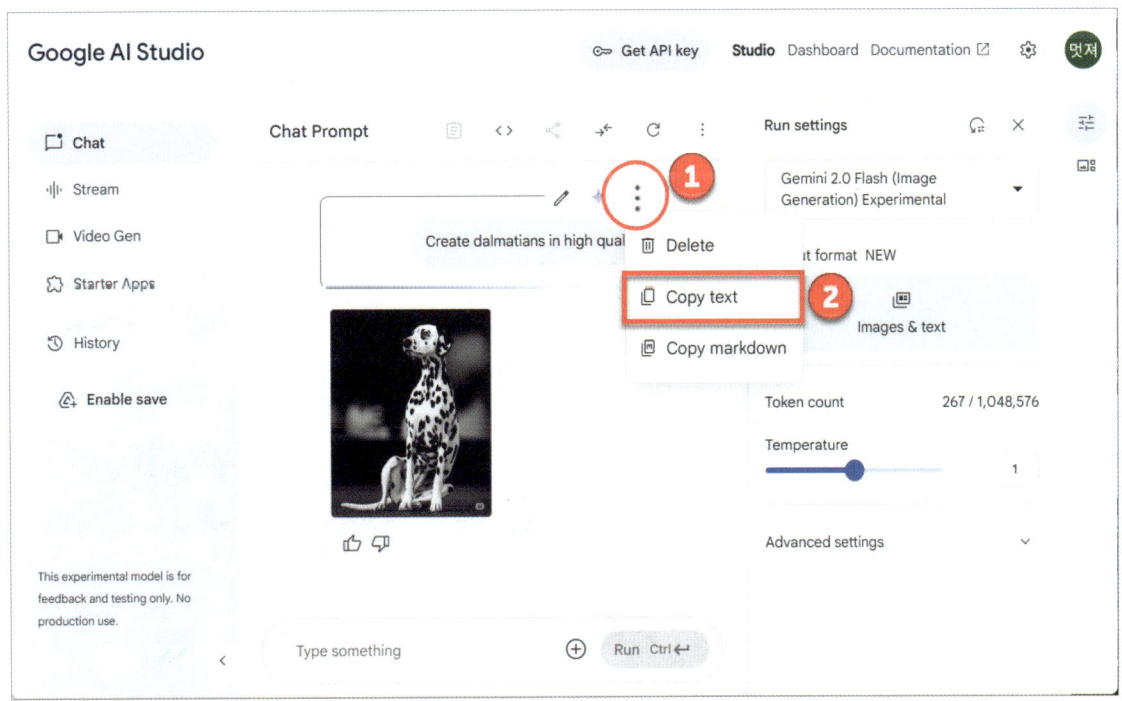

## STEP 3 > 창의성 조절 이미지 생성하기

**01** 스튜디오의 오른쪽 Run settings 창에 **❶Temperature값을 0.5로, ❷Top P값도 0.5로 변경**합니다. Top P가 보이지 않는다면 [Advances settings] 옆의 화살표를 클릭합니다.

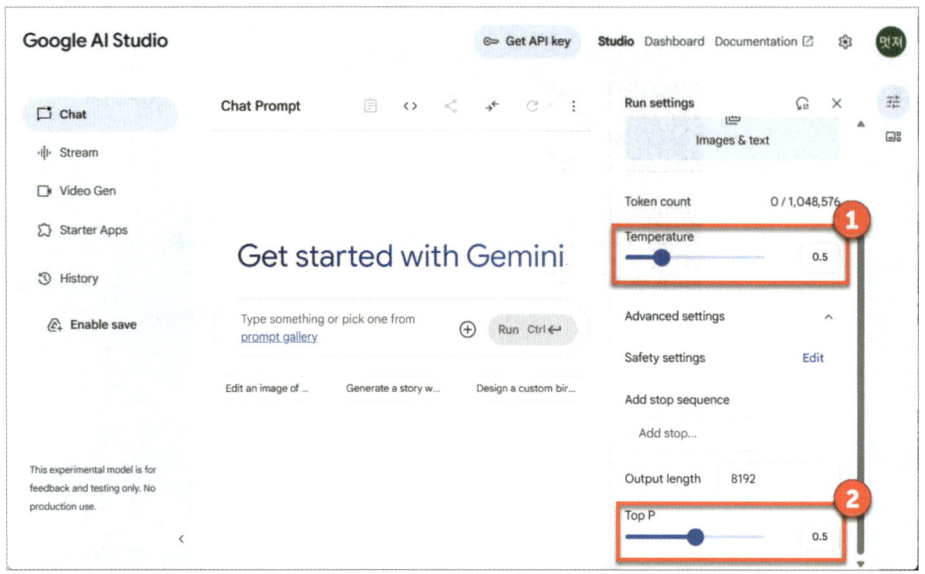

- **Temperature(템퍼러처)** : 값이 왼쪽으로 이동하여 작은 값이면 프롬프트의 글이 더 정확하고 예측 가능한 이미지를 생성하고, 오른쪽으로 이동하여 값이 커지면 좀 더 자유롭고 다양한 이미지 생성을 창의적으로 하게 됩니다.
- **Top p** : 프롬프트의 내용에 가능성이 높은 단어만 골라 사용하게 하는 것으로 왼쪽으로 이동하여 값이 작으면 확실한 내용만 사용하고, 오른쪽으로 이동하여 값이 커지면 더욱 다양하게 생성할 수 있습니다.

**02** 프롬프트에 **"부드러운 파스텔 스타일로 벚꽃나무 아래에 앉아 있는 강아지 두 마리"** 를 생성해 보세요. 이때 DeepL 번역 기능을 이용해 **영어**로 바꾸어 입력합니다.

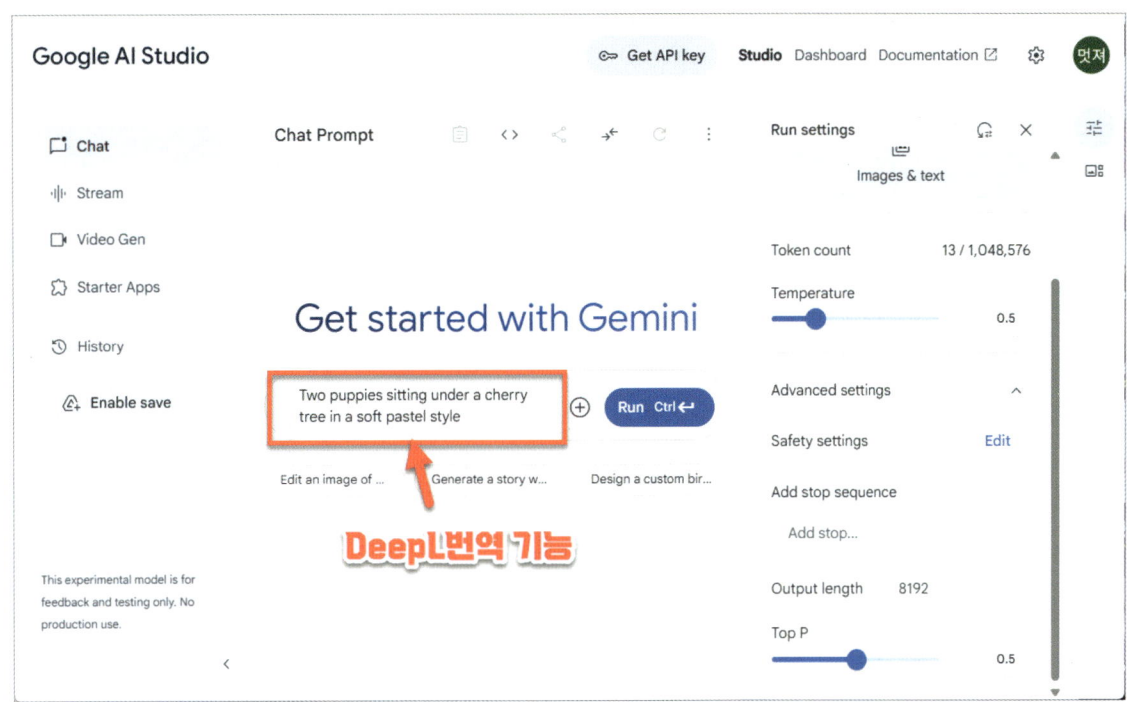

**03** 아래와 같이 강아지 두 마리가 생성되었습니다. 다시 효과를 변경하여 작업하기 위해 ❶Chat 메뉴를 클릭해서 새 채팅창을 만들어준 후, ❷Temperature 값을 1로 변경하고, ❸Top p값도 역시 1로 변성을 해 줍니다.

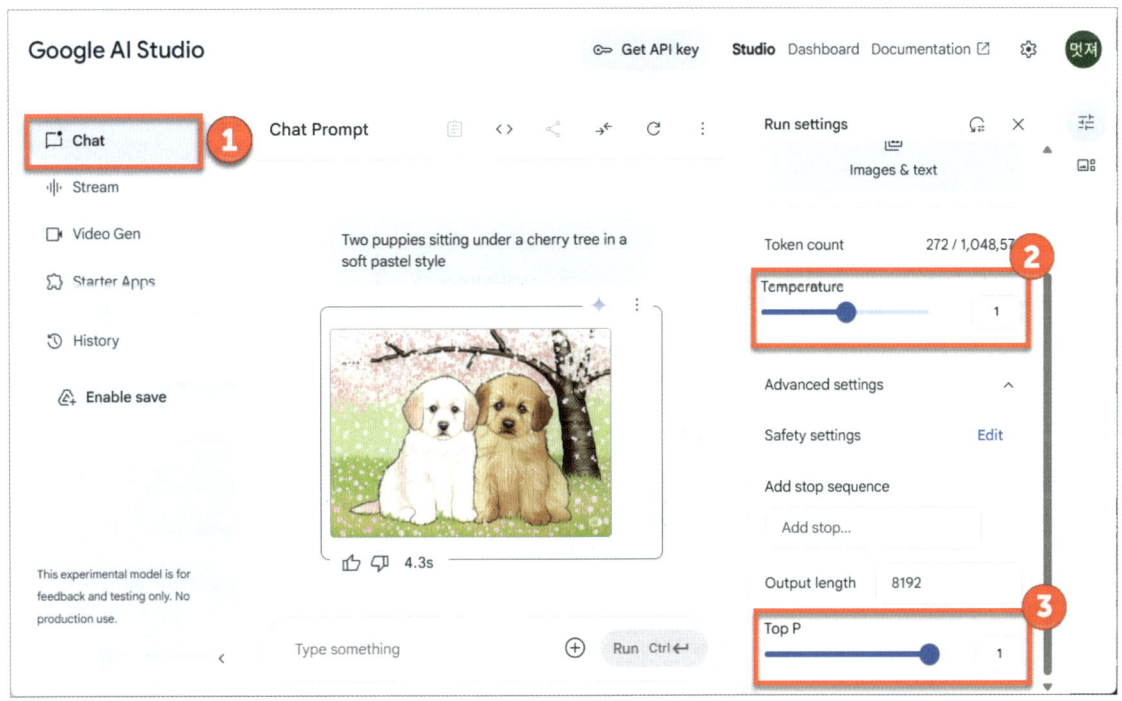

**04** 프롬프트에 **"부드러운 파스텔 스타일로 벚꽃나무 아래에 앉아 풀을 뜯어 먹는 강아지와 다리를 들고 서 있는 강아지"**를 입력한 후 Ctrl + C C 를 눌러서 영어로 번역한 후 **Run** 버튼을 클릭합니다.

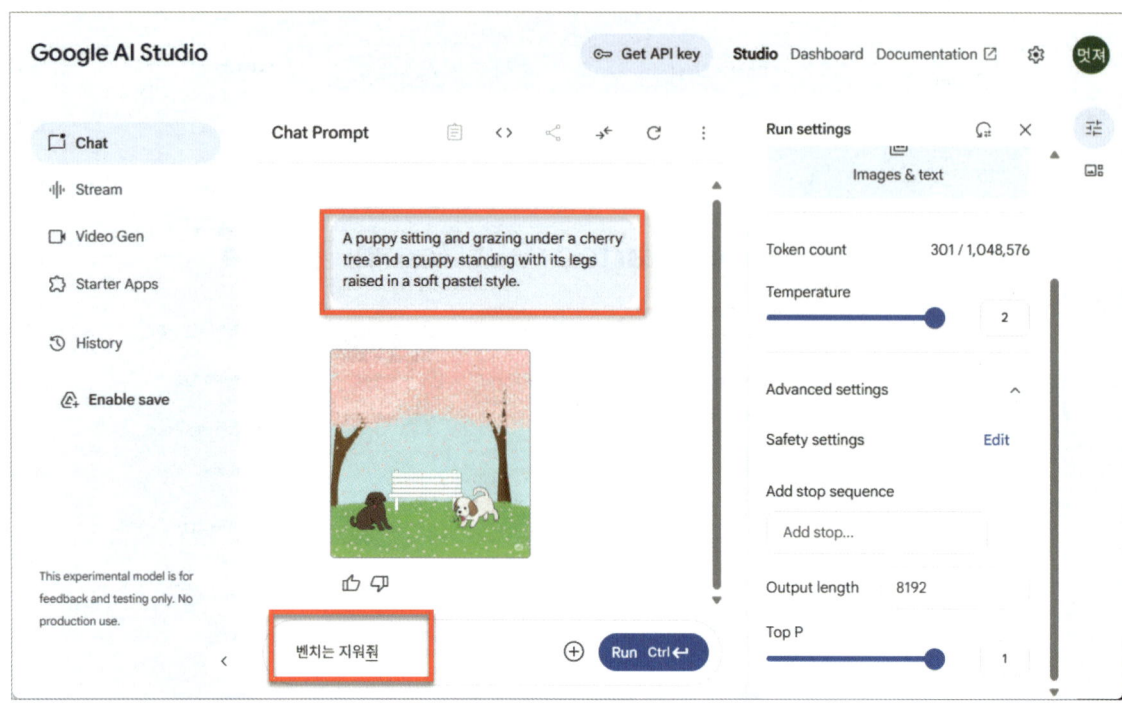

**05** 프롬프트에 **"벤치는 지워줘"**를 영어로 번역한 뒤 **Run** 버튼을 클릭하면 아래와 같이 동일한 그림에서 벤치만 지우게 됩니다.

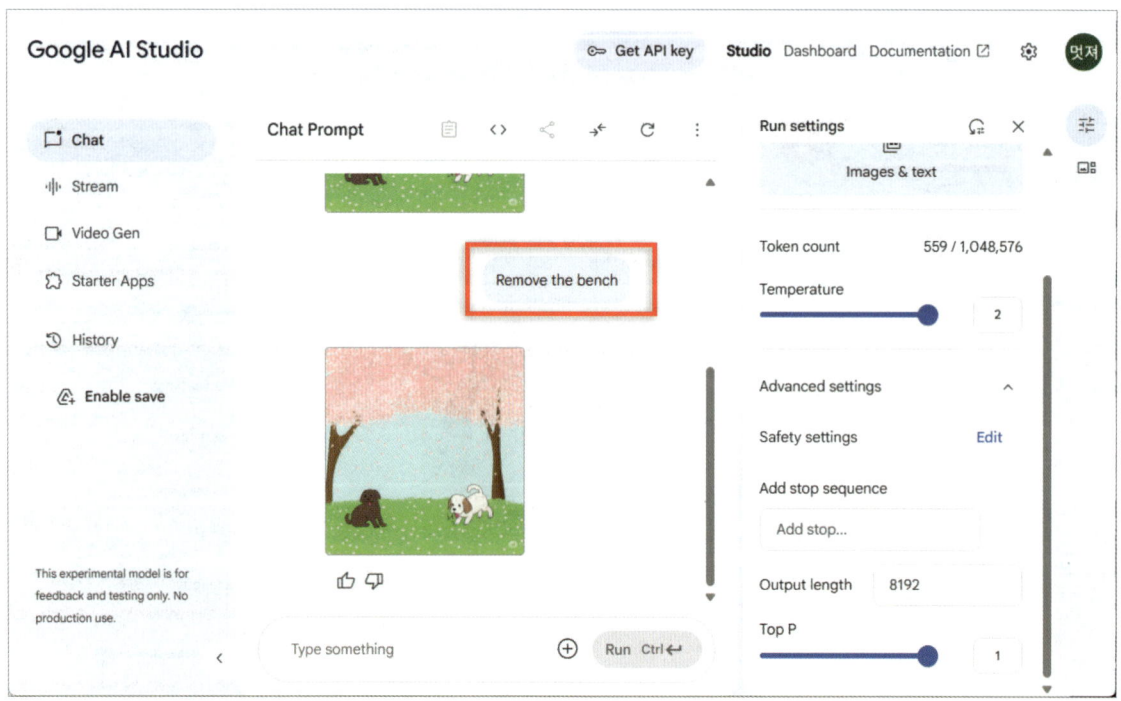

## STEP 4 ▶ 생성된 이미지 변경하기

**01** 프롬프트에 **"나무 책상위에 나란히 놓여 있는 3권의 책과 개나리 꽃이 꽂혀있는 유리화병"**을 입력한 후 영어로 변경하여 생성해 줍니다.

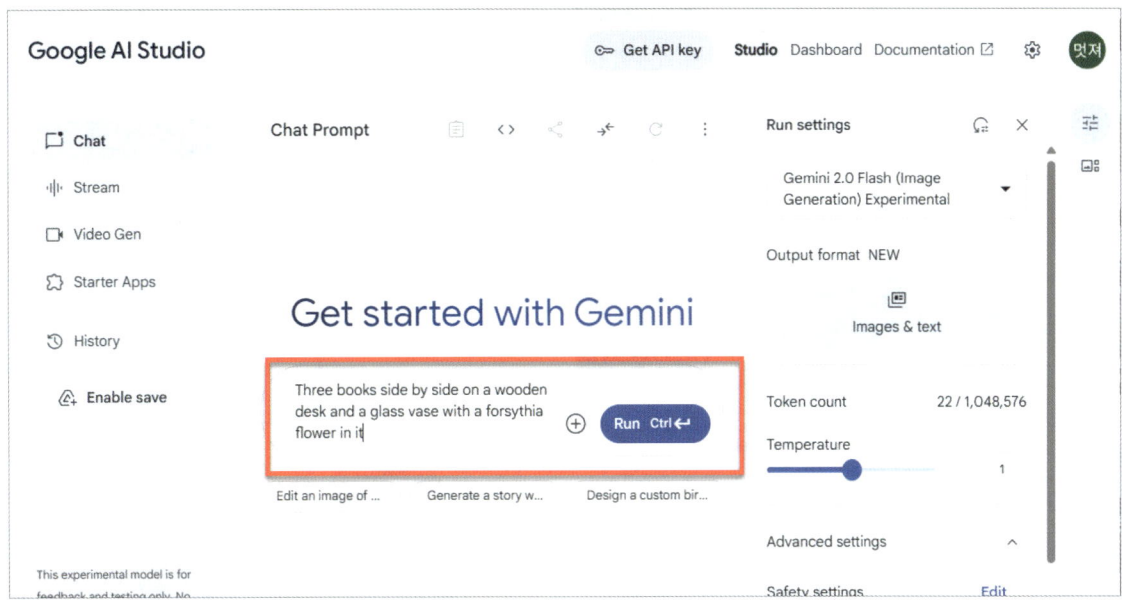

**02** **"개나리를 진달래 꽃으로 바꿔줘"**라고 프롬프트에 입력한 후 영어로 변경하여 생성해 보세요.

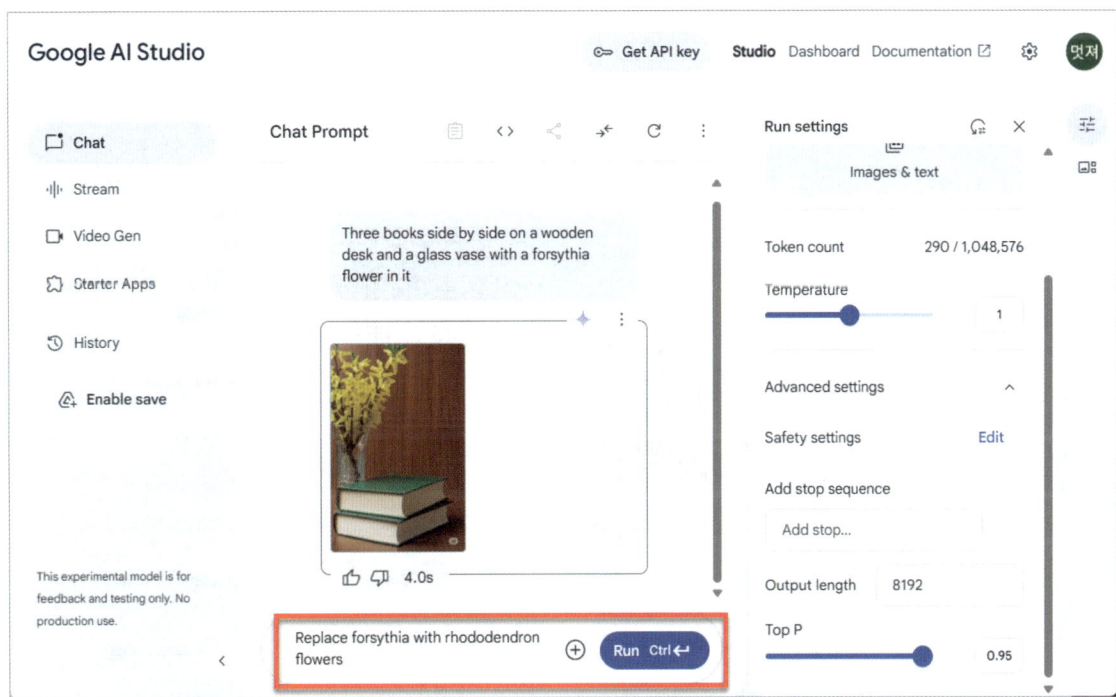

CHAPTER 04 구글 AI 스튜디오 활용하기   073

**03** 이번에는 배경을 변경하기 위해 **"창문에 나무가 있는 배경으로 바꿔줘"**를 입력하여 생성해 보세요.

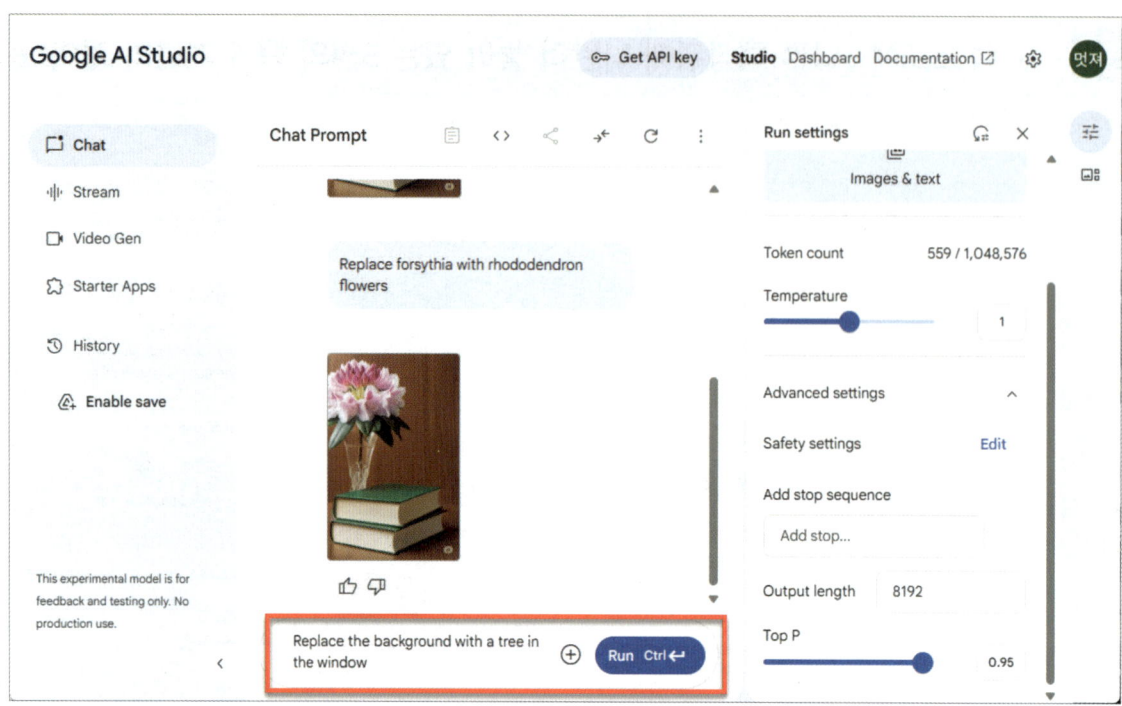

**04** 색상과 스타일도 한글로 입력하여 영어로 번역하면 원하는 장면의 이미지를 생성할 수 있고, 생성된 이미지를 클릭해서 크게 볼 수 있으며 다운로드까지 할 수 있습니다. 오른쪽 창에 **Token count** 수량이 감소되는 것도 확인하세요.

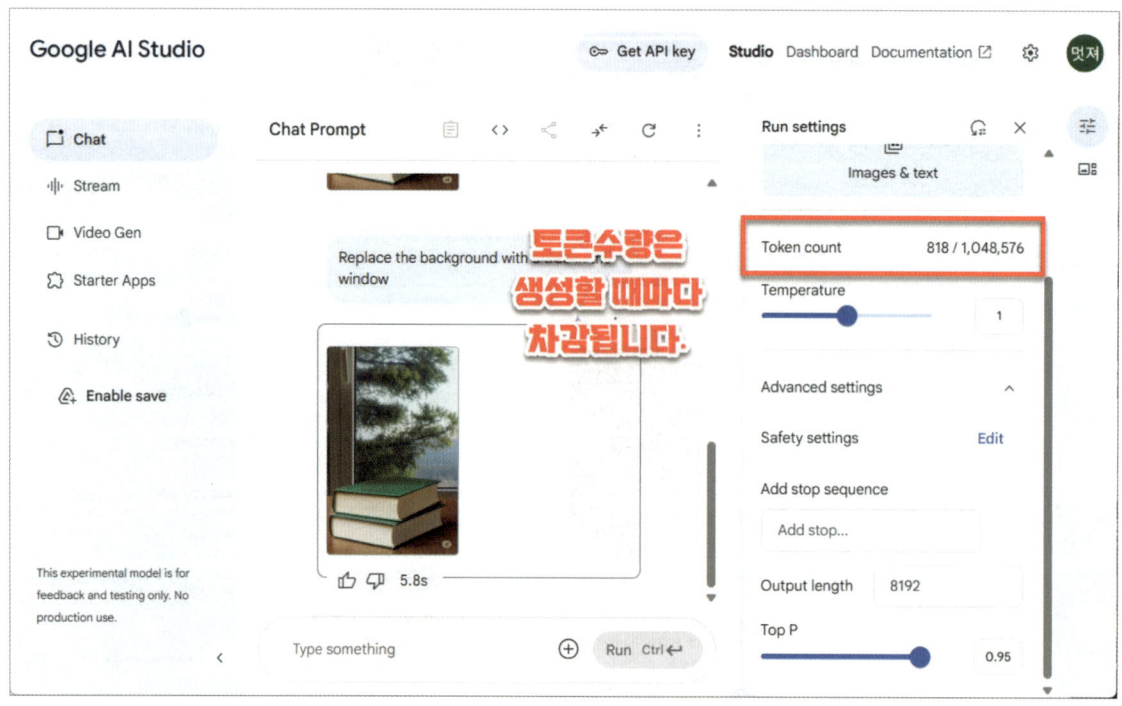

## STEP 5 ▶ 첨부 파일로 이미지 변경하기

**01** 새로운 프롬프트 창에서 ❶ ⊕ (추가)를 누르고 ❷ Upload Image를 선택하여 샘플로 제공된 **인공지능예제** 폴더의 **"model01"**을 열어줍니다.

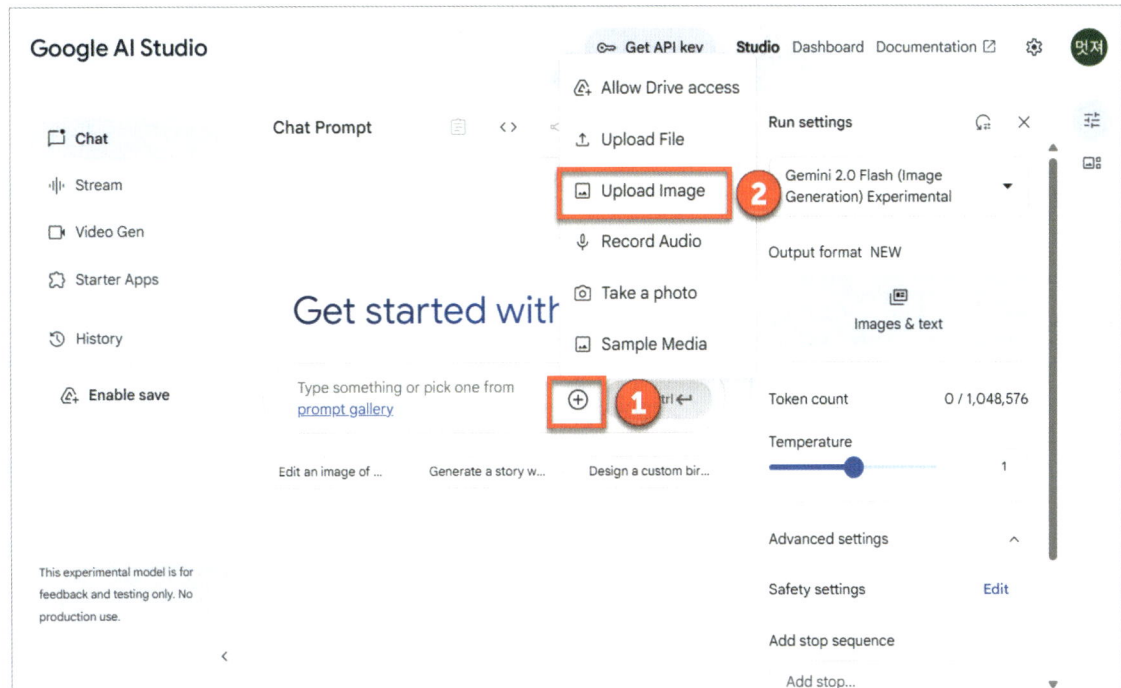

**02** 프롬프트에 ❶ **"원피스 색상을 초록색으로 바꿔줘"**로 입력하고 ❷ Run 버튼을 클릭합니다. 잠시 후 초록색으로 바뀐 것을 확인합니다.

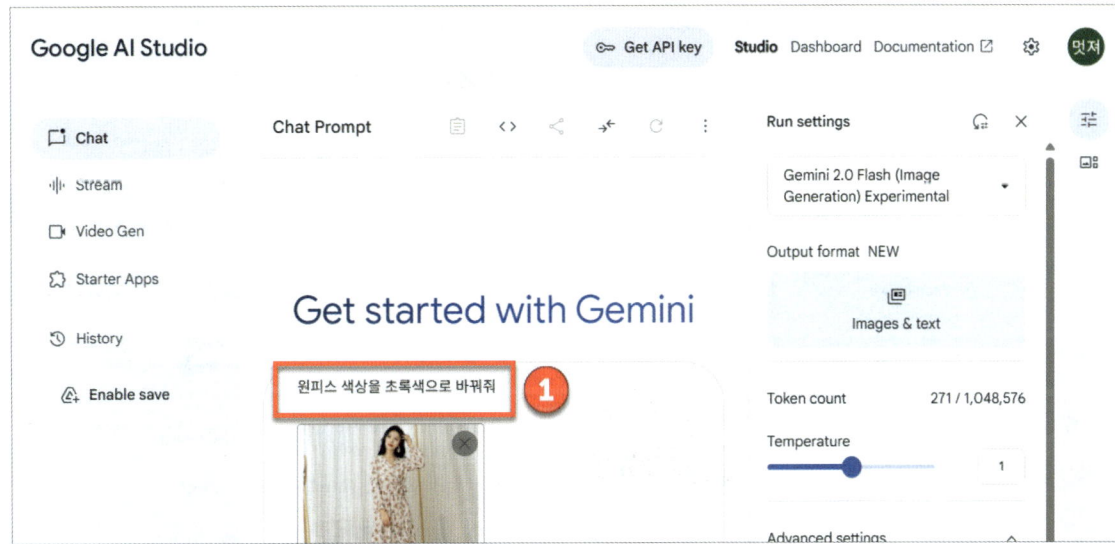

CHAPTER 04 구글 AI 스튜디오 활용하기 075

**03** ⊕**(추가)** 버튼을 클릭해서 **Upload Image**에서 아래와 같이 **모자**와 **핸드백**을 동시에 **열기**를 해줍니다.

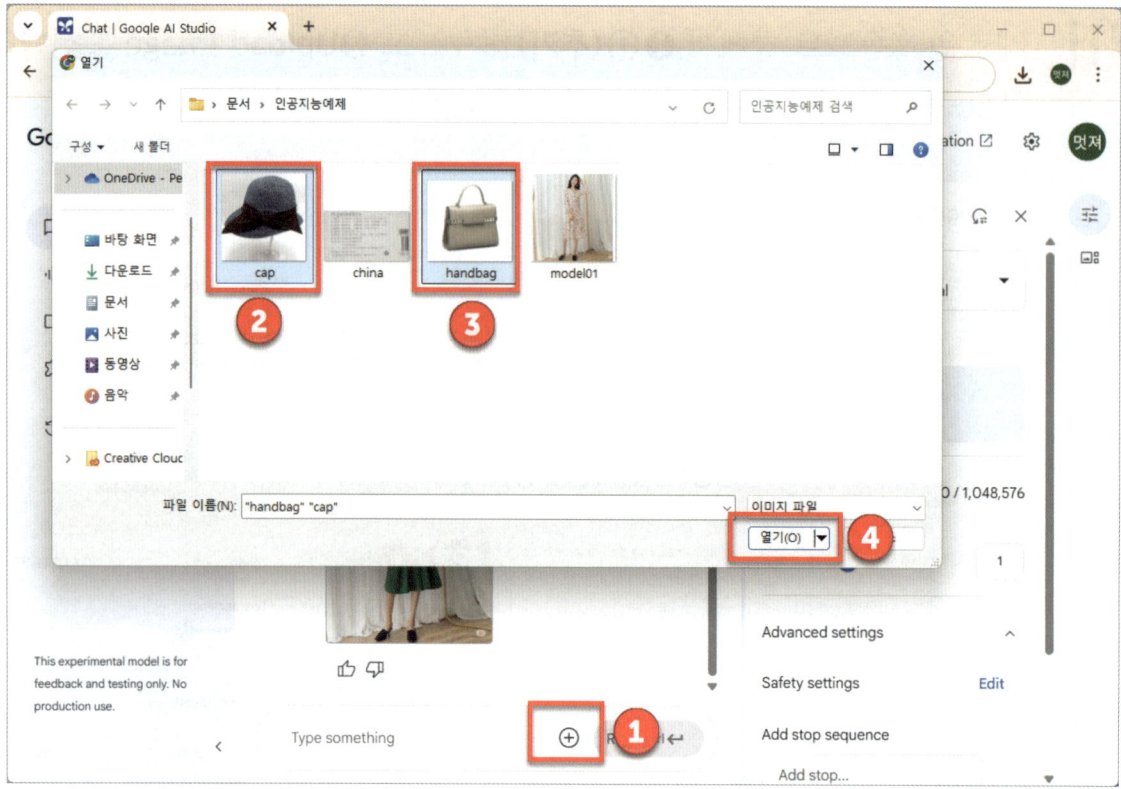

**04** "**방금 생성한 모델에게 이 가방과 모자를 착용하도록 해줘**"라고 프롬프트에 입력합니다.

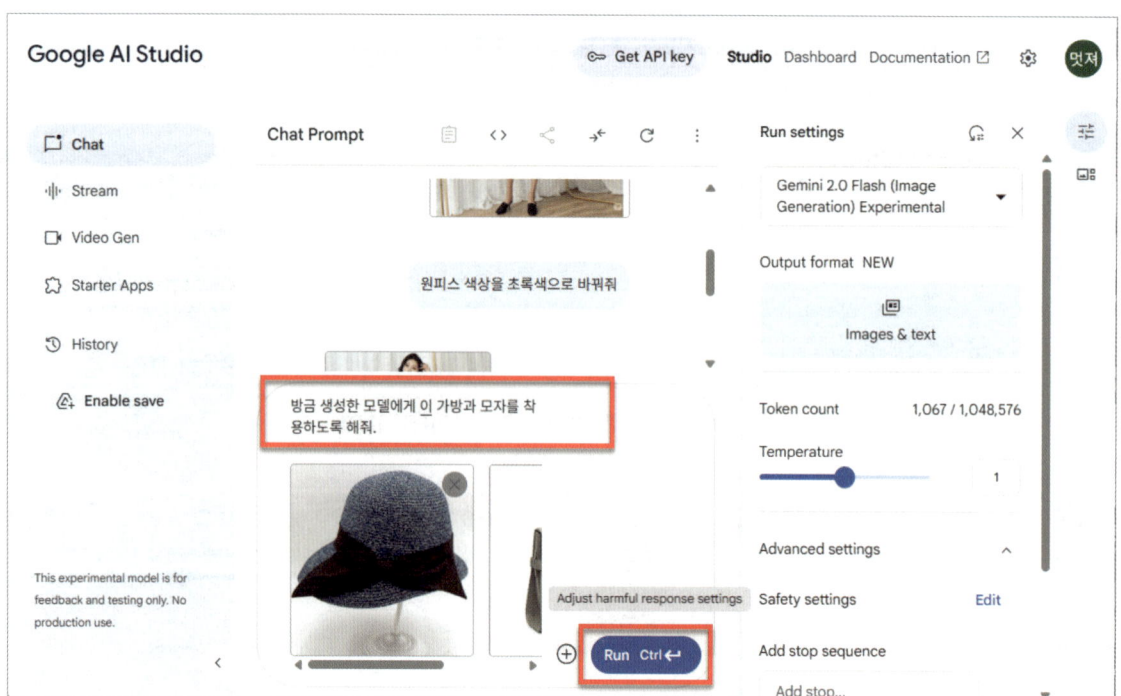

**05** 초록색 원피스를 입은 모델이 첨부한 가방과 모자를 착용한 모습으로 바뀌어 표시됩니다. 가방과 모자는 모델의 포즈와 자연스럽게 어울리도록 배치됩니다.

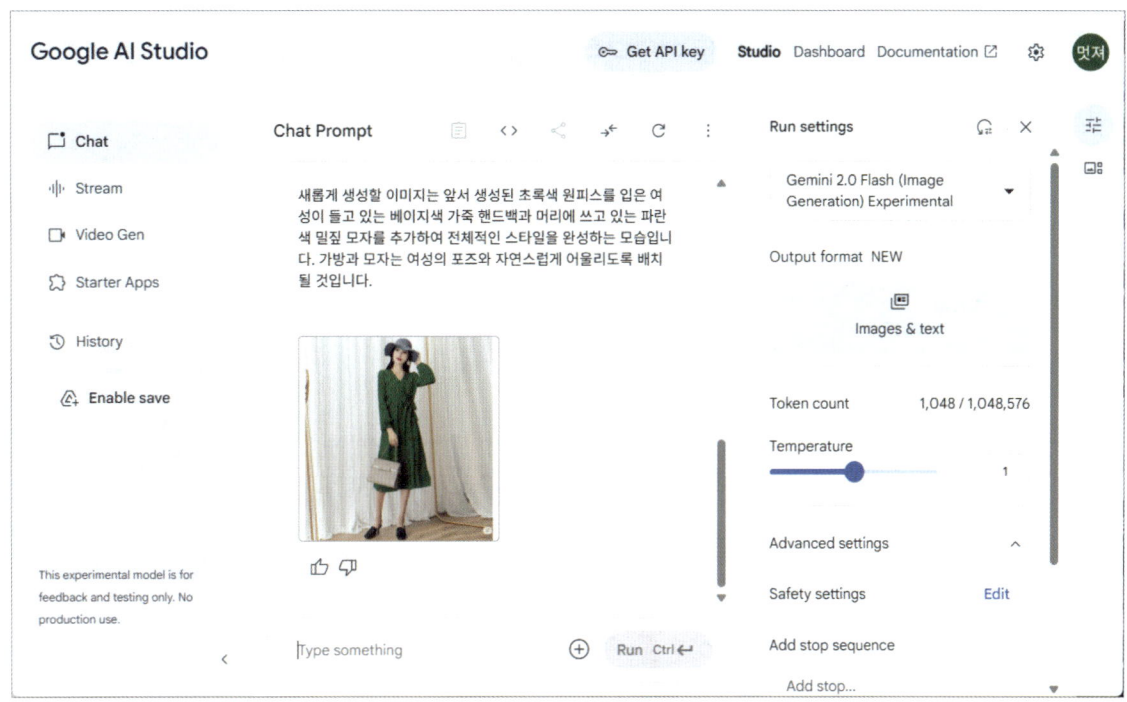

**06** 왼쪽에서 새 채팅을 클릭한 후 ⊕**(추가)** 버튼을 클릭해 **모자**와 **가방**을 첨부하고, 프롬프트에 **"이 모자를 쓰고 핸드백을 들고 있는 빨갛고 긴 머리의 40대 여성을 그려줘"**를 생성해 보세요.

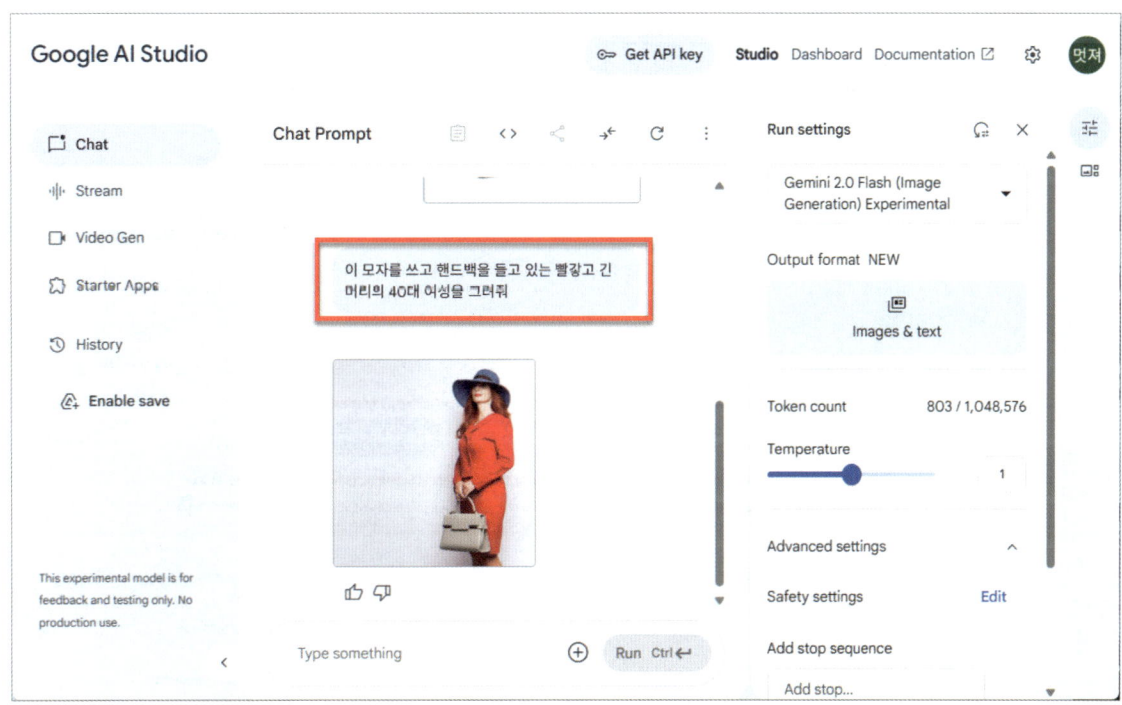

## STEP 6 - 9:16 비율 이미지 생성하기

**01** 새 채팅을 열고 프롬프트에 **"나무를 올라가는 팬더곰을 9:16 비율로 그려줘"**를 한 글로 입력합니다.

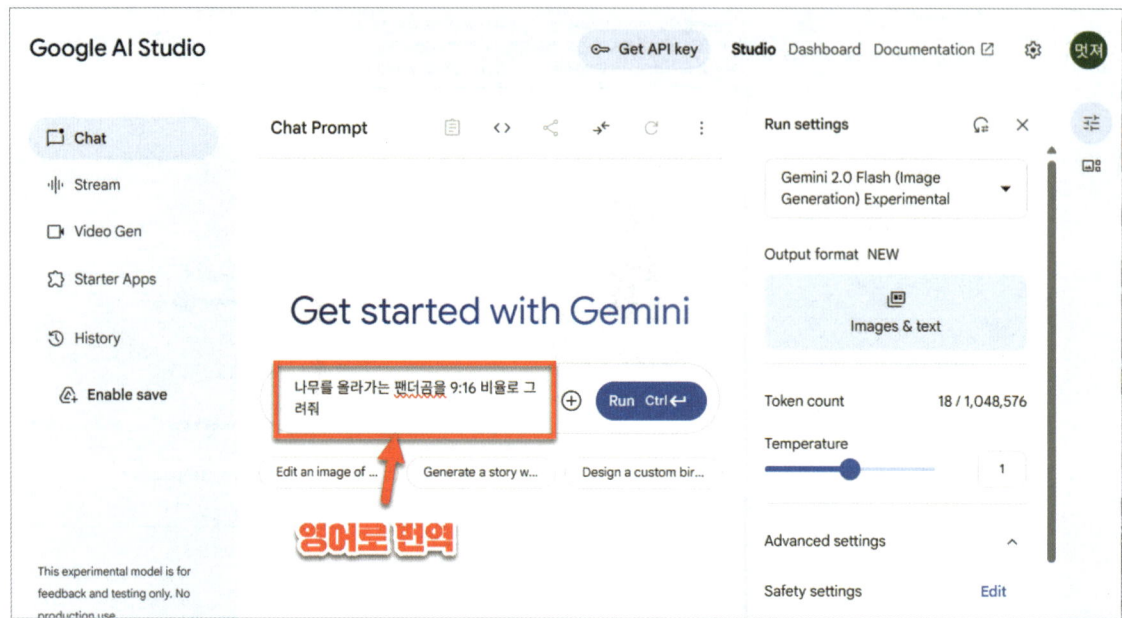

**02** 프롬프트 내용을 블록으로 정한 후, Ctrl + C C 를 눌러서 **DeepL번역**을 하여 영어로 변경되면 **Run** 버튼을 누릅니다.

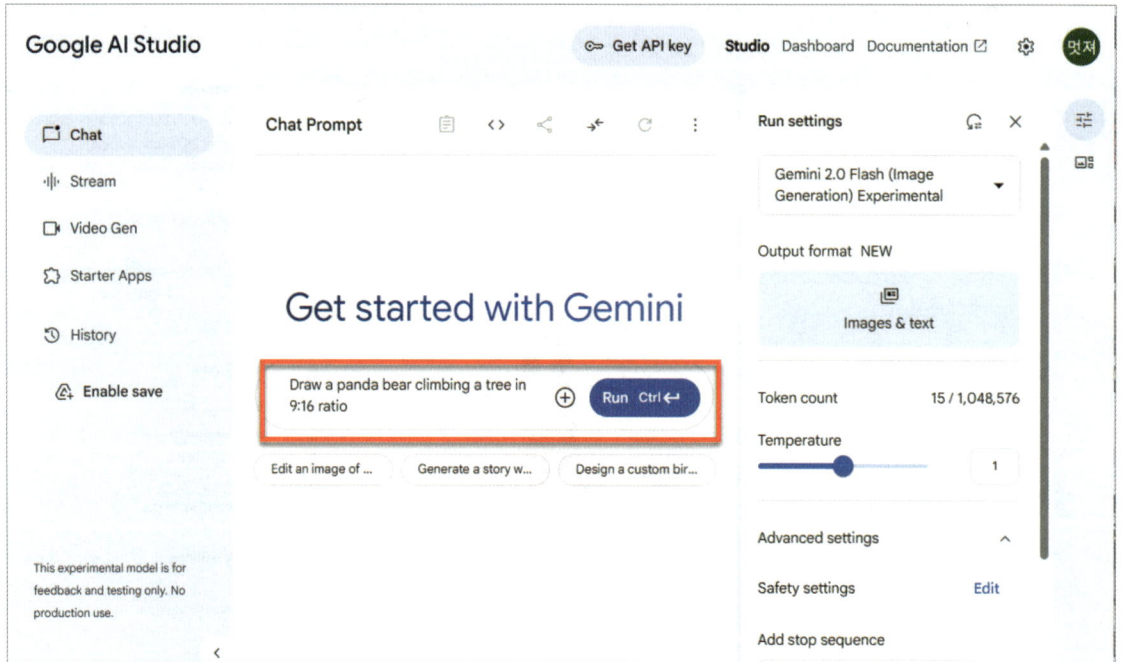

**03** 아래와 같은 비율로 생성이 잘 되었습니다. 왼쪽 창에 있는 **Enable saving** 버튼을 클릭하여 구글 드라이브와 연동을 시켜줍니다.

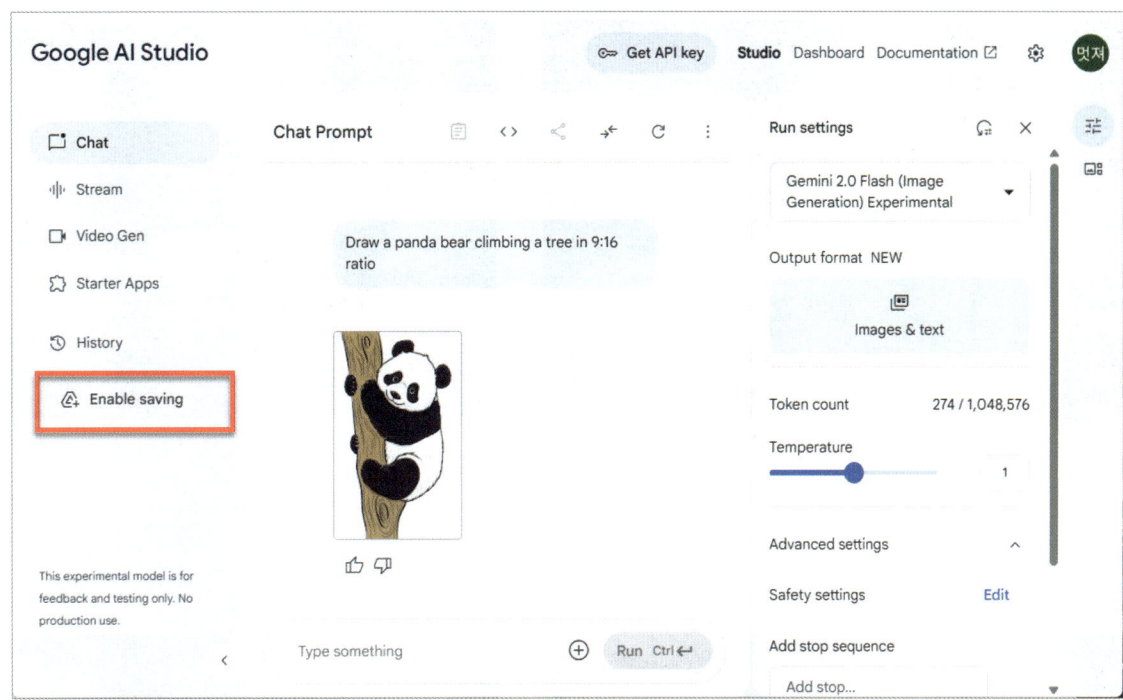

**04** 지금까지는 구글 드라이브에 프롬프트가 남아있지 않았으나, 지금부터 작업에 사용되는 이미지와 결과물은 구글 드라이브에 남겨져서 다음에 활용할 수 있게 됩니다. ❶**History** ▶ ❷**Drive Folder**를 클릭하면 구글 드라이브에서 프롬프트를 확인할 수 있습니다.

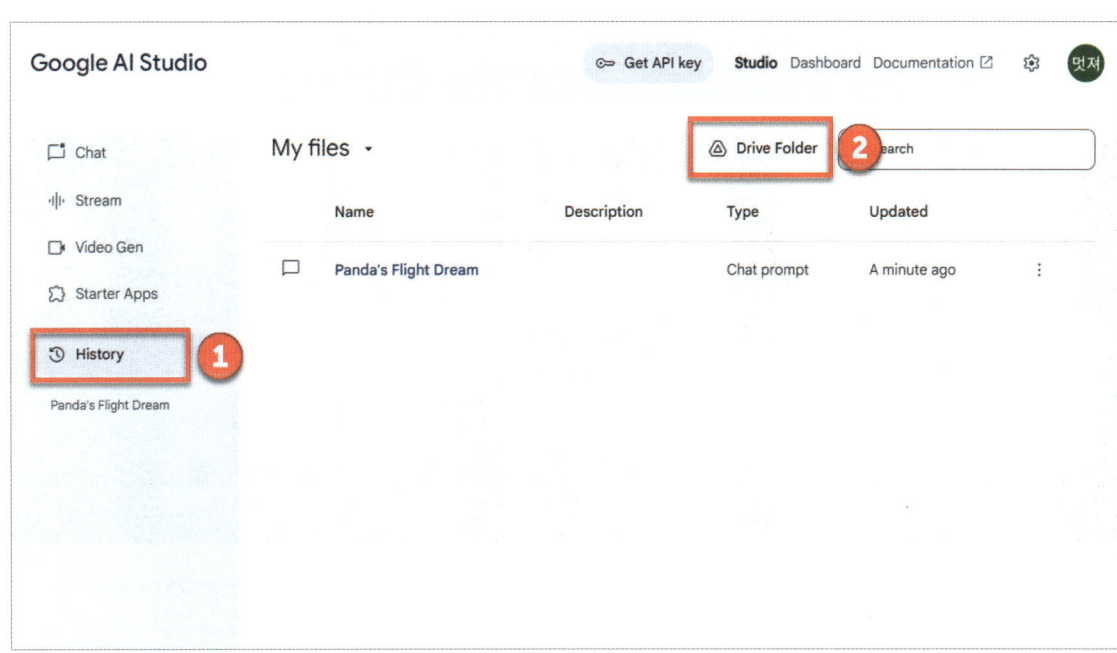

## STEP 7 ▸ 이런 것도 된다

### 유리잔에 담긴 액체를 커피로 바꿔줘.

### 유리잔에 담긴 액체를 레몬에이드로 바꿔줘.

### 유리잔에 담긴 액체를 물로 바꿔줘.

**정면 간판과 사람을 지워줘.**

**텍스트를 지워줘**

**옆에서 조깅하는 남자를 추가해줘**

# CHAPTER 05
## 블로그&콘텐츠 작성하기

구글 AI 스튜디오는 이미지 생성만 하는 것이 아니라 원하는 내용의 글을 생성하는 용도로도 많이 사용되고 있으며, 블로그와 유튜브 등의 콘텐츠 아이디어를 생성하여 창작에 도움을 받을 수 있습니다. 여러분도 다양한 분야에서 다양한 방법으로 활용하기 바랍니다.

### 결과화면 미리보기

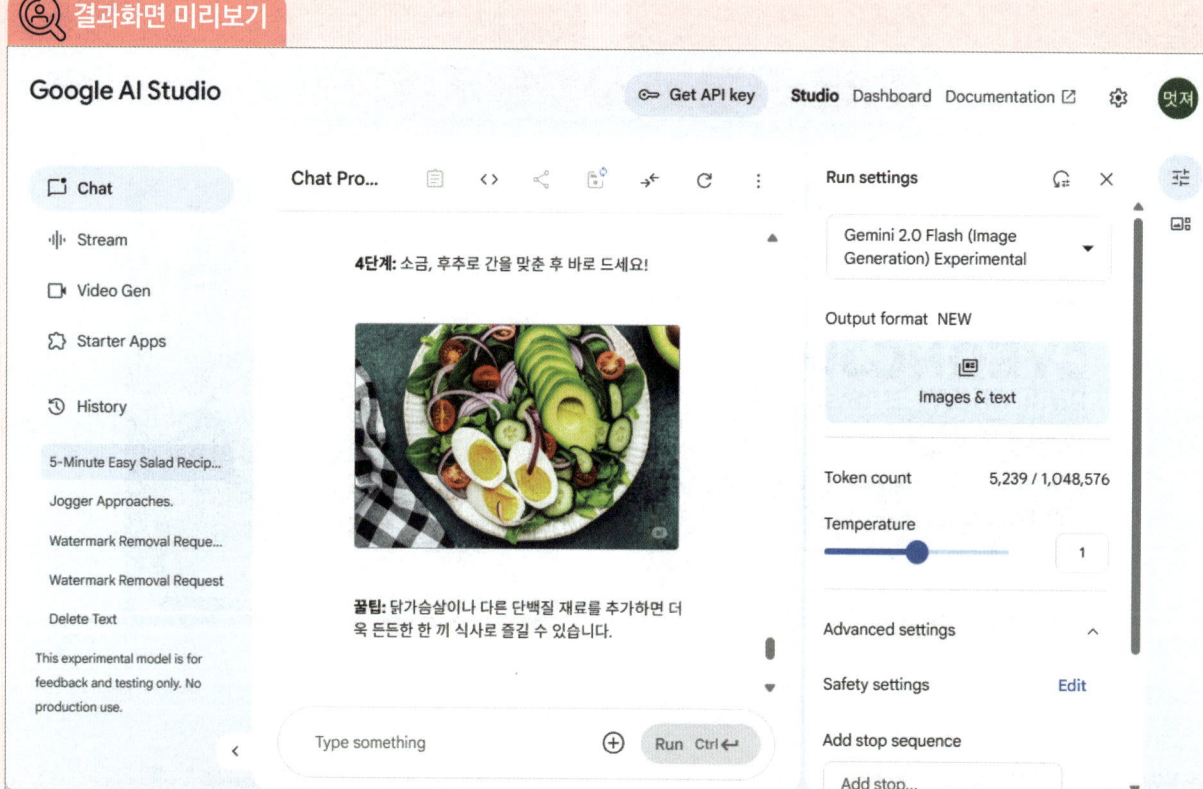

### 무엇을 배울까?

❶ 5분 간단요리 레시피 만들기
❷ 여행지 추천과 여행코스 만들기
❸ 스마트폰 비교 분석 포스팅
❹ 인테리어 시뮬레이션

## STEP 1 ▸ 5분 간단요리 레시피 만들기

**01** 왼쪽 메뉴에서 ❶**새 채팅**을 클릭한 후 ❷**이미지도 함께 생성하도록 선택**해 줍니다.

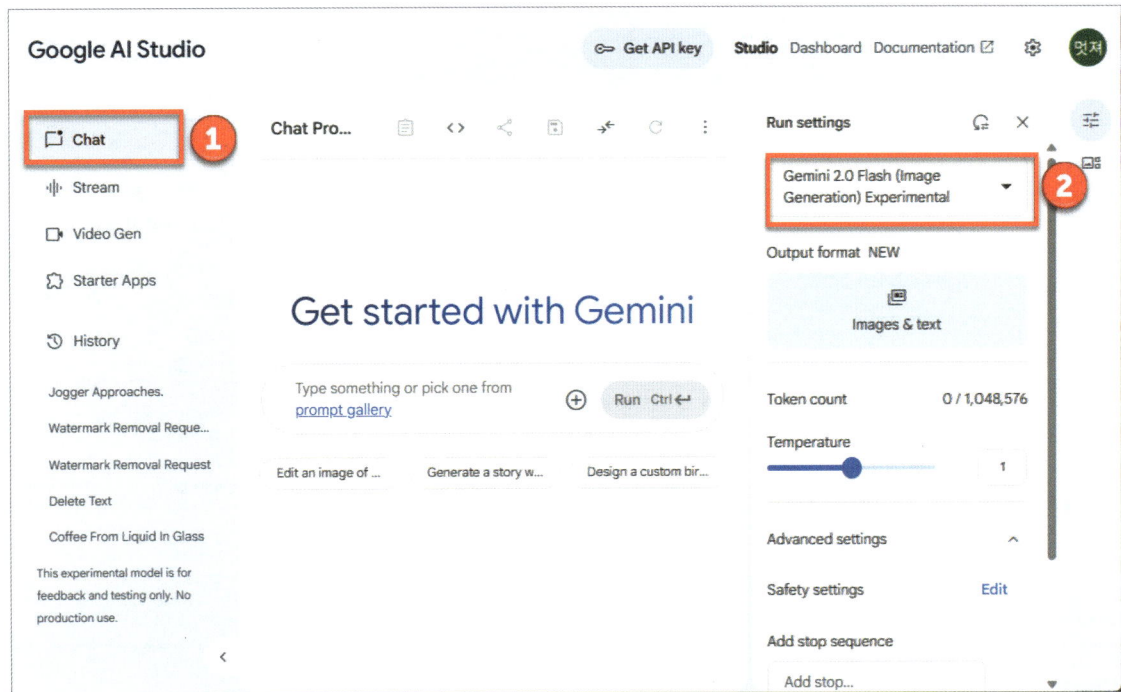

**02** 프롬프트에 **"5분 샐러드 레시피를 알려줘"**를 입력한 후 **Run** 버튼을 누르면 레시피를 제대로 생성해 줍니다.

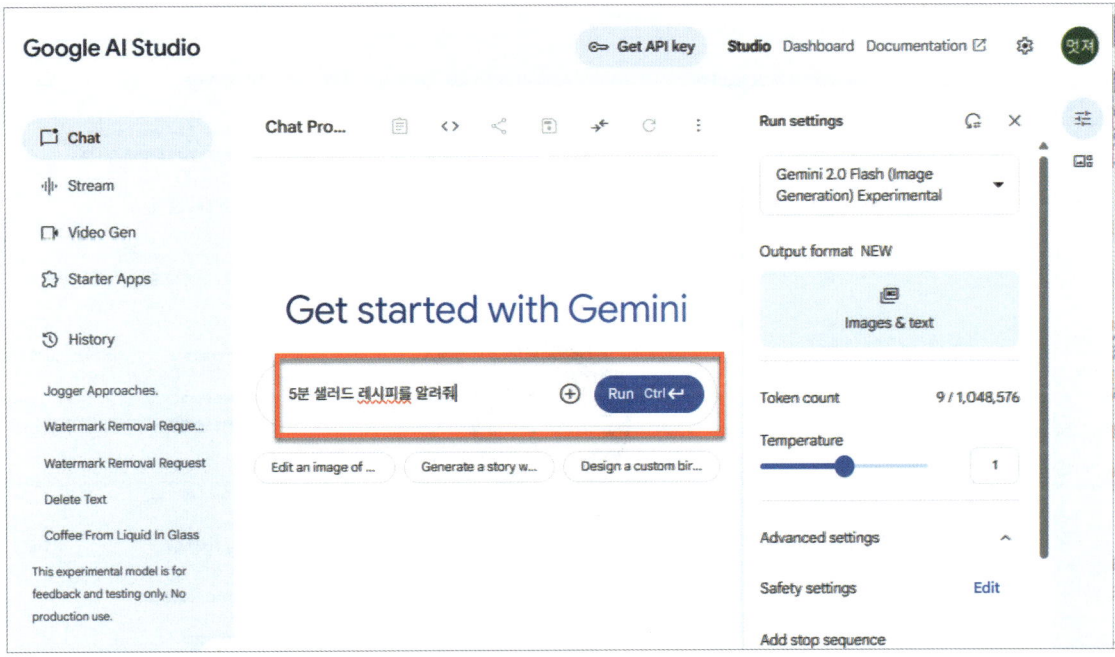

CHAPTER 05 블로그&콘텐츠 작성하기

**03** 프롬프트 상자에 **"블로그에 포스팅할 건데 각 단계별 이미지와 최종 완성된 이미지도 추가해서 다시 작성해줘"**를 입력한 후 생성합니다.

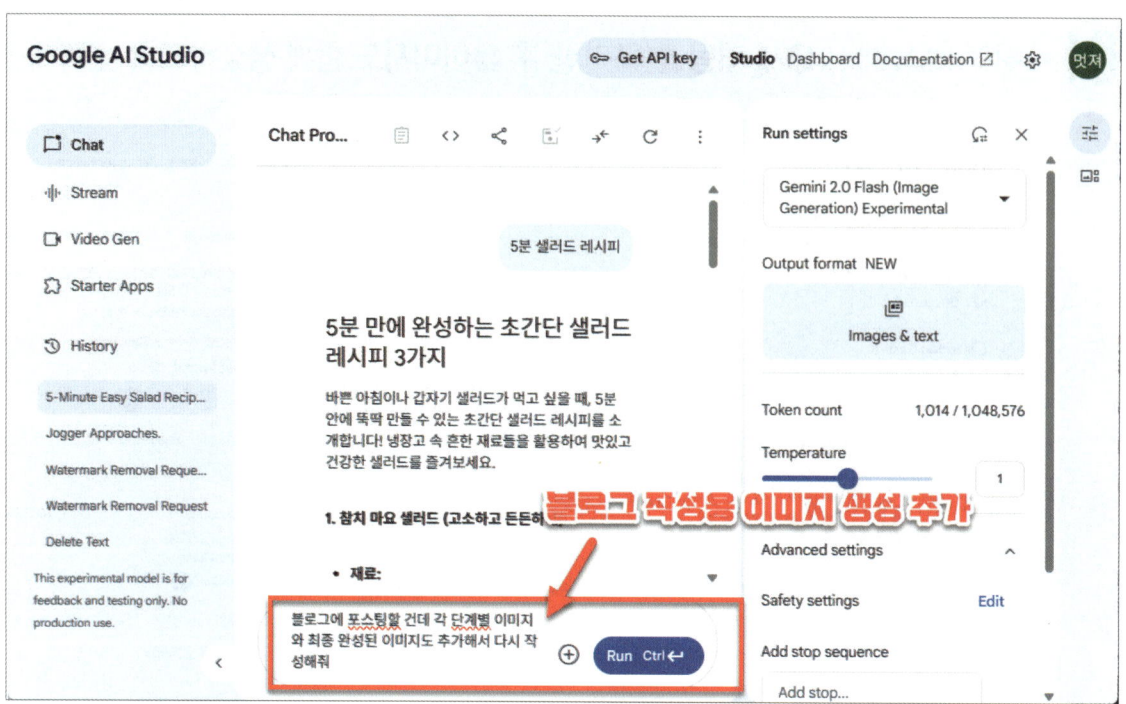

**04** 아래와 같이 요리하는 단계별로 이미지가 생성되었으며, 마지막에는 최종 결과물도 추가되었습니다. 참고로 제미나이에서는 구글 문서로 보내도 이미지를 따로 추가해야 했지만 여기서는 모두 저장이 됩니다.

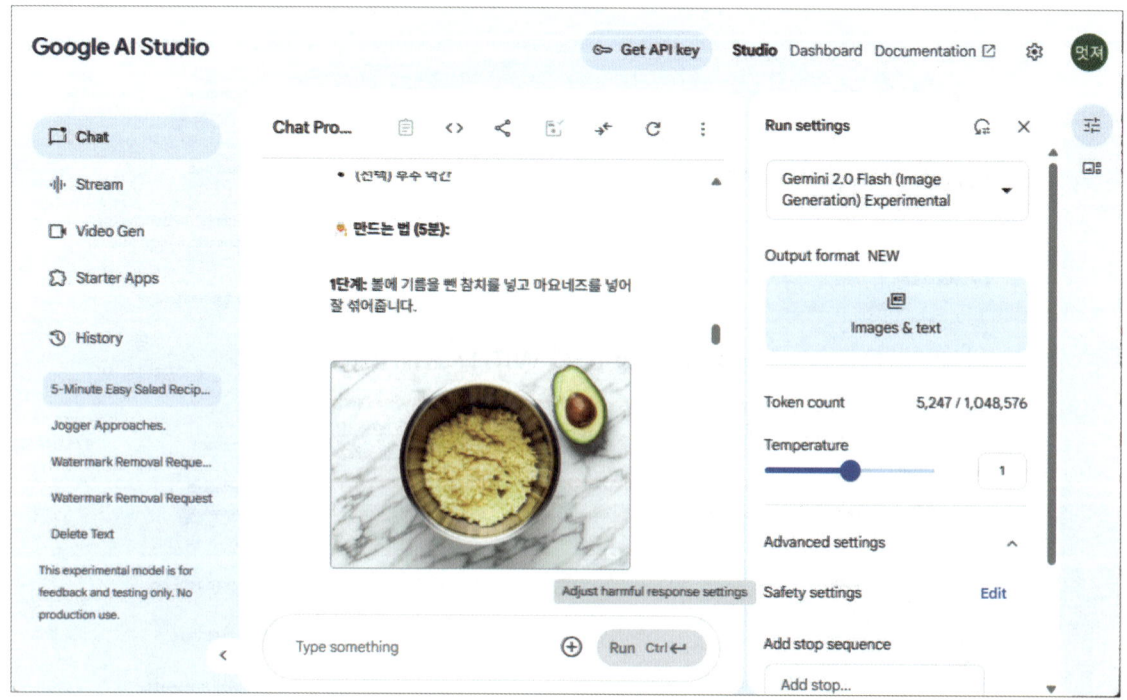

05 왼쪽 메뉴창에서 ❶History를 클릭하면 오른쪽 창에 구글 드라이브에 연동되어 저장된 결과물들이 목록으로 나오게 됩니다. ❷ 5-Minute Easy Salad Recipe 와 같은 제목으로 저장된 것을 클릭해 보세요.

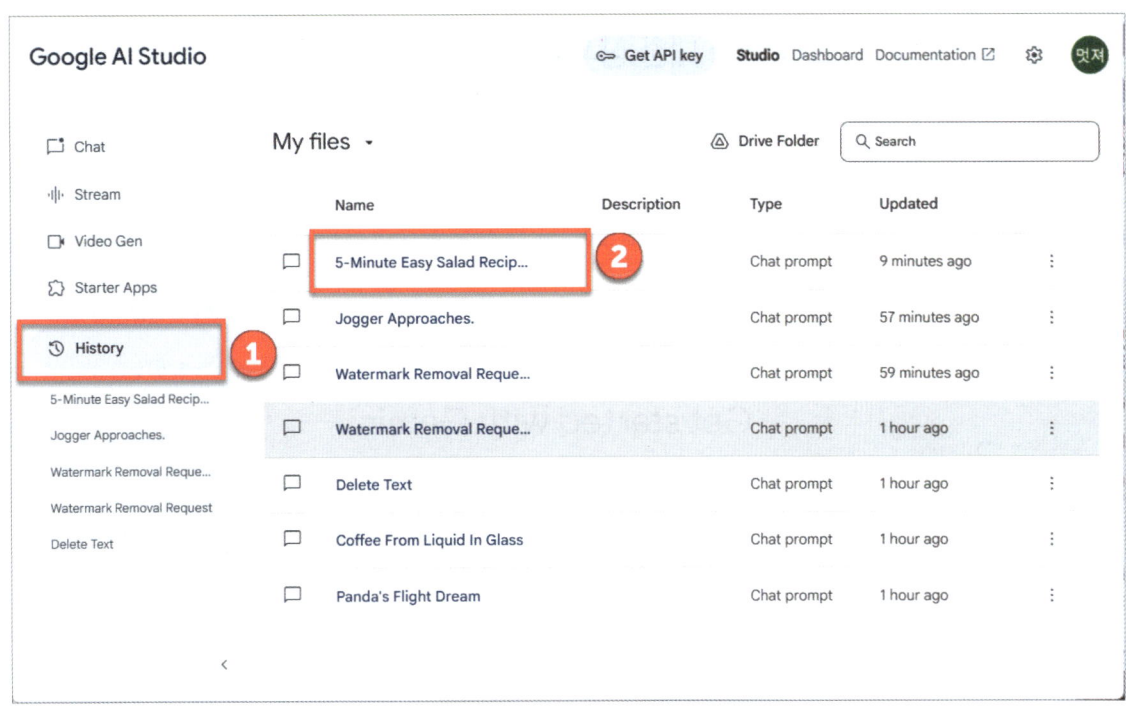

06 다시 불러오는데 시간이 걸리므로 잠시 기다립니다. 아래와 같이 프롬프트를 이용해 생성했던 결과물을 다시 확인할 수 있습니다.

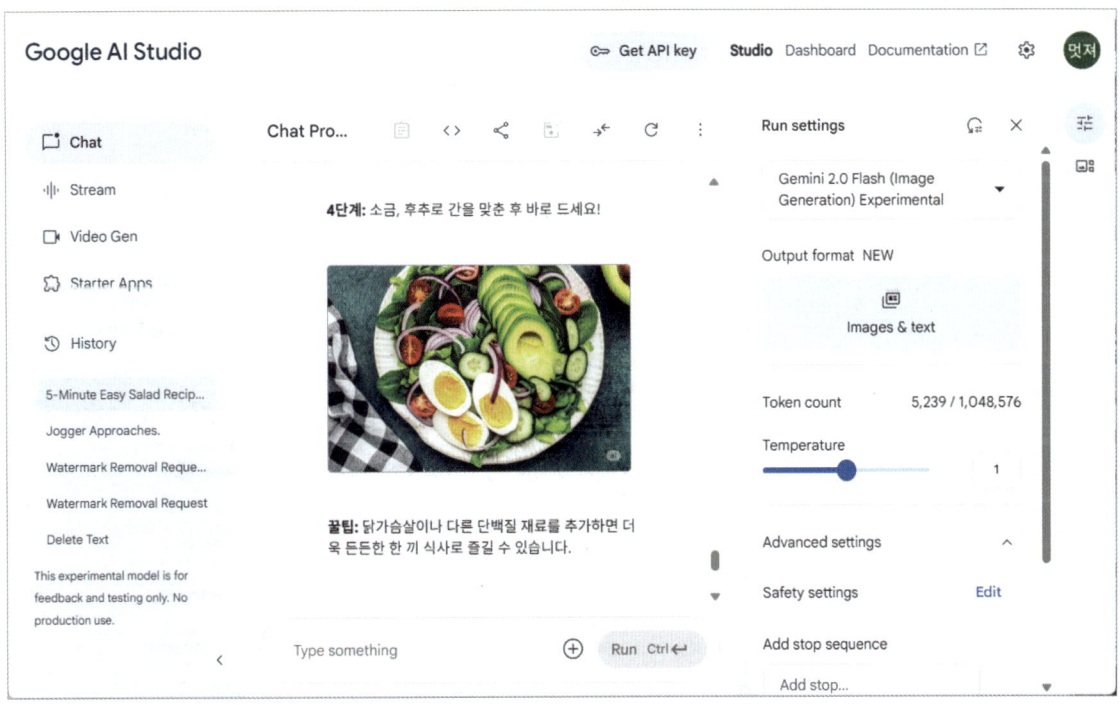

## STEP 2 > 여행지 추천과 여행코스 만들기

**01** 새 채팅을 열고 **"대한민국에서 가을에 여행하기 좋은 여행지를 1박 2일 코스로 텍스트로 작성하고 숙소에 대한 상세한 정보도 알려줘"** 라고 생성해 봅니다.

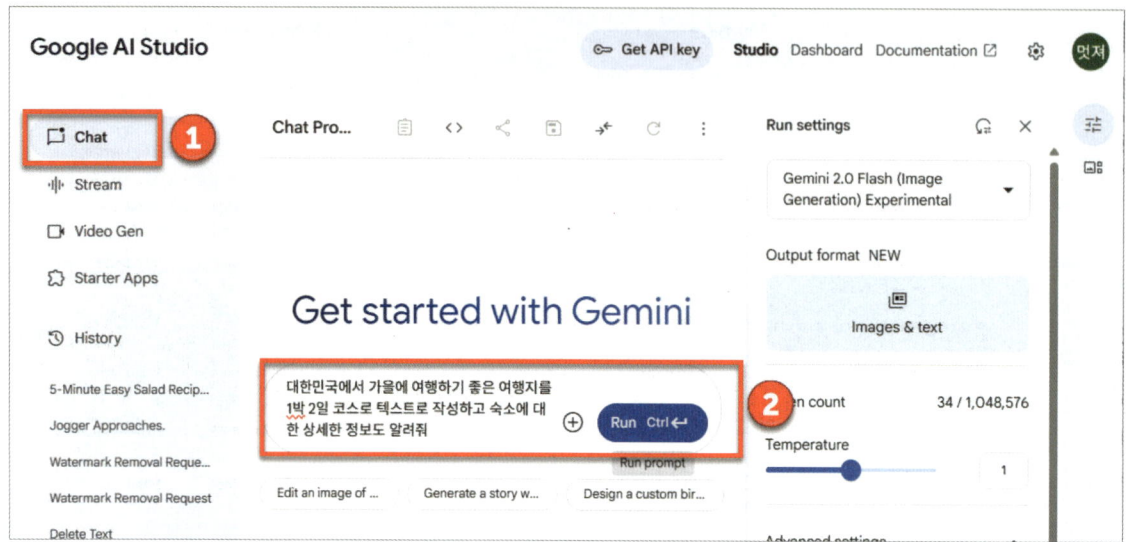

**02** 1일차와 2일차 추천 여행지가 표시되는데, 사용자마다 다른 결과로 표시될 수 있습니다. **"이동 경로를 지도로 만들어줘"** 라고 작성한 후 **Run** 버튼을 클릭해서 결과를 확인해 보세요.

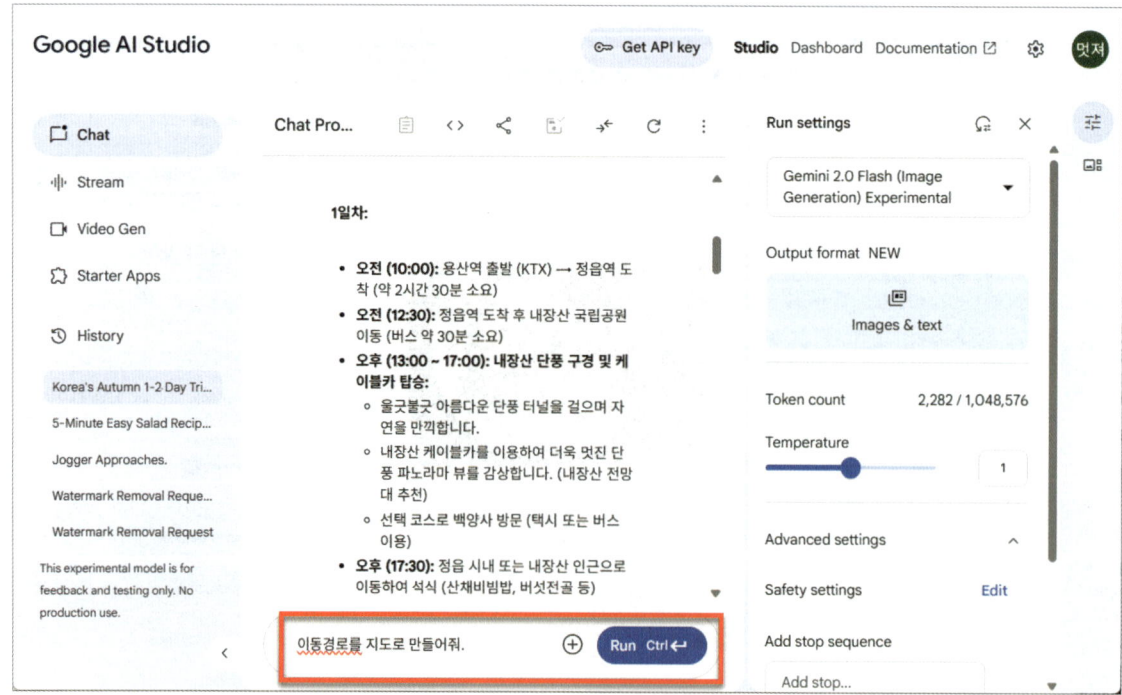

**03** 아직까지는 지도 작업을 생성할 수는 없지만, 곧 추가될 기능으로 생각이 됩니다.

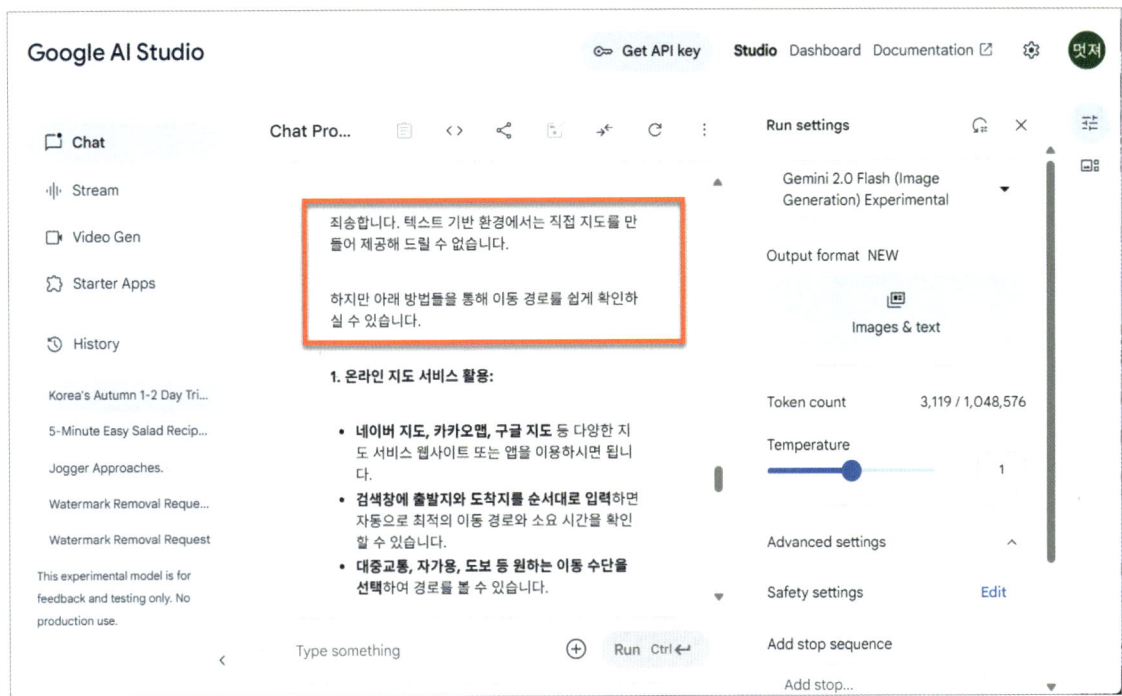

**04** 대신 네이버 지도, 카카오맵 등을 이용하여 이동할 경로를 작업할 수 있도록 아래와 같이 목록을 만들어주기 때문에 이 또한 여행에 도움이 될 것으로 보입니다. 참고로 구글 지도는 대중교통 길안내가 불편하므로 **네이버 지도**를 이용하는 것이 좋습니다.

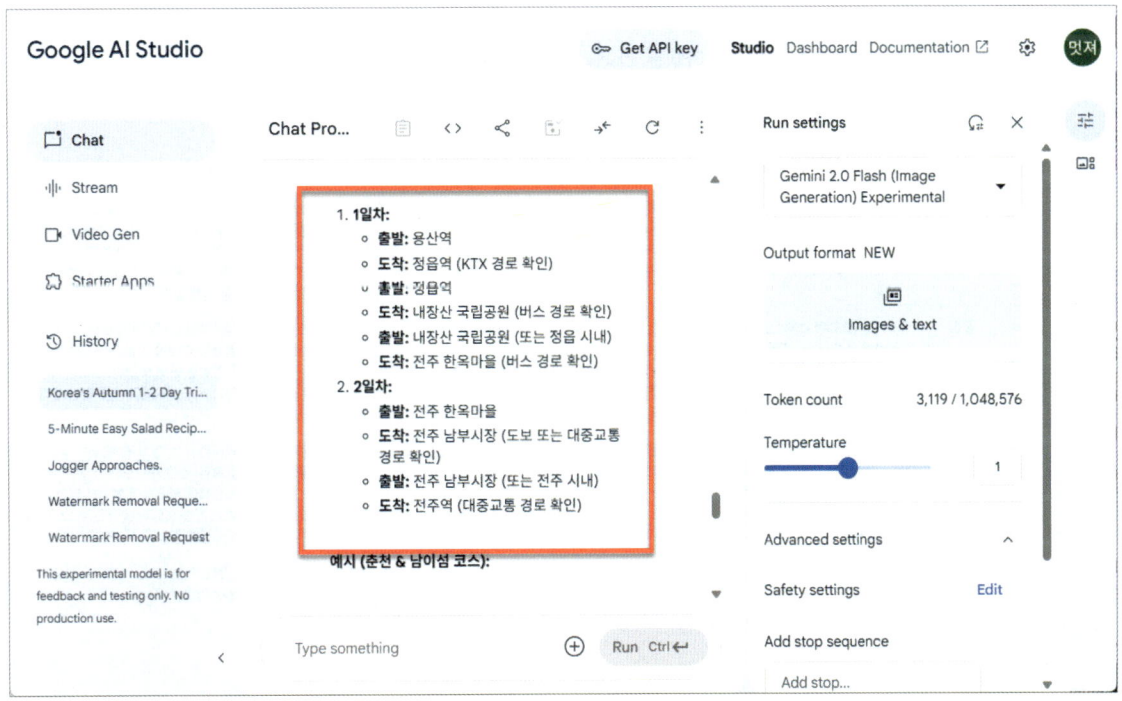

CHAPTER 05 블로그&콘텐츠 작성하기　087

## STEP 3 > 스마트폰 비교 분석 포스팅

**01** 새 채팅을 열고 프롬프트에 **"2025년 출시된 갤럭시폰과 아이폰의 카메라 렌즈를 비교하여 장단점을 표로 작성해줘"**를 생성해 줍니다.

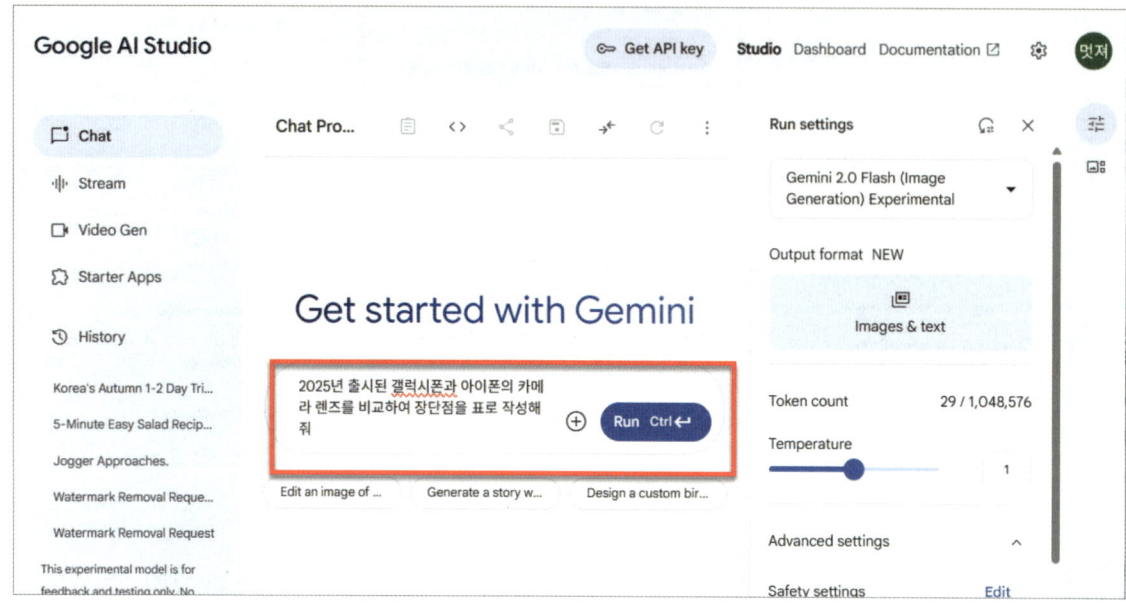

**02** 아래와 같이 가상으로 비교분석한 내용이 작성되었으며, 과거의 모델을 입력하면 장단점이 더욱 비교될 것입니다.

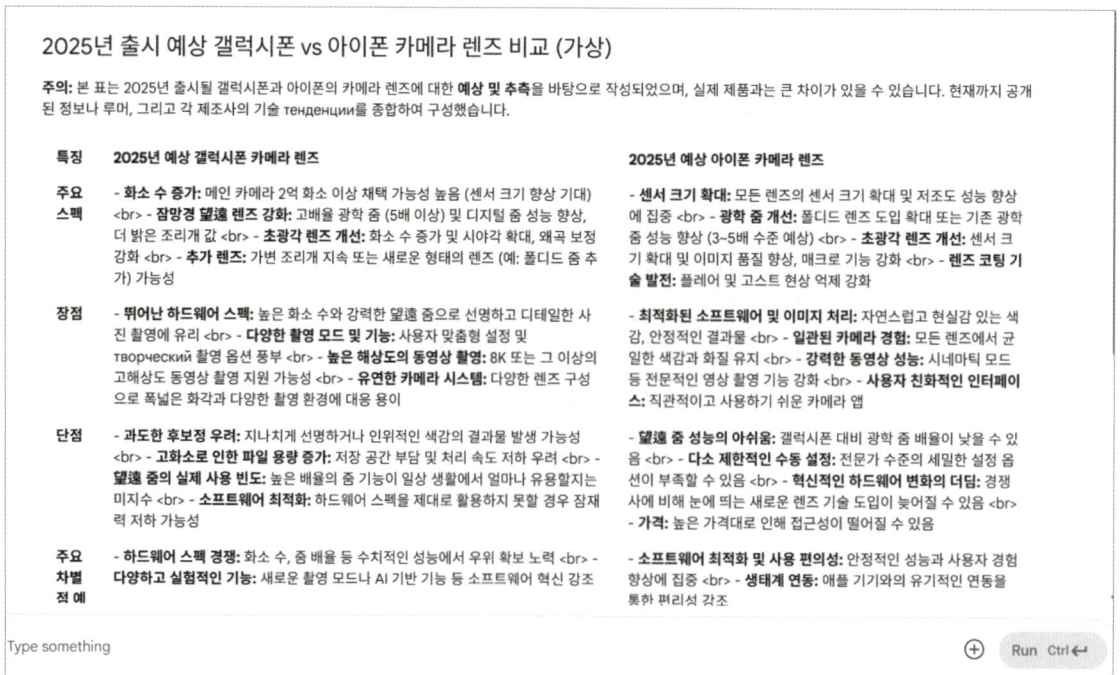

088  AI 활용

**03** 프롬프트에 **"갤럭시S25 울트라 스펙과 가격을 알려주고 이미지도 추가해줘"**라고 입력한 후 **Run** 버튼을 클릭해서 생성해 보세요.

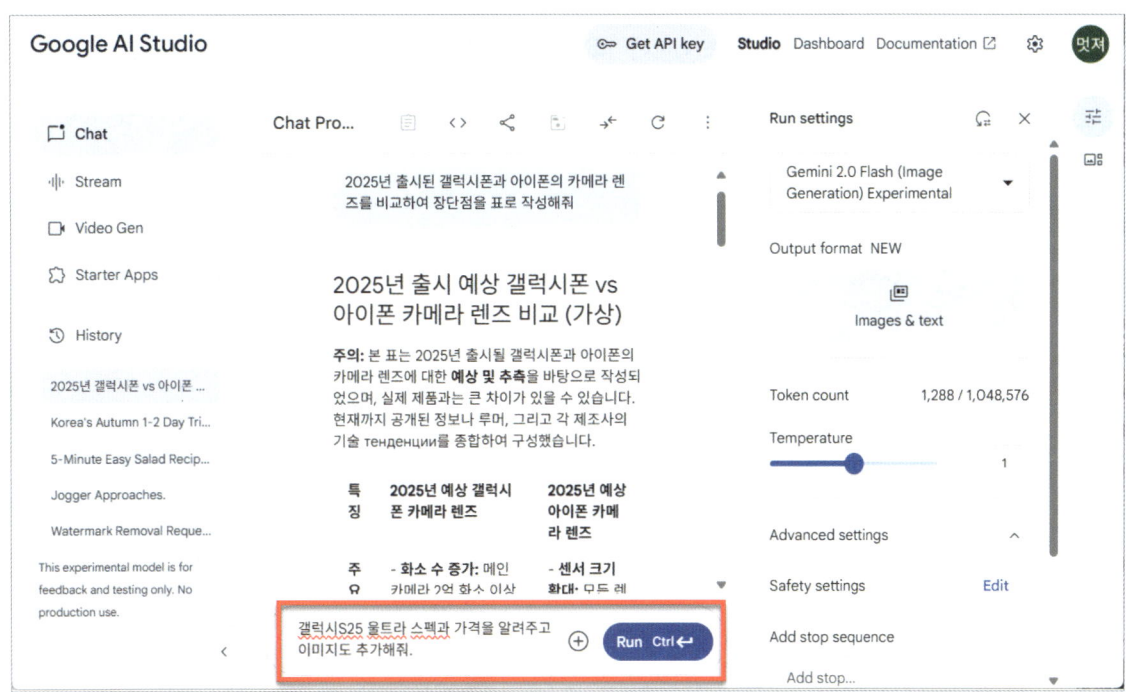

**04** 아래와 같이 스펙과 예상 가격을 알려주고 있으며, 이미지는 예상 이미지가 나왔는데 시간에 따라 이미지는 변경될 수도 있습니다. **제품 리뷰 블로그 콘텐츠**로 활용하려면 충분한 연습이 필요합니다.

## STEP 4 ▶ 인테리어 시뮬레이션

**01** 새 채팅을 열고 프롬프트에서 ⊕**(추가)** ▶ **Upload File**을 클릭하여 샘플로 제공된 **인공지능예제** 폴더에서 **design** 파일을 업로드합니다.

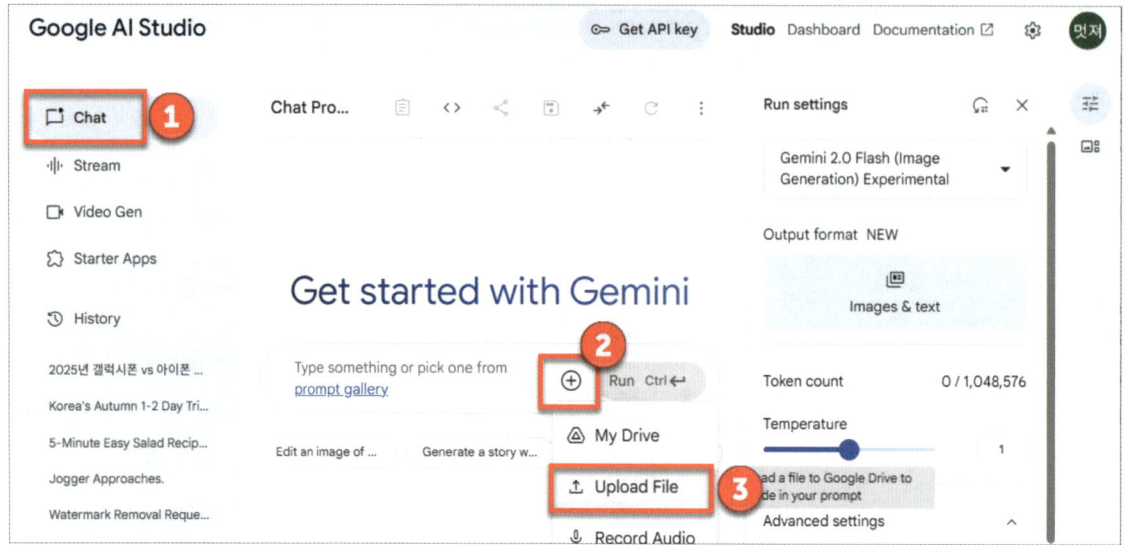

**02** 프롬프트에 **"화분을 없애고 따뜻한 느낌의 벽지로 바꿔줘"**를 입력한 후 Run 버튼을 눌러서 인테리어를 변경해 줍니다. 기존 사용 방법과 동일하게 작업하면 되므로 쉽게 사용할 수 있습니다.

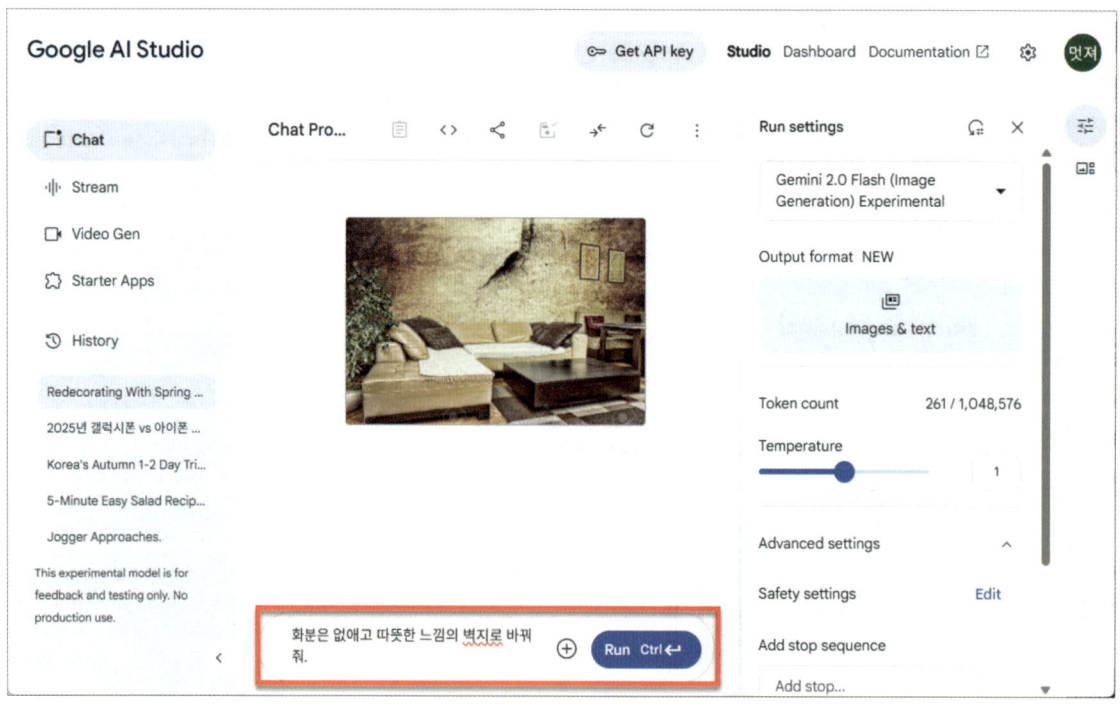

**03** **"소파를 오렌지색으로 변경하고 카페트는 치우세요"**라고 프롬프트에 입력한 후 Run 버튼을 눌러서 작업해 보세요.

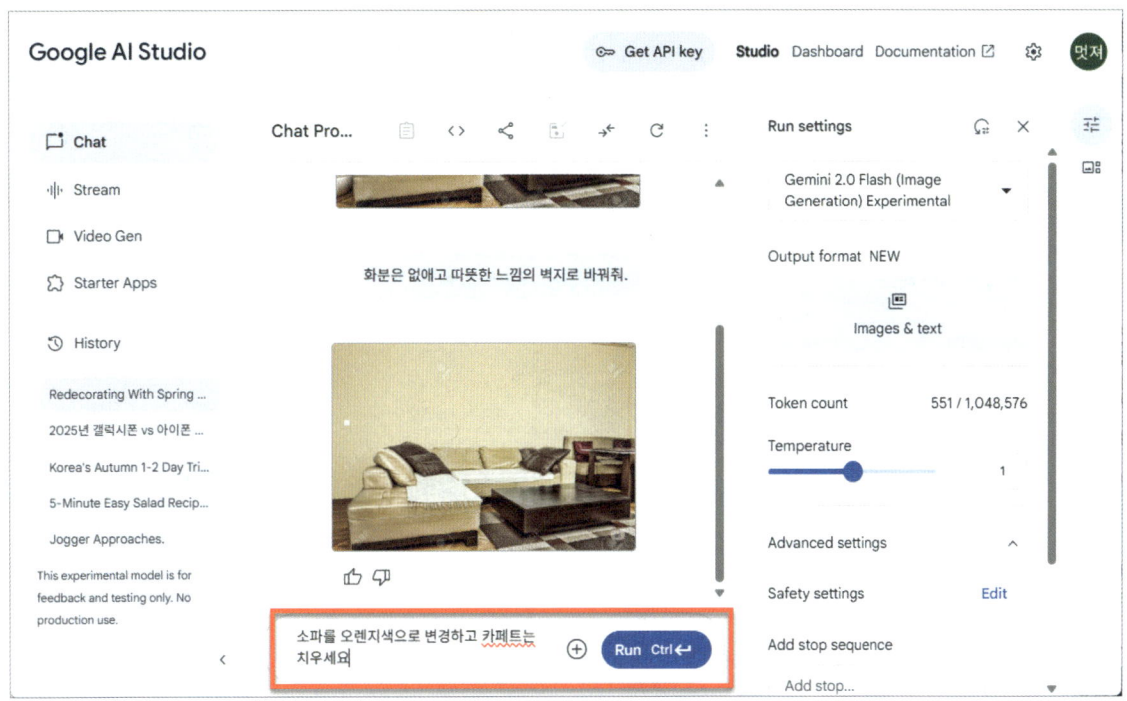

**04** 프롬프트에 **"벽에 지중해 마을이 그려진 액자를 걸어줘"** 라고 입력한 후 잘 생성되는지 확인해 봅니다. 작업이 진행이 잘 안되면 내용을 영어로 변경해서 다시 작업을 해 봅니다.

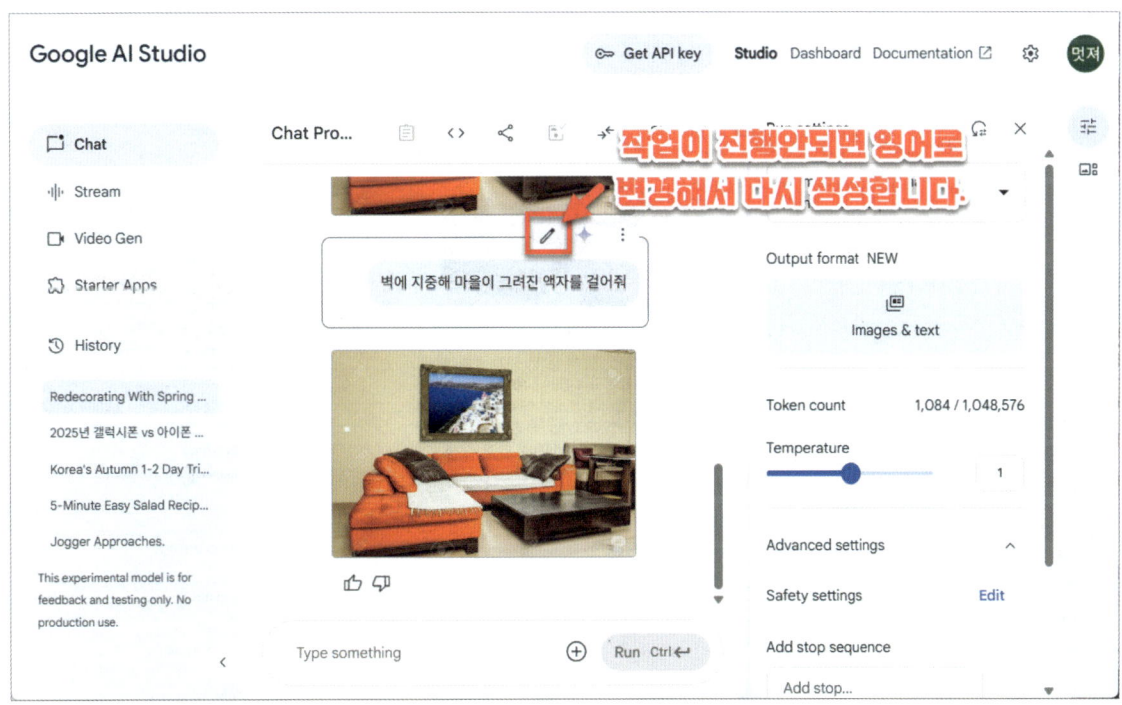

**05** 프롬프트에 **"지금까지 작업한 결과를 블로그에 포스팅할 수 있게 만들어줘"**라고 생성합니다.

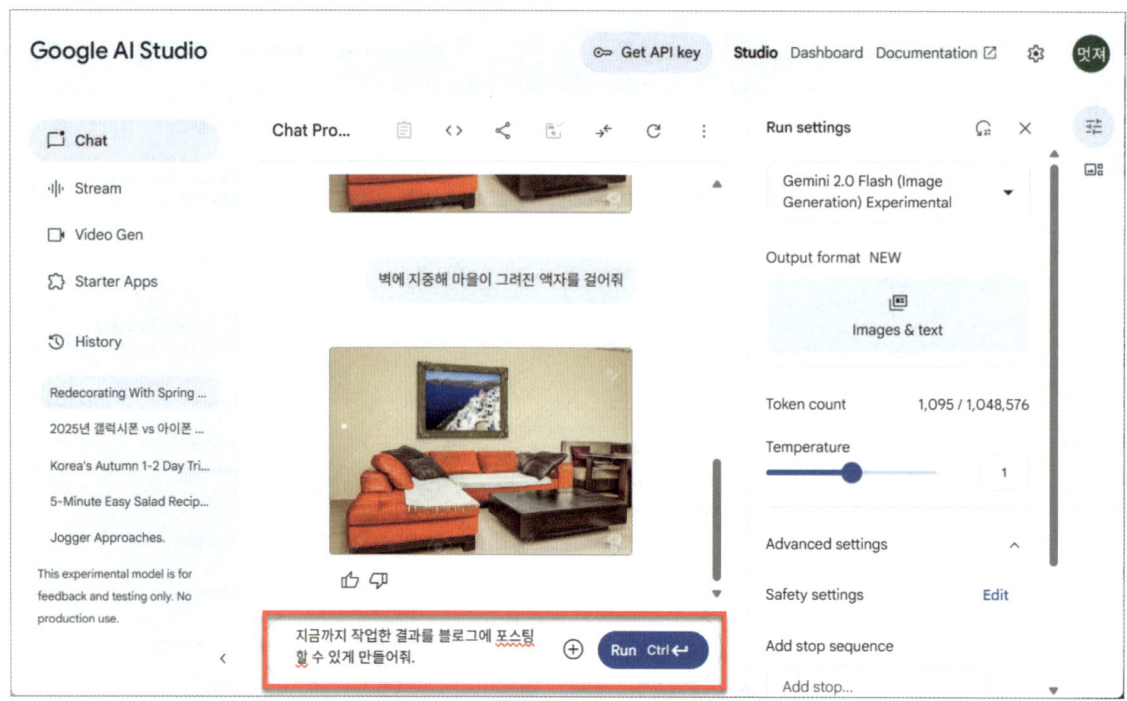

**06** 아래와 같이 작업한 모든 결과를 기준으로 하여 블로그에 포스팅할 수 있도록 콘텐츠를 작성해 줍니다. 지금까지 실내 인테리어를 변경하는 포스팅을 간단하게 작성하는 방법을 살펴보았습니다.

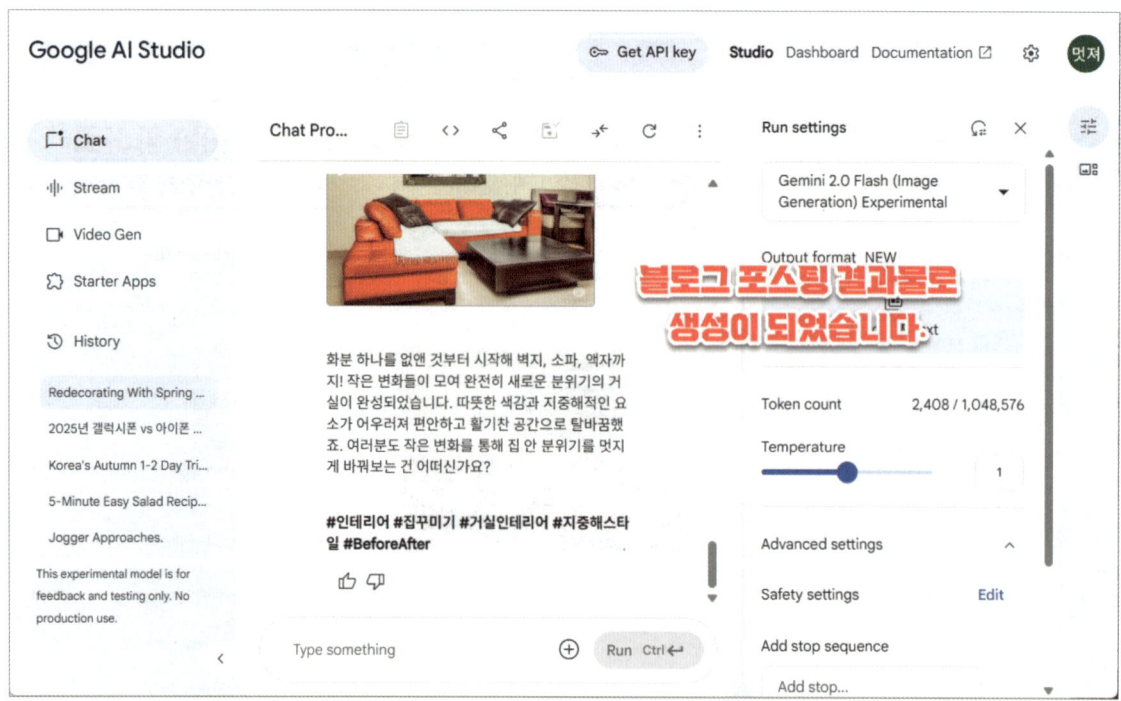

# CHAPTER 06
# 구글 AI 스튜디오 동영상 만들기

구글 AI 스튜디오는 이미지 생성뿐 아니라 다양한 프롬프트를 제작하여 이미지를 영상으로 생성하는 기술도 있습니다. 더욱 쉽고, 편리하게 영상을 제작하는 시간들이 점점 다가오고 있는 것 같습니다.

## 결과화면 미리보기

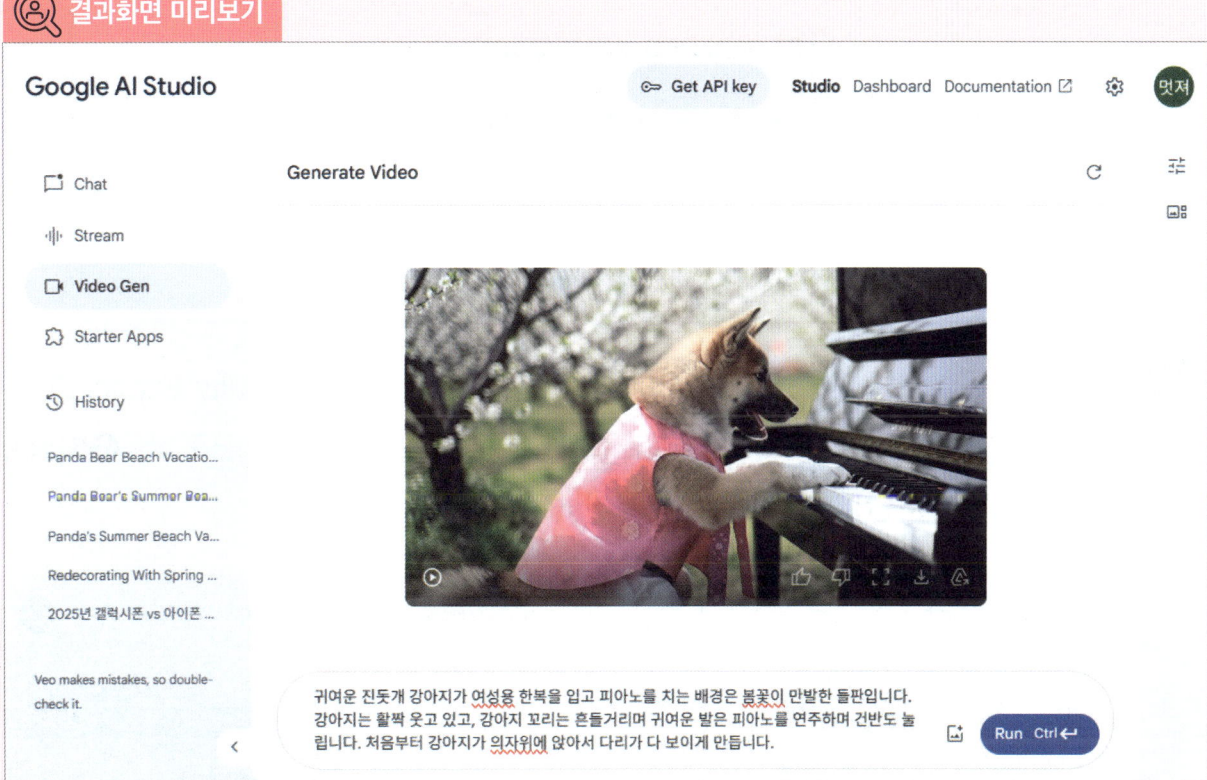

## 무엇을 배울까?

1. 영상 프롬프트 생성하기
2. 업로드 한 사진으로 영상 만들기
3. 반려견을 영상으로 만들기

## STEP 1 영상 프롬프트 생성하기

**01** ❶**새채팅**을 클릭한 후 오른쪽에 표시된 Run setting 창의 Safety settings 옆에 있는 ❷**Edit**를 클릭합니다.

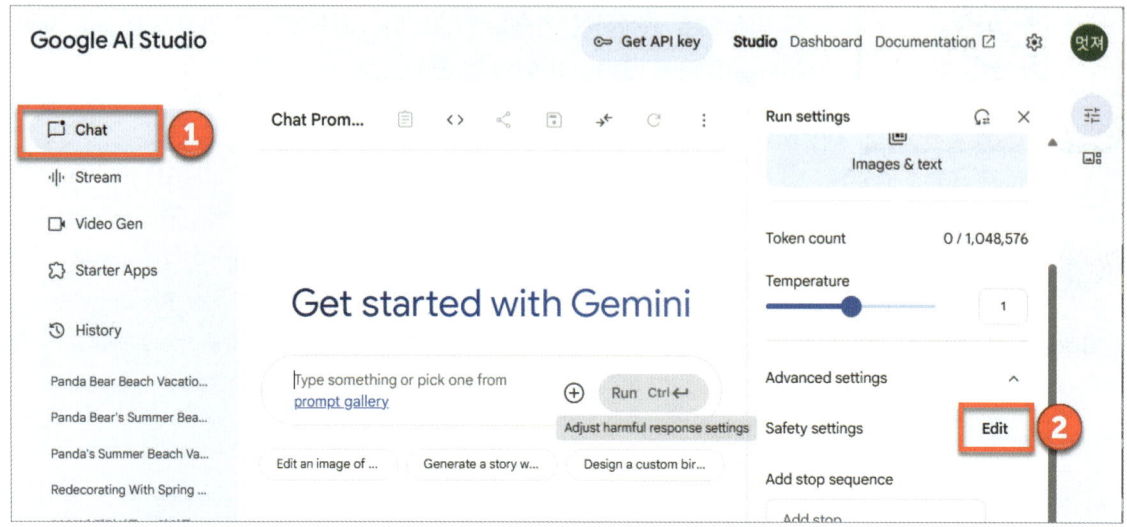

**02** 프롬프트를 생성할 때 Harassment(괴롭힘), Hate(증오), Sexually Explicit(노골적 성표현), Dangerous Content(위험한 내용) 조절 막대를 오른쪽 끝 ❸**Block most(대부분 차단)**으로 모두 이동시킨 후 ❹**닫기**를 누릅니다.

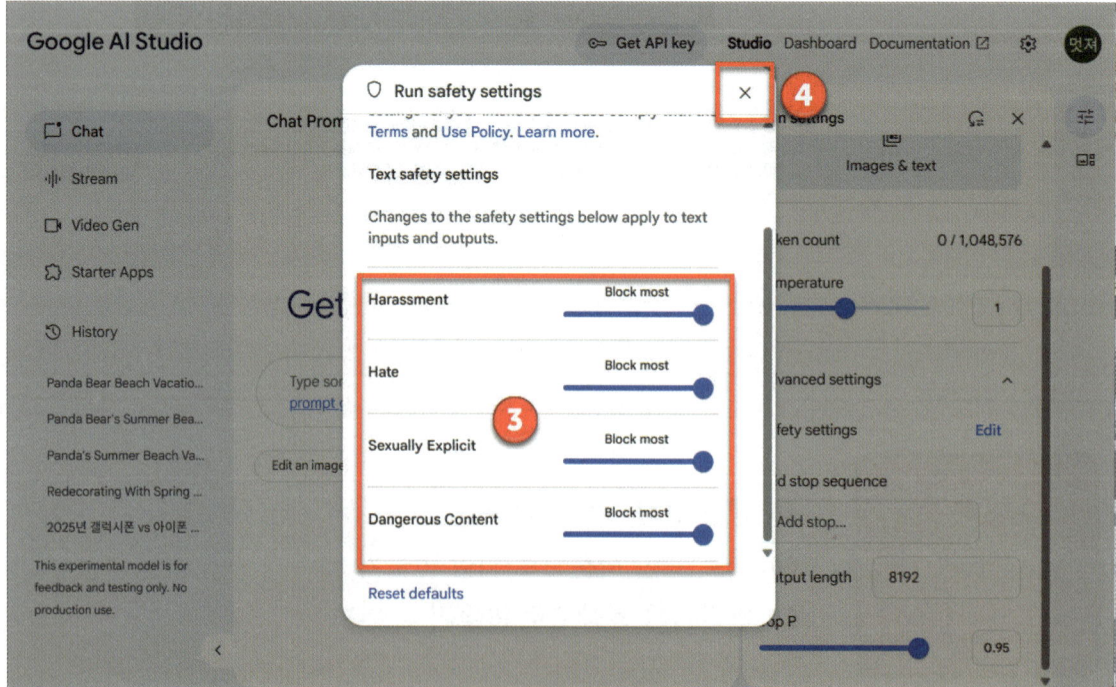

**03** 프롬프트 상자에 영상을 만들고자 하는 프롬프트를 생성하도록 **"동해안 바닷가로 여름휴가를 떠난 팬더곰을 애니메이션 영상으로 생성하려는 프롬프트를 영어로 생성해줘"**를 입력하고 **Run** 버튼을 누릅니다.

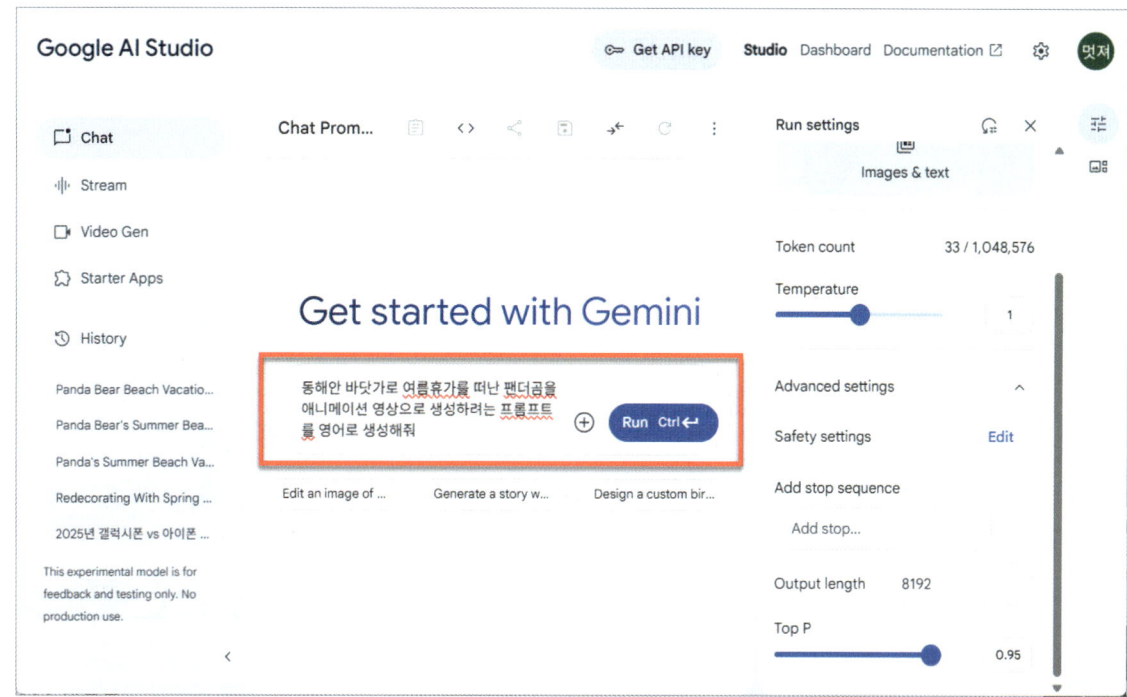

**04** 프롬프트 조합 예시같이 영어로 된 문장 중에서 쌍따옴표 안에 내용을 블록을 지정한 후 **복사**를 합니다. 다른 항목을 선택해서 복사해도 가능합니다.

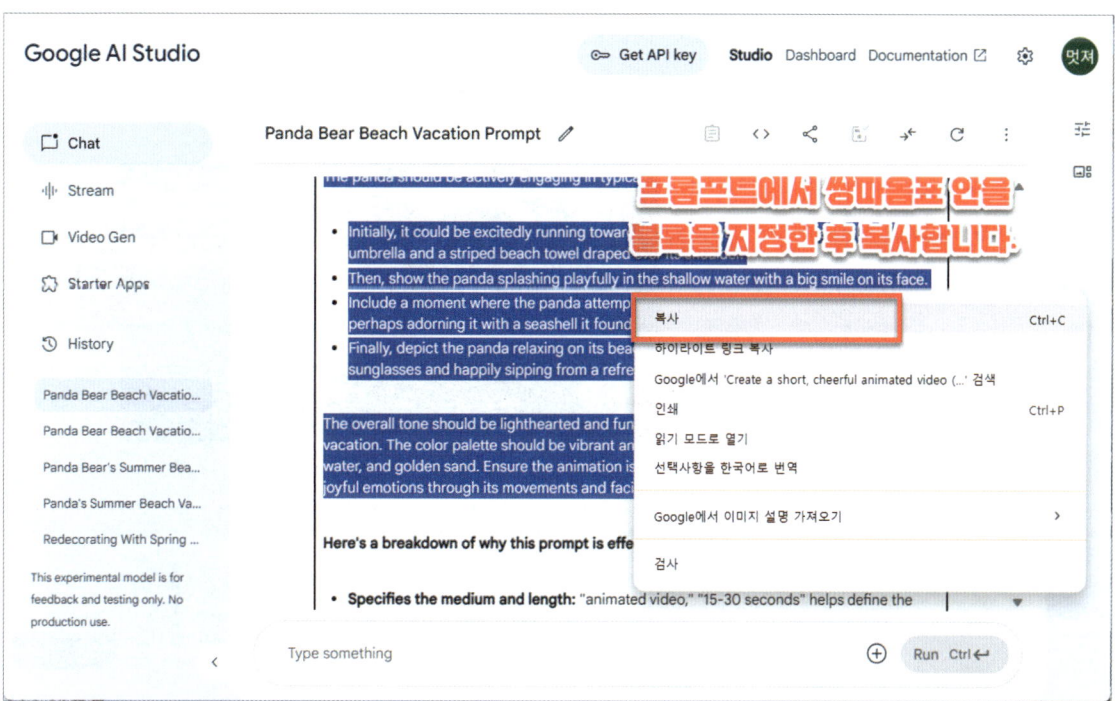

**05** 메뉴에서 ❶Video Gen(비디오 젠)을 선택한 후 프롬프트 상자에 ❷붙여넣기를 하고 ❸Run 버튼을 클릭합니다.

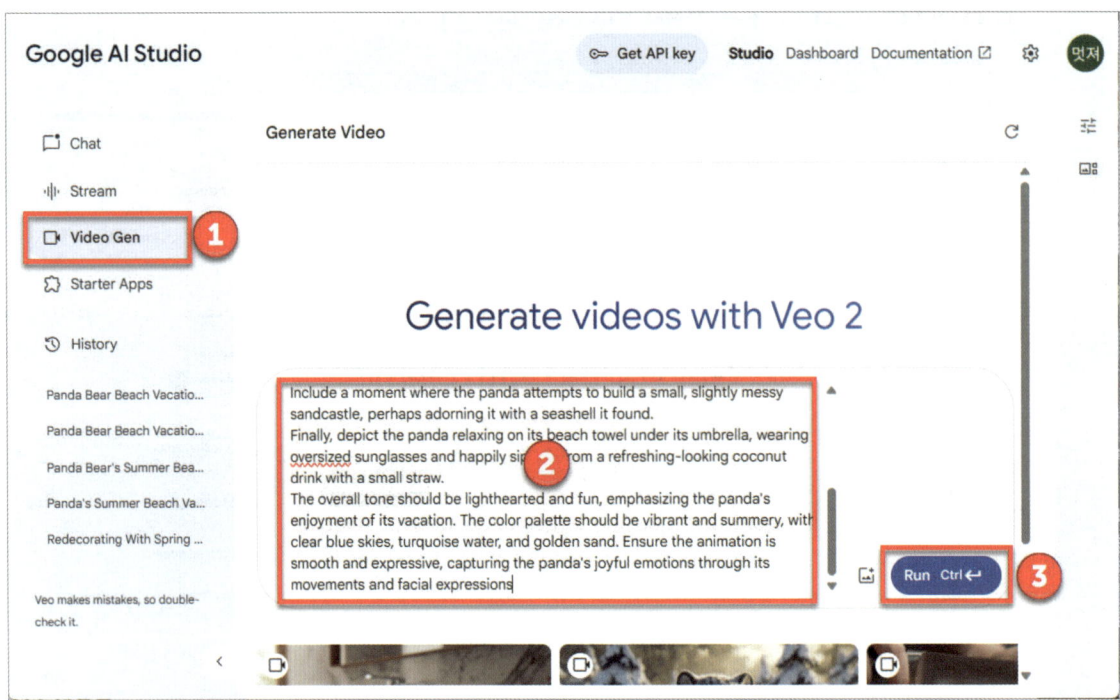

**06** 프롬프트의 길이에 따라 생성시간이 정해지므로 잠시 기다리면, 재미있는 애니메이션 스타일의 영상이 생성됩니다. 재생도 해보고, 다운로드와 구글 드라이브에 저장까지 할 수 있습니다.

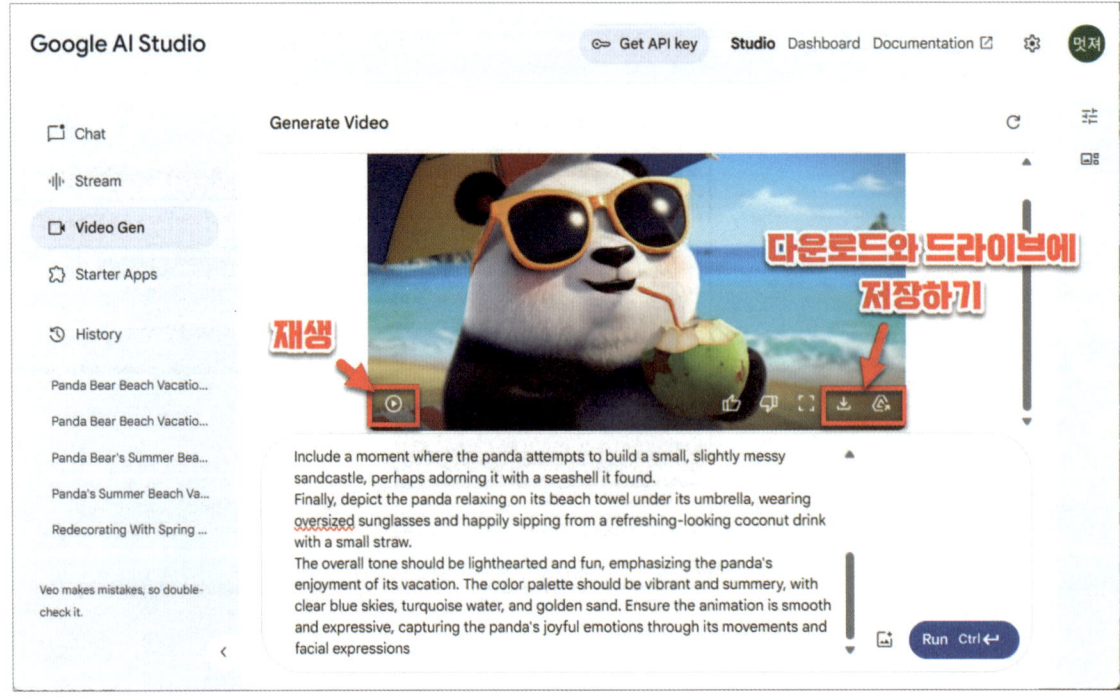

## STEP 2 ▶ 업로드 한 사진으로 영상 만들기

**01** ❶**새 채팅**과 ❷**Video Gen**을 차례대로 클릭한 후 ❸**Image** 버튼을 클릭하면 나오는 ❹**Sample Media**를 누릅니다.

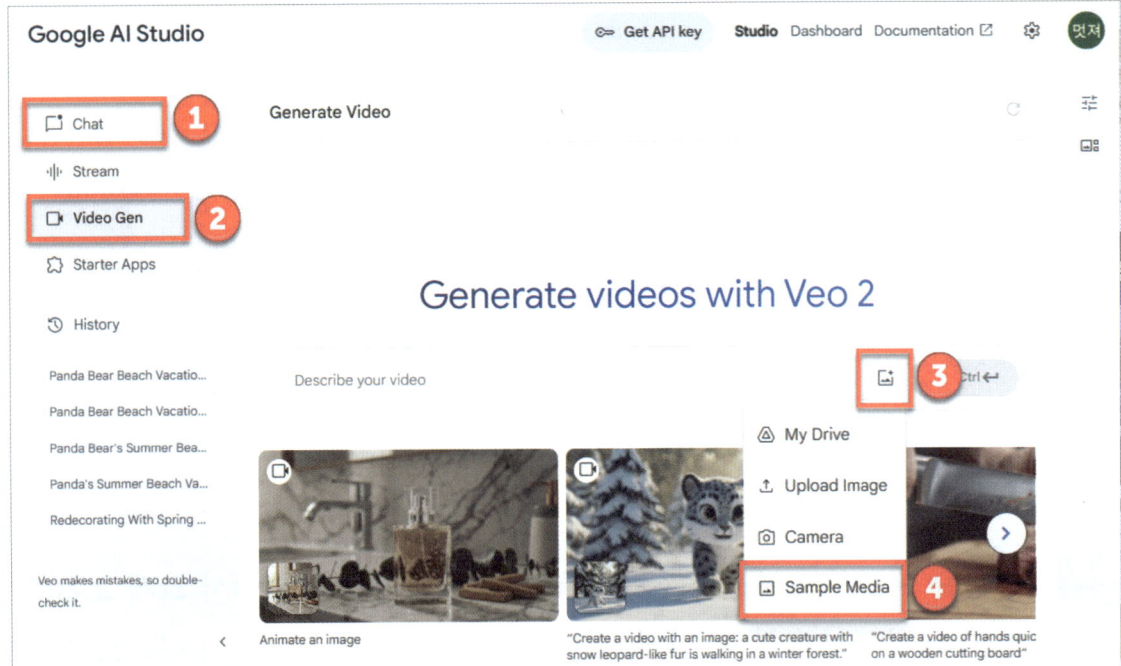

**02** Sample Media 창에서 아래의 ❶**화물수송선 또는 요트**를 선택한 후 ❷**Add to prompt** 버튼을 클릭합니다.

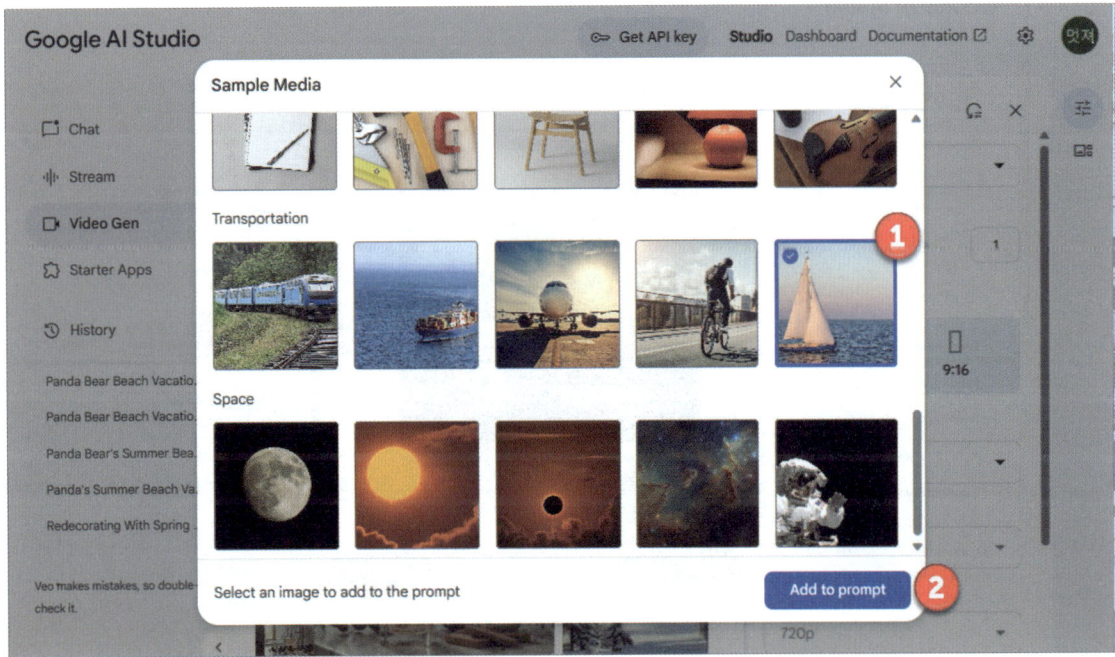

**03** 화면 비율은 숏츠 크기인 ❶ **9:16**을 선택하고, ❷**"요트에 앉아 있는 남자"**를 입력한 후 ❸**Run** 버튼을 눌러서 생성합니다.

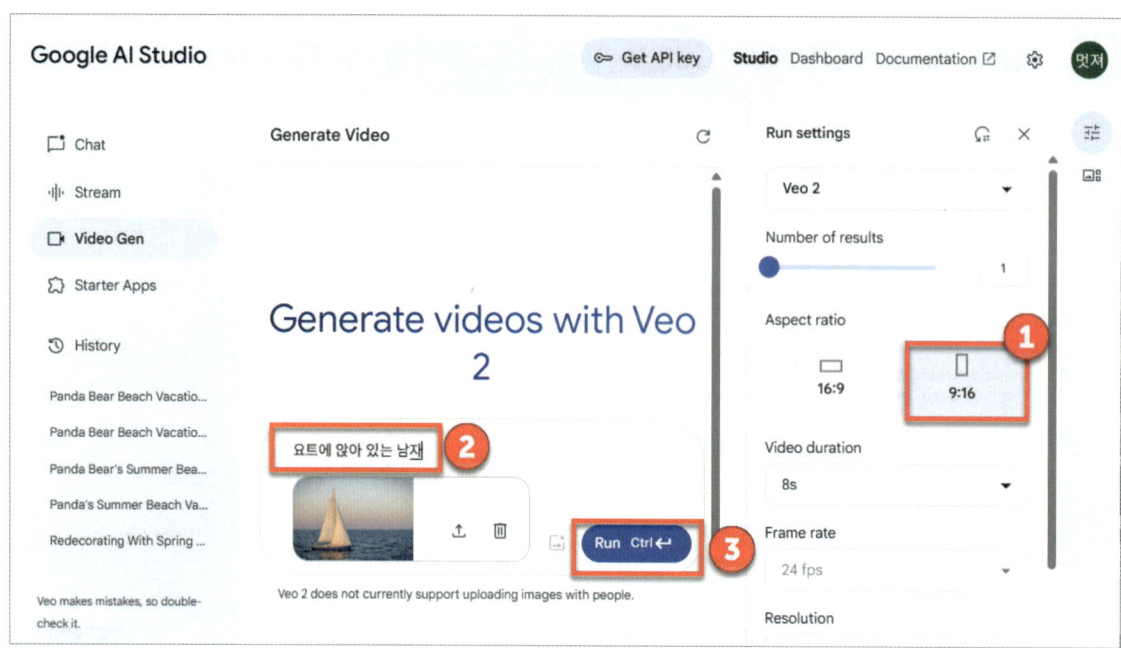

**04** 생성된 이미지에 마우스를 올려 놓으면 나타나는 버튼에서 **크게 보기**를 클릭하면 따로 플레이할 영상이 나타납니다. 여기서 재생을 하거나 다운로드를 할 수도 있으므로 제대로 생성이 되었다면 다운로드까지합니다. 동시에 많은 사람들이 사용하고 있어 지연되기도 합니다.

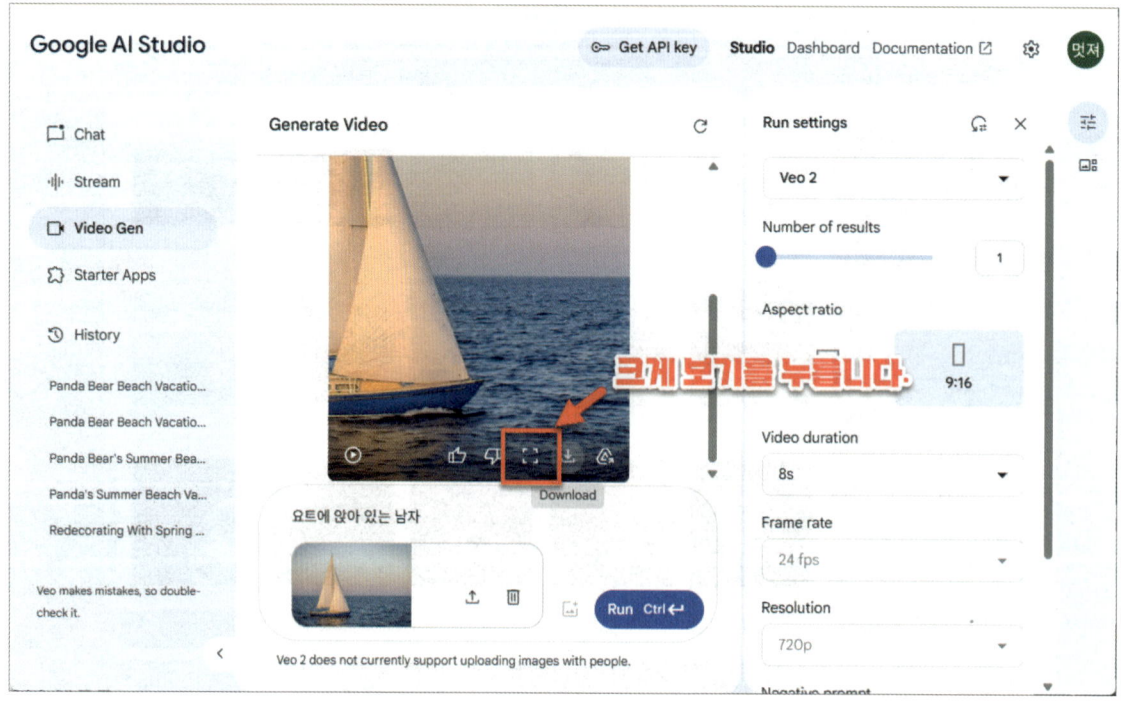

**STEP 3** 반려견을 영상으로 만들기

**01** 새 채팅창을 클릭한 후 왼쪽 메뉴에서 ❶**Video Gen**을 클릭한 후, 프롬프트 상자에 ❷"**귀여운 진돗개 강아지가 여성용 한복을 입고 피아노를 치는 배경은 봄꽃이 만발한 들판입니다. 강아지는 활짝 웃고 있고, 강아지 꼬리는 흔들거리며 귀여운 발은 피아노를 연주하며 건반도 누릅니다.**"를 입력합니다.

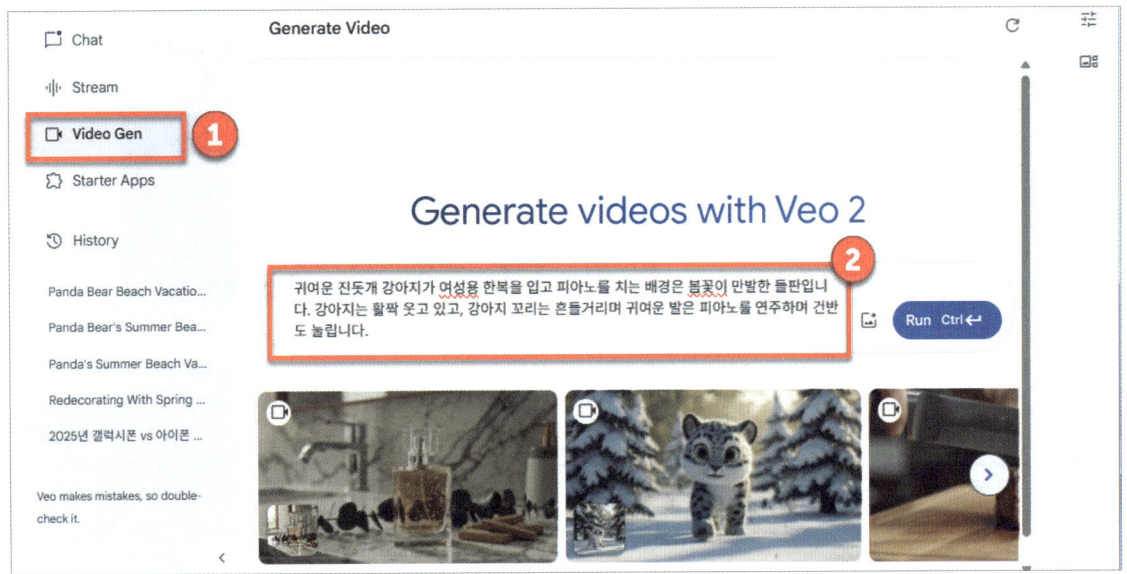

**02** 오른쪽 Run setting 창에서 **Negative prompt** 항목칸에 "**text**"를 입력하면 영상에 글자가 추가되지 않게 됩니다. **Run** 버튼을 클릭합니다.

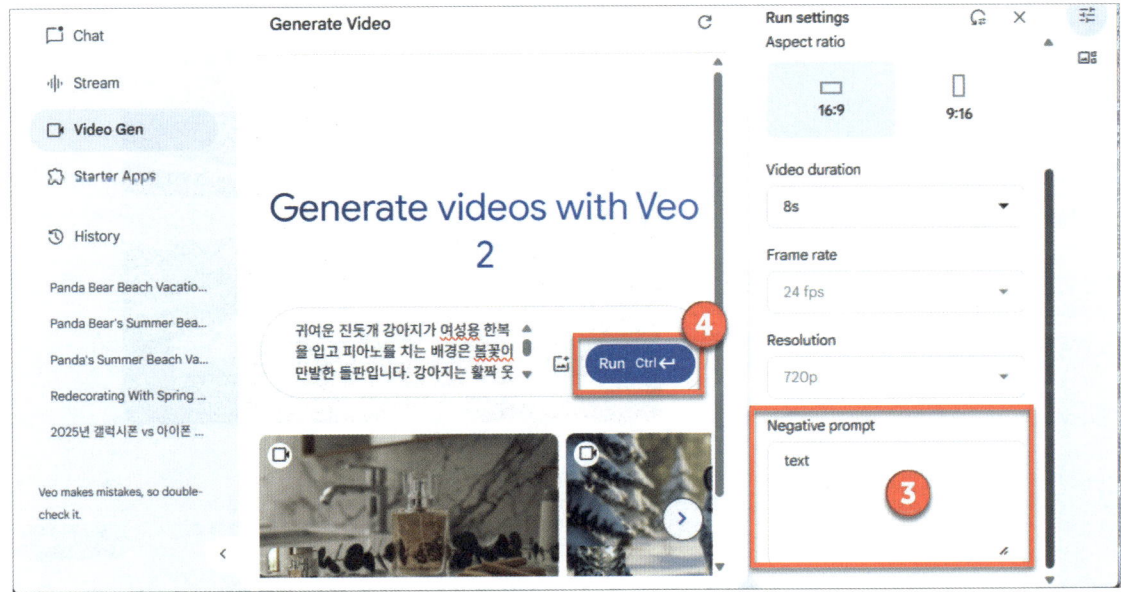

**03** 영상이 생성되어 건반이 눌리고 꼬리도 흔들거리는 예쁜 진돗개가 피아노를 치는 영상을 만들었습니다. 기존 프롬프트 뒤에 **"처음부터 강아지가 의자위에 앉아서 다리가 다 보이게 만듭니다"**를 추가한 후 다시 한번 생성해 봅니다.

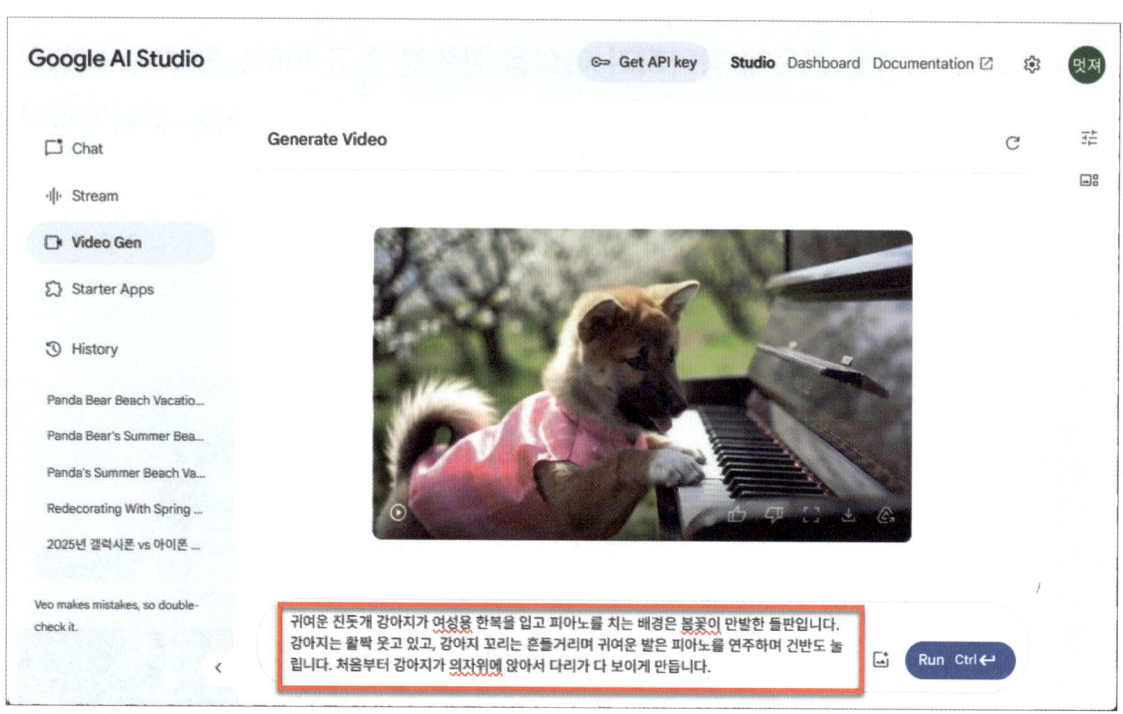

**04** 의자에 앉아서 피아노를 치는 진돗개를 만들어 봤습니다. 상황을 처음부터 잘 생각해서 프롬프트 작성으로 영상을 만들어 보세요.

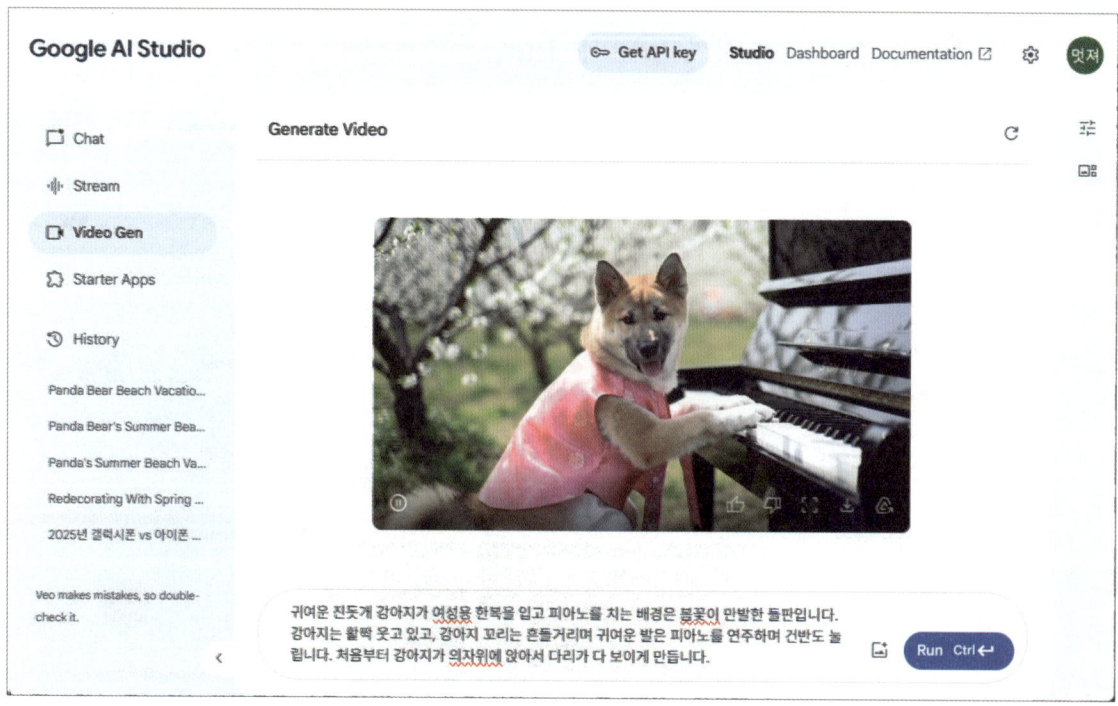

# CHAPTER 07 위스크 활용하기

위스크(Whisk)는 Google Labs의 AI 이미지 생성 도구로, 텍스트 프롬프트 대신 이미지를 활용해 간단하고 직관적이고 창의적인 이미지 생성 방법을 제공합니다. 주제, 배경, 스타일을 정의할 이미지를 업로드하고 이를 조합하여 독특한 작품을 만들어 낼 수 있습니다.

### 결과화면 미리보기

### 무엇을 배울까?

❶ 위스크(Whisk) 사용법 알아보기
❷ 노래하는 듀엣 생성하기
❸ 텍스트로 이미지 생성하기

## STEP 1 - 위스크(Whisk) 사용법 알아보기

**01** 크롬 브라우저에서 **"whisk"**를 검색하여 사이트로 이동합니다.

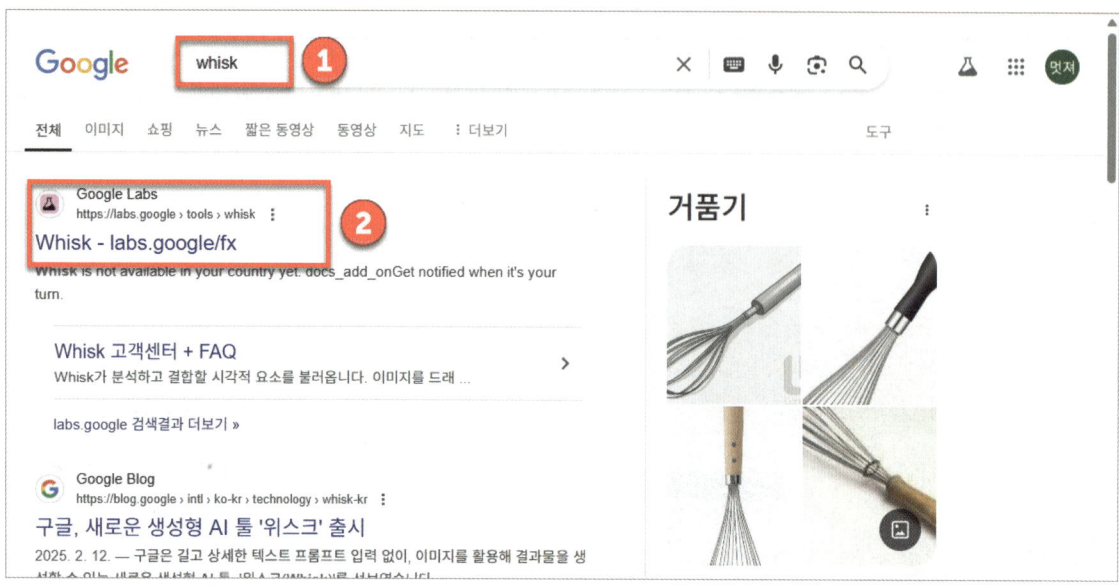

**02** **Google 계정으로 로그인**을 클릭하여 본인 구글 계정로 로그인한 후, 소개화면을 넘겨 **약관에 동의**하는 화면에서 **다음**을 클릭합니다. [지금 바로 사용해 보세요] 아래의 [도구 열기]를 클릭하면 시작됩니다.

**03** 구글 위스크 왼쪽 노란 영역에서 피사체에 있는 **주사위** 버튼을 클릭하면 위스크에 제공하는 샘플 피사체가 랜덤(임의적)하게 나타납니다. 이 주사위 버튼을 누를 때마다 새로운 피사체가 아래로 추가됩니다.

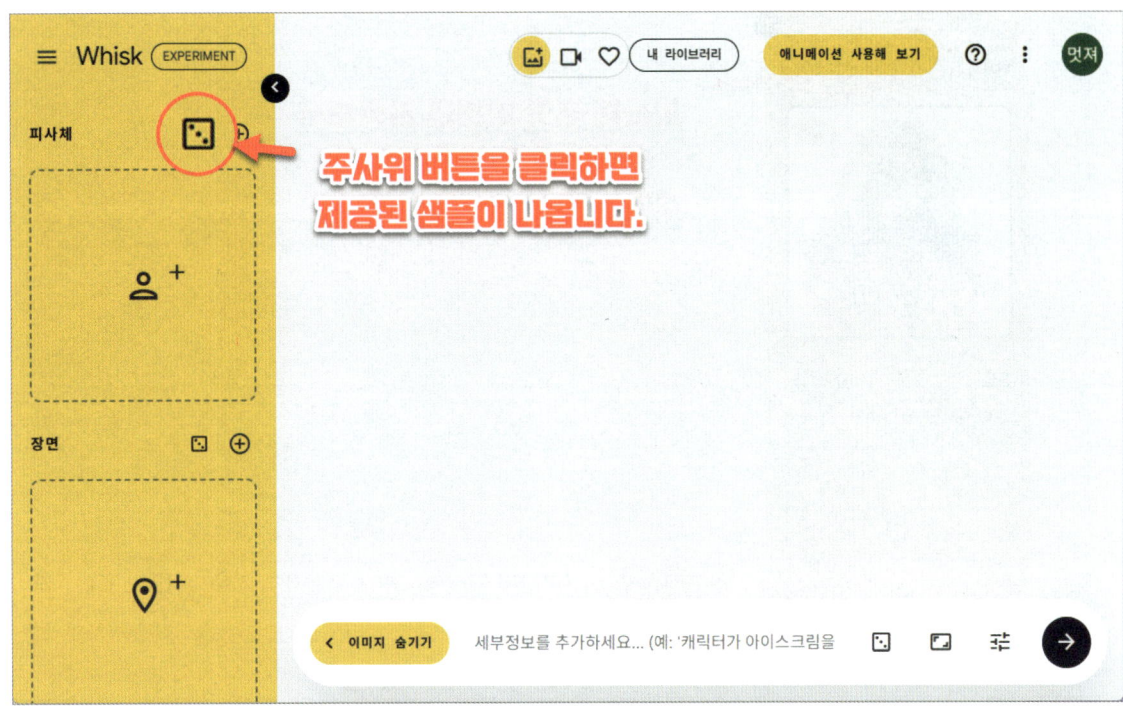

**04** 마음에 들지 않아 다른 피사체를 선택하려면 추가된 피사체에 마우스를 올려놓은 후 **휴지통** 아이콘을 클릭해 삭제합니다.

**05** **피사체 추가** 버튼을 클릭해서 아래와 같은 이미지가 나올 때까지 눌러서 추가한 후, 나머지 추가된 피사체는 **휴지통** 버튼을 클릭해서 제거합니다.

**06** **장면 추가** 버튼을 클릭해서 아래와 같은 이미지를 찾은 후, 나머지 추가된 장면은 제거를 합니다. 이미지의 배경으로 사용하게 되는 것으로 나중에 수정할 수 있습니다.

**07** **스타일 추가**를 클릭해서 아래와 같은 사진으로 변경한 후, 피사체, 장면, 스타일에 추가된 것에 반드시 체크로 선택해 둡니다.

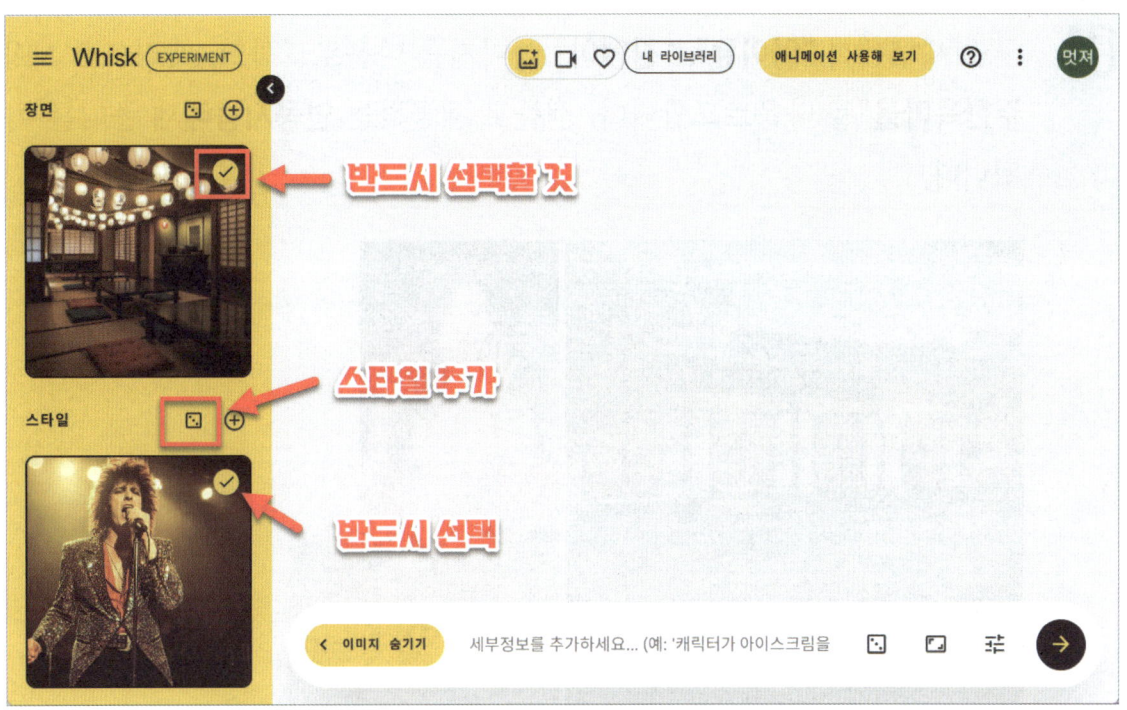

**08** 프롬프트에 ❶"캐릭터가 커피를 마신다"를 입력한 후 ❷생성 버튼을 클릭하면 아래와 같은 이미지가 생성됩니다. 너무 쉽고 빠르고 직관적인 이미지 생성을 구글 위스크가 제공하고 있으니 이제 다양한 이미지를 만들어서 사용해 보세요.

## STEP 2 > 노래하는 듀엣 생성하기

**01** 구글 새탭에서 **"아이유"**, **"김연아"** 이미지를 다운로드하고, 배경으로 사용할 **"전주한옥마을"**을 다운로드합니다. 샘플로 제공하는 **인공지능예제** 폴더를 이용해도 됩니다.

**02** 피사체 상자에 마우스를 올려놓은 후, **이미지 업로드**를 클릭하여 위에서 다운로드한 **"아이유"**를 열기하면, 이미지 분석을 하는 중이라고 나온 후 이상이 없으면 등록이 됩니다.

**03** 피사체 ❶+(추가) 버튼을 클릭한 후 ❷이미지 업로드를 클릭해서, 다운로드한 **"김연아"**를 열기해 줍니다. 만약 분석에 실패했다고 하면 다른 이미지를 다운로드해서 사용하도록 합니다.

**04** 장면 상자에 **이미지 업로드**를 클릭한 후, 배경으로 사용할 **"전주한옥마을"**을 찾아서 열기를 하면 이미지 분석을 한 후 등록이 됩니다.

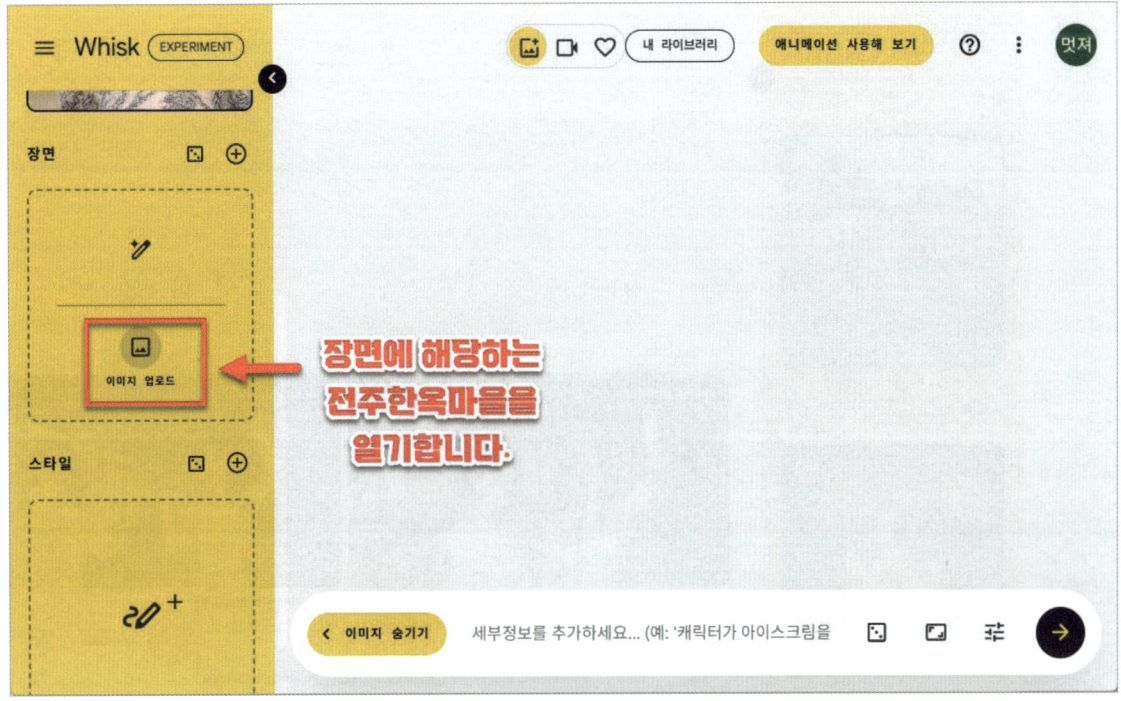

**05** 스타일 **주사위** 버튼을 눌러서 아래와 같은 **애니메이션 스타일**을 선택하고, 나머지 추가된 것은 굳이 제거를 하지 않아도 됩니다. 선택된 체크 표시만 잘 확인하도록 합니다.

**06** 프롬프트에 ❶"**캐릭터 두 명이 마이크를 들고서 듀엣으로 노래하는 장면**"을 입력한 후 ❷**생성** 버튼을 클릭합니다. 아래와 같은 결과물을 얻어낼 수 있게 되었습니다.

**07** 장면 상자에서 **주사위** 버튼을 클릭해서 다른 배경 화면으로 이미지를 생성하도록 하겠습니다. 원하는 장면이 나올 때까지 **주사위** 버튼을 클릭합니다.

**08** 스타일 **주사위** 버튼을 클릭해서 아래와 같은 스티커 스타일을 선택한 후 오른쪽 프롬프트의 **생성** 버튼을 다시 클릭합니다.

**09** 생성된 이미지의 화면 비율을 변경하기 위해 ❶**비율** 버튼을 클릭한 후, ❷**세로 모드(9:16)**을 선택하고 **생성** 버튼을 클릭합니다.

**10** 화면 비율이 변경되었고 내용도 어색함 없이 빠르게 만들어졌습니다. 화면 상단의 **내 라이브러리**를 클릭하면 이전에 생성했던 이미지들을 다시 불러올 수 있습니다.

**11** 내 라이브러리 창이 열리면 Clip 별로 보관되어 있으며, 아래처럼 원하는 클립의 정보를 보려면 **[이미지]** 탭에서 클릭해 보세요. Google 인공지능으로 제작한 것은 **내 라이브러리**에서 확인할 수 있습니다.

**12** 해당하는 이미지의 프롬프트가 상단에 영어로 표시되고, 하단의 : **(옵션)**을 클릭해서 **다운로드**와 **삭제**를 할 수 있습니다. 다시 : **(옵션)**을 클릭하면 메뉴가 취소됩니다.

**13** 우측 하단의 **플립카드** 버튼을 클릭하면 이미지가 플립되면서, **프롬프트와 시드번호**가 보이게 됩니다. 해당 프롬프트를 복사하여 다른 이미지 생성에도 사용할 수 있으며, 시드번호로 인물에 일관성을 유지할 수 있습니다. Esc 키를 눌러서 화면을 되돌아 갈 수 있습니다.

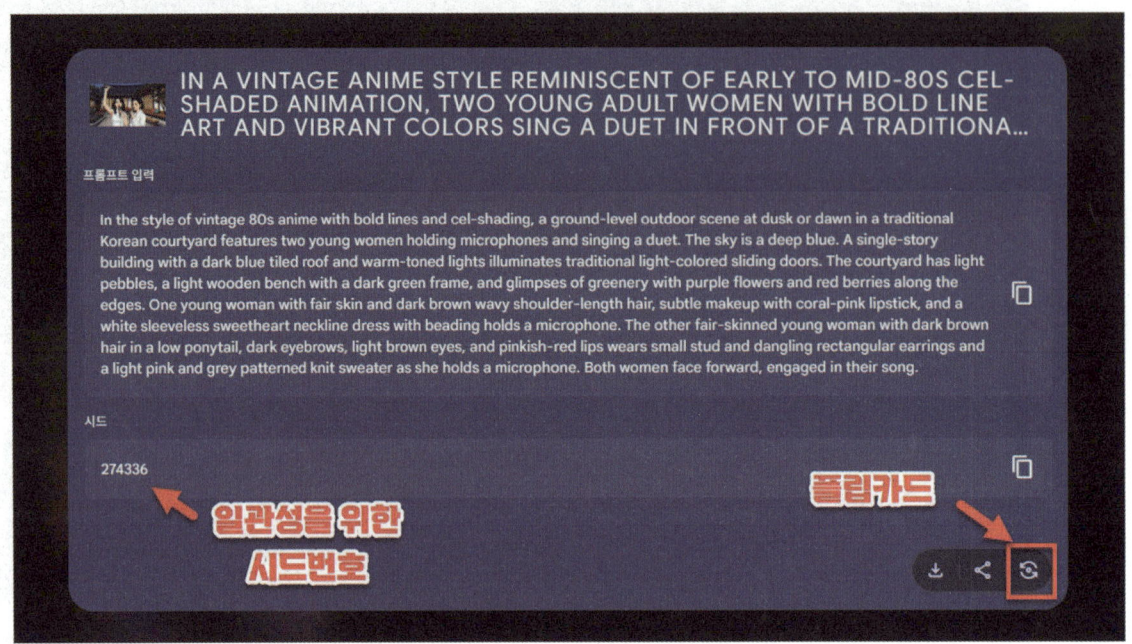

**14** 좌측 상단의 ❶**내 라이브러리**를 클릭한 후 ❷**Whisk**를 선택하면 새로운 Whist 생성 화면이 나타납니다.

## STEP 3 텍스트로 이미지 생성하기

**01** 피사체 상자에 마우스를 올려놓고 **텍스트 입력** 버튼을 선택합니다.

**02** 프롬프트에 **"꽃무늬 원피스를 입고 윙크하며 웃고 있는 한국인 여성 모델의 정면 모습으로 하이힐을 신고 있는 인물을 그려줘"**라고 입력한 후 **생성** 버튼을 클릭합니다.

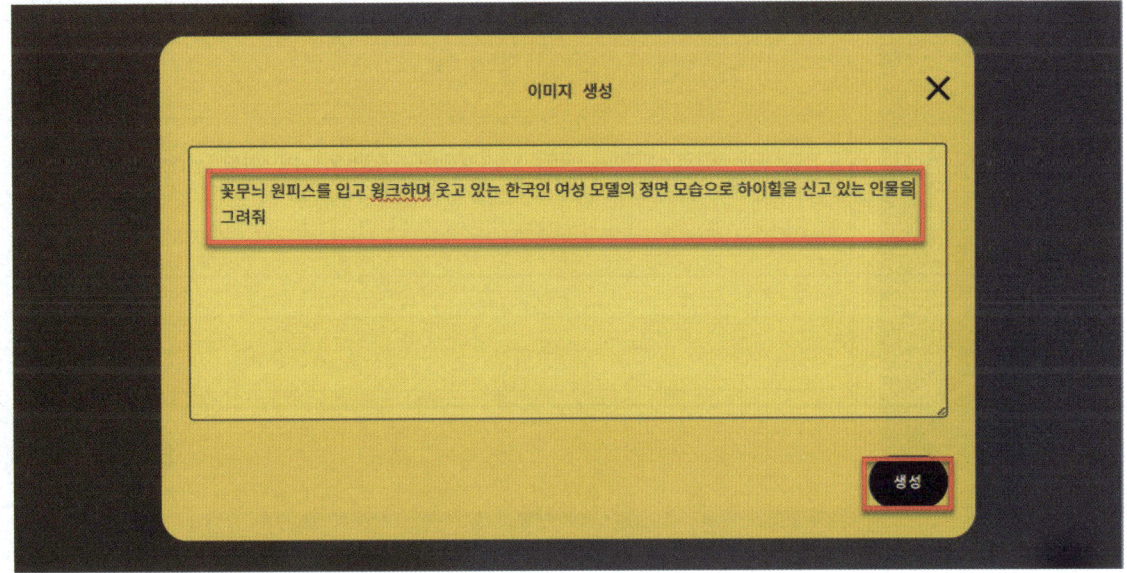

**03** 피사체가 추가되었으며, 또 다른 피사체도 추가해서 연속으로 작성할 수 있습니다. **장면** 상자에 있는 **텍스트 입력**을 클릭해서 상세하게 프롬프트를 작성하도록 합니다.

**04** 프롬프트에 **"분위기 좋은 카페에서 커피를 마시는 사람들이 있고 넓은 베란다가 있는 커피샵에 커피 바리스타는 팬더곰으로 그려줘"**를 입력한 후 생성 버튼을 클릭합니다.

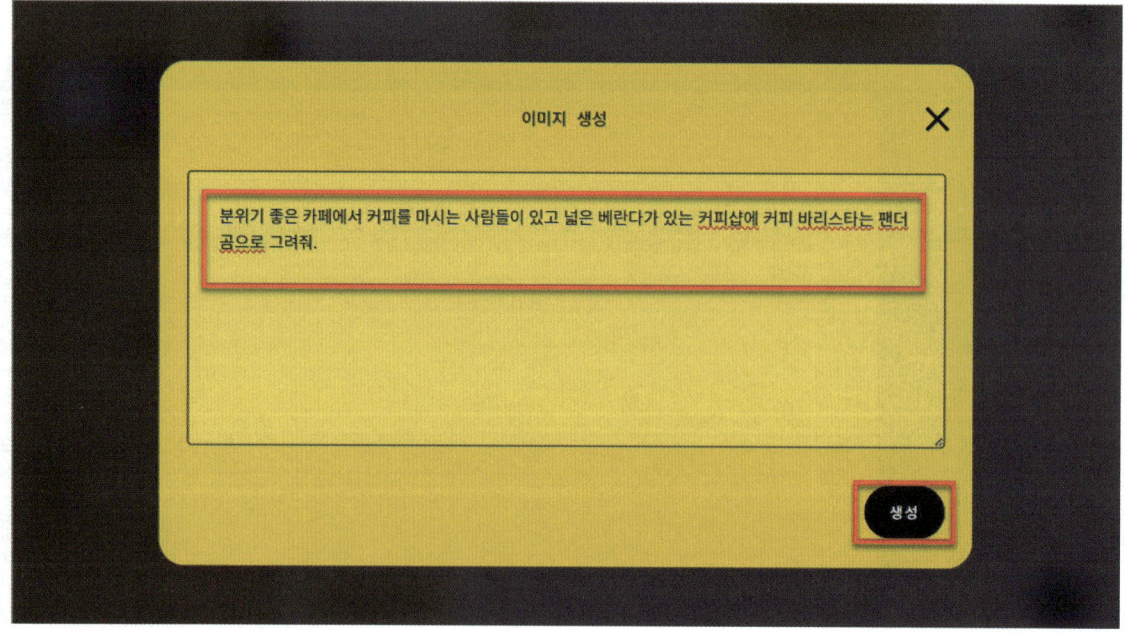

**05** 스타일 상자에서 **텍스트 입력**을 클릭한 후, 프롬프트에 **"색연필로 그린 크로키 스타일"**을 입력한 후 **생성** 버튼을 누릅니다.

**06** 오른쪽 프롬프트 창에 **"캐릭터는 친구와 앉아서 커피를 마시는 모습"**으로 **생성**합니다. 만약 배경에 팬더가 나오지 않았다면 [장면] 상자의 체크 표시를 확인하고 다시 생성합니다.

**07** 생성된 이미지에 마우스를 올려 놓은 후 **세부 조정**을 클릭하면 하단에 프롬프트를 추가할 수 있습니다. 부족하거나 빼야할 부분이 있으면 여기서 프롬프트로 명령을 추가합니다.

**08** 하단의 프롬프트에 **"캐릭터가 아이스크림을 먹고 있습니다"**를 입력한 후 생성을 누르면 아래와 같이 새로운 이미지가 생성된 것을 확인할 수 있습니다.

# CHAPTER 08
# 클립드롭과 리크래프트 활용하기

클립드롭(ClipDrop)과 리크래프트(Recraft)는 인공지능을 기반으로 배경 제거, 이미지 추가, 사진 정리, 이미지 확대 등을 수행하는 이미지 생성 및 편집 도구입니다. 직관적인 인터페이스와 다양한 옵션으로 손쉽게 창의적인 이미지를 생성하고 수정할 수 있습니다.

## 결과화면 미리보기

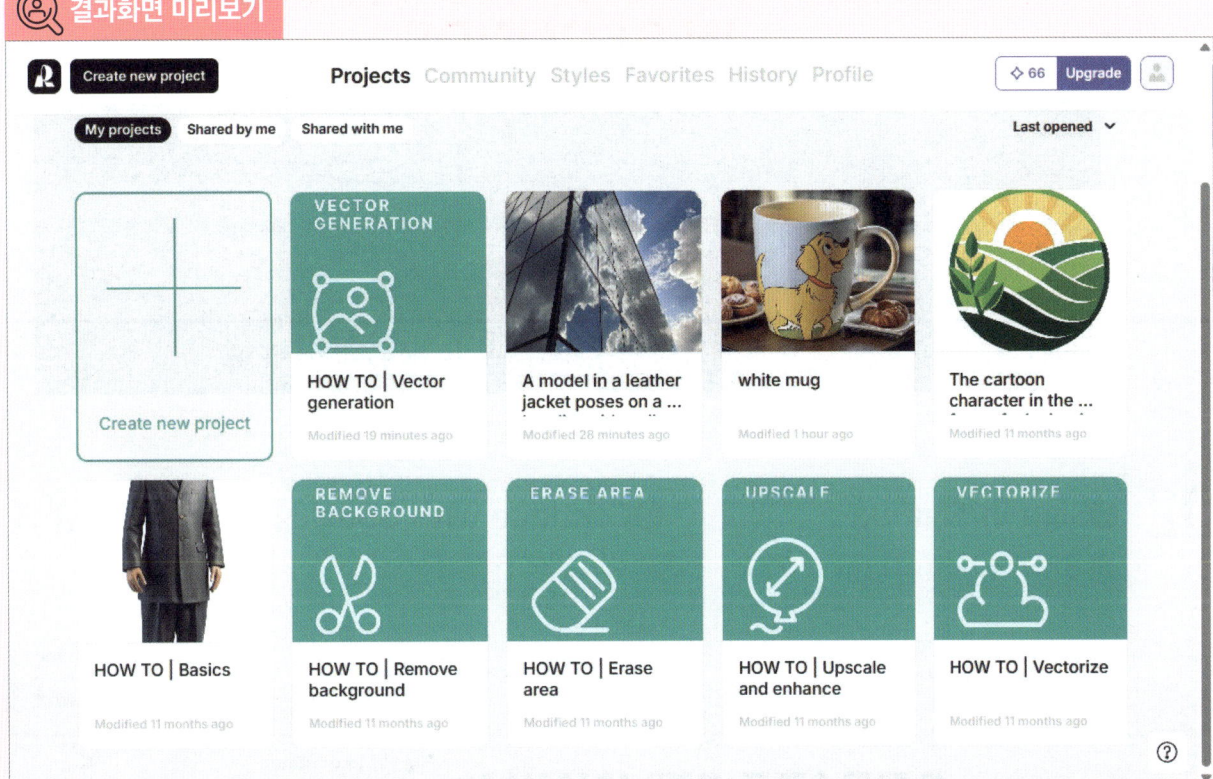

## 무엇을 배울까?

❶ 이미지 일부분 제거하기
❷ 이미지에 개체 추가하기
❸ 인테리어 재배치하기
❹ 리크래프트 사이트 접속하기
❺ Mockup(목업) 생성하기
❻ 스타일 이용하여 생성하기
❼ 아웃페인팅으로 여백 채우기

## STEP 1 이미지 일부분 제거하기

**01** 크롬 브라우저의 주소표시줄에 **"clipdrop.co"** 를 입력하고 Enter 를 눌러서 사이트로 이동합니다.

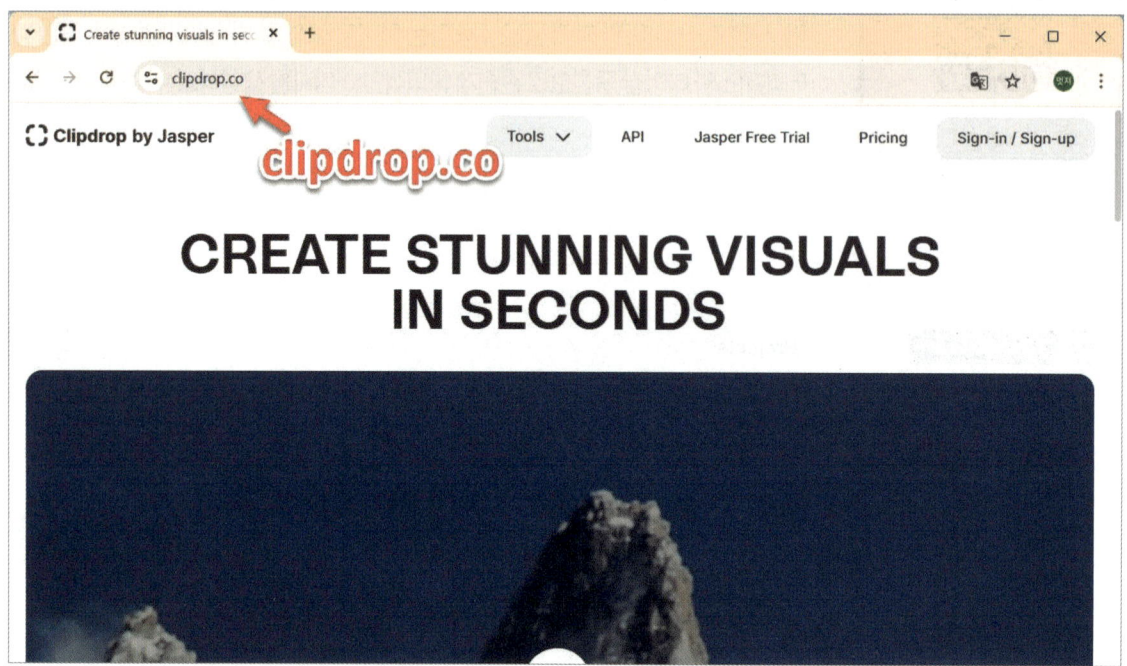

**02** ❶Sign-in/Sign-up을 클릭한 후 ❷Continue with Google을 클릭하여 구글 계정으로 로그인합니다.

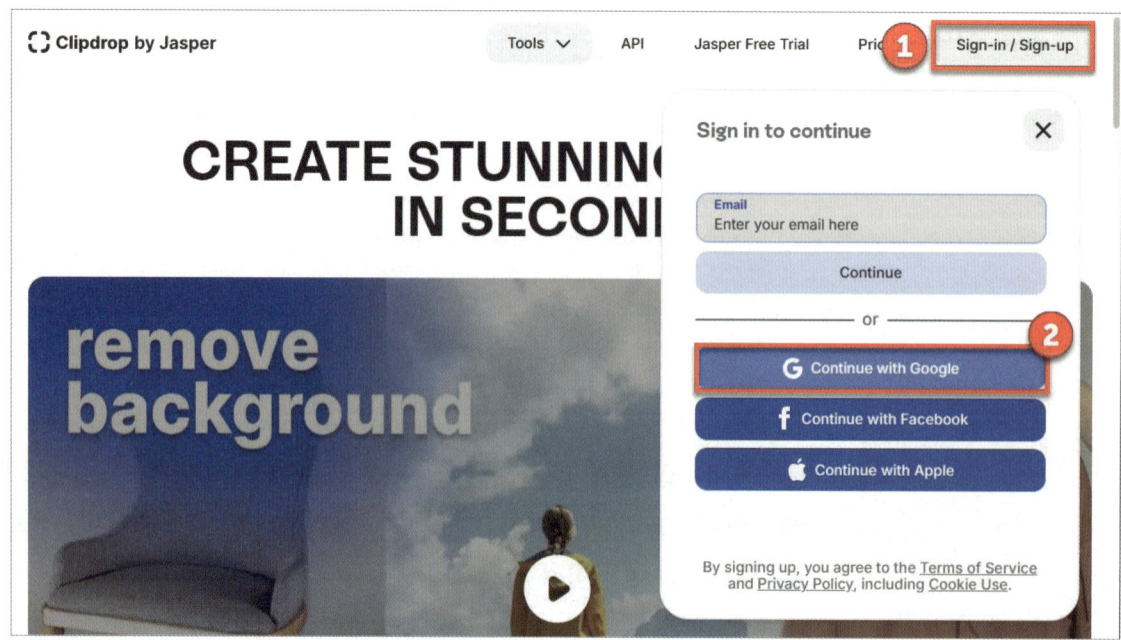

**03** 화면을 아래로 이동하면 다양한 도구들이 나옵니다. ❶Real-estate를 선택한 후 아래에 나오는 ❷CleanUp을 클릭합니다.

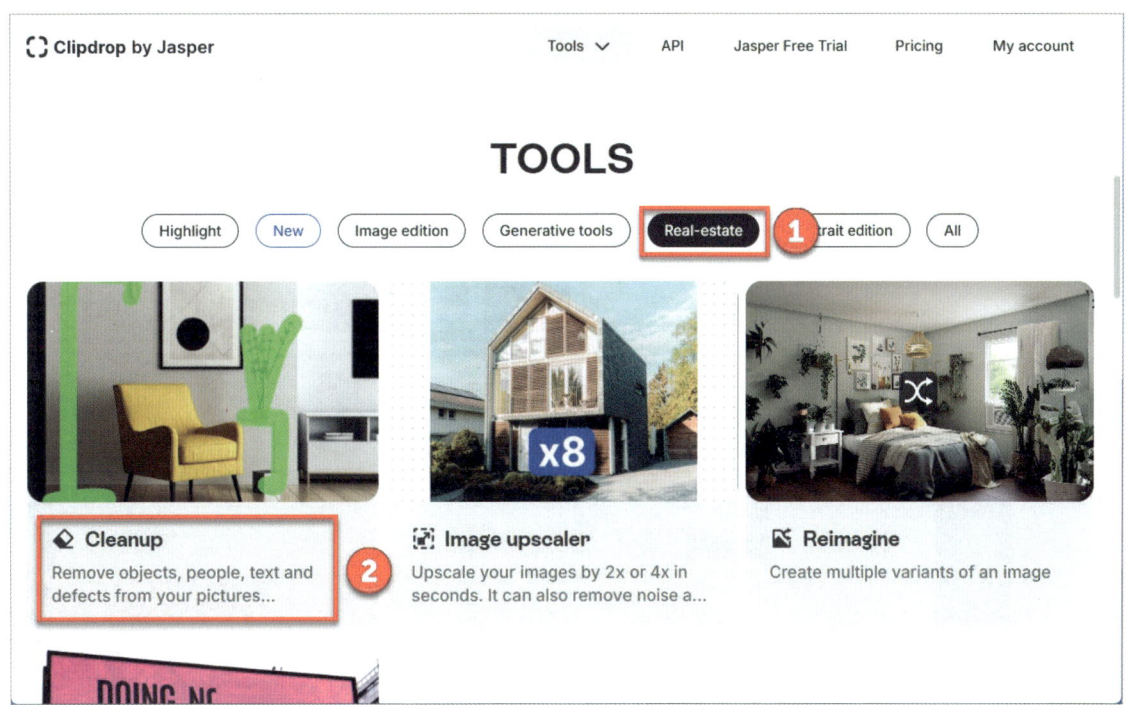

**04** **파란색 박스를 클릭**해 파일을 첨부하거나, 복사한 이미지를 붙여넣을 수 있습니다. 박스를 클릭하여 이미지를 가져오면 자동으로 CLEANUP 기능이 작동하게 됩니다.

**05** 열기 대화상자에서 샘플로 제공한 **인공지능예제** 폴더의 ❶kitchen01 이미지를 선택한 후 ❷**열기** 버튼을 누릅니다. 다른 이미지를 가져와서 작업을 해도 되므로 이후에는 직접 이미지를 검색하여 다운로드하고 가져와서 작업해 보세요.

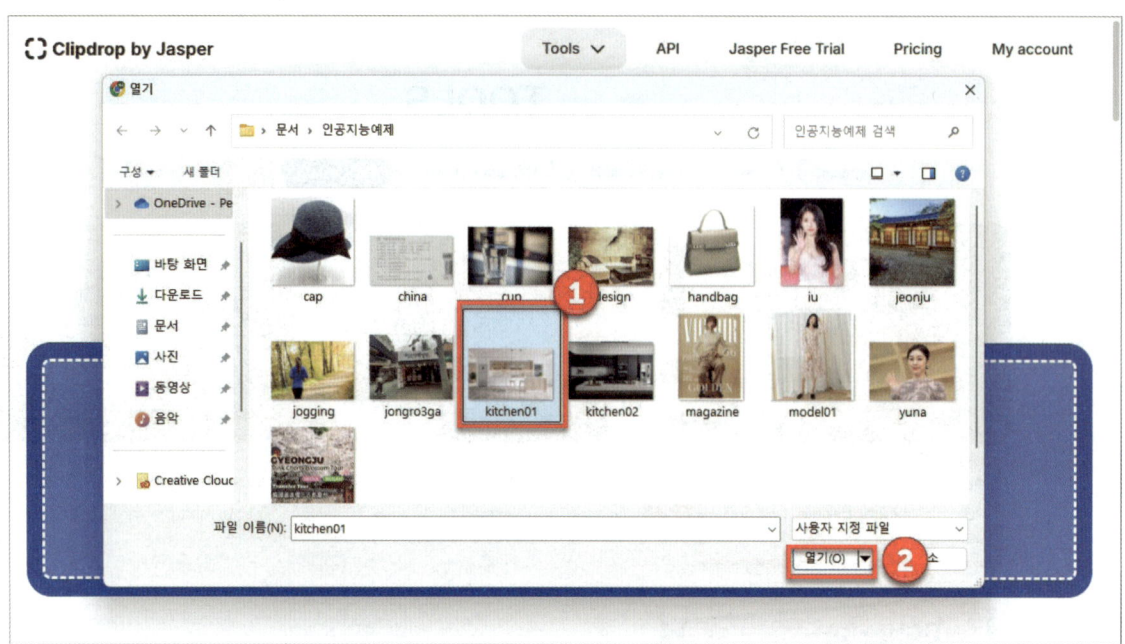

**06** 마우스 포인터가 연두색으로 바뀌는데, 이미지에서 제거할 개체인 ❶**화분**과 ❷**실내등** 부분을 드래그로 칠한 다음 ❸**Clean** 버튼을 클릭합니다. 이때 브러시 크기가 너무 크면 **Brush Size**를 조절해서 섬세하게 작업할 수 있습니다. 잘 지워지지 않으면 여러 번 제거해도 됩니다.

**07** 현재 Cleanup 작업을 하는 대상이 사람인지 로봇인지 확인하는 상자가 하단에 나오면 **체크**합니다. 경우에 따라 블록으로 퍼즐이 나오기도 하므로 질문 사항을 잘 읽어보고 대응하도록 합니다.

**08** 상단에 있는 **눈동자** 버튼을 누르면 이전에는 어땠는지 원본 이미지를 보여주고 다시 클릭하면 작업된 결과를 보여줍니다. **Download**를 클릭해서 제거된 이미지를 내려받기 합니다.

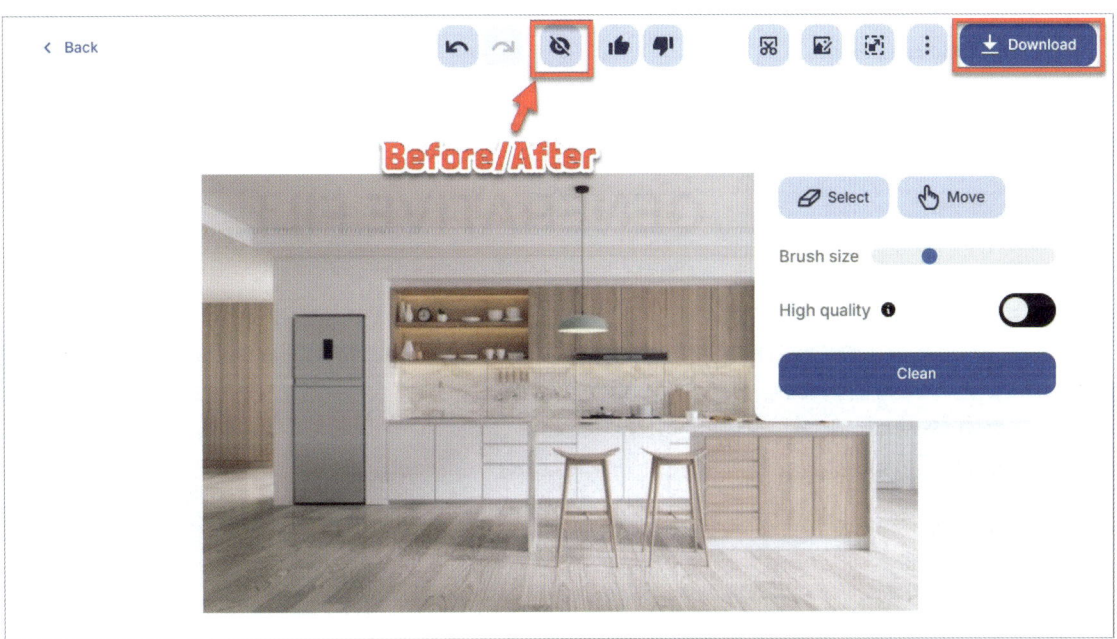

## STEP 2 › 이미지에 개체 추가하기

**01** 내 사진에 추가하고 싶은 요소가 있을 경우에 사용하면 좋은 기능을 소개합니다. 클립드롭 초기 화면에서 **Generative Fill** 도구를 선택합니다.

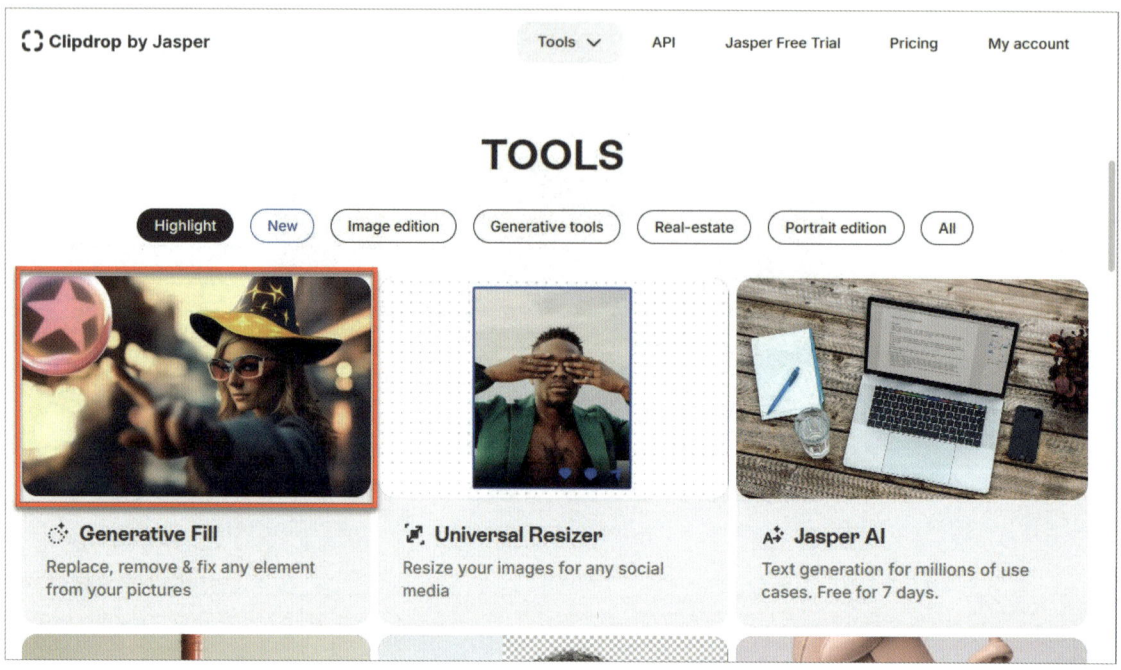

**02** **파란 박스**를 클릭하여 이미지를 가져오기 합니다. 여기서는 샘플로 제공한 **인공지능예제** 폴더에 있는 **kitchen02** 이미지를 이용합니다.

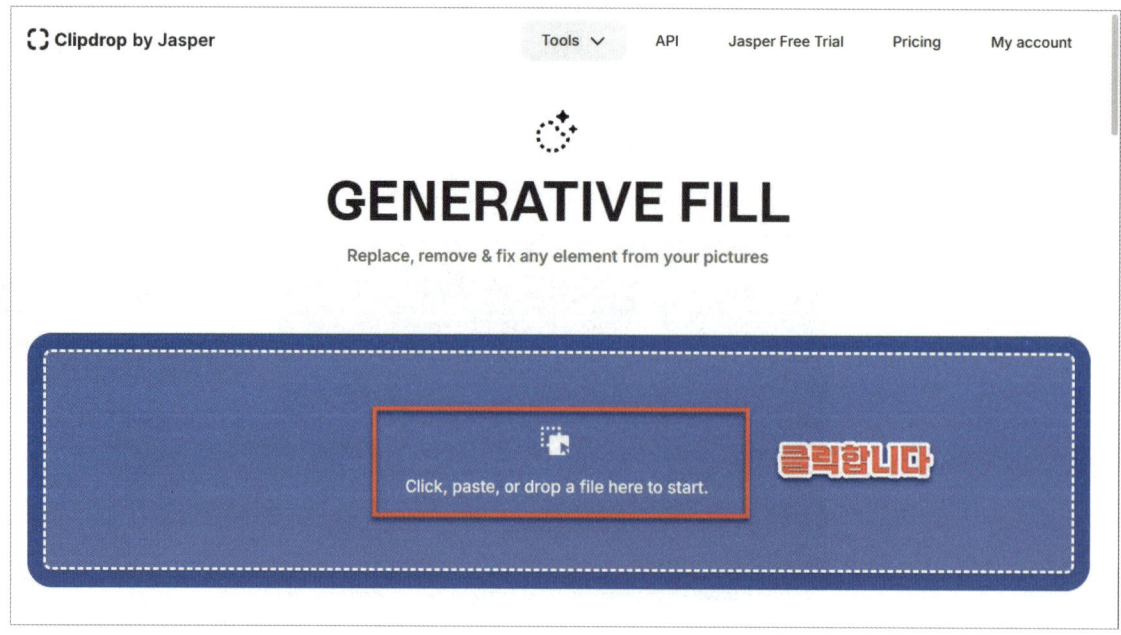

**03** 이미지가 열리면 ❶**추가하려는 요소가 들어갈 장소에 드래그**를 해서 그려준 후, 하단의 프롬프트에 개체를 입력하는 방식으로 사용하면 됩니다. 요소가 들어갈 영역을 크게 그리면 큰 이미지가 추가됩니다.

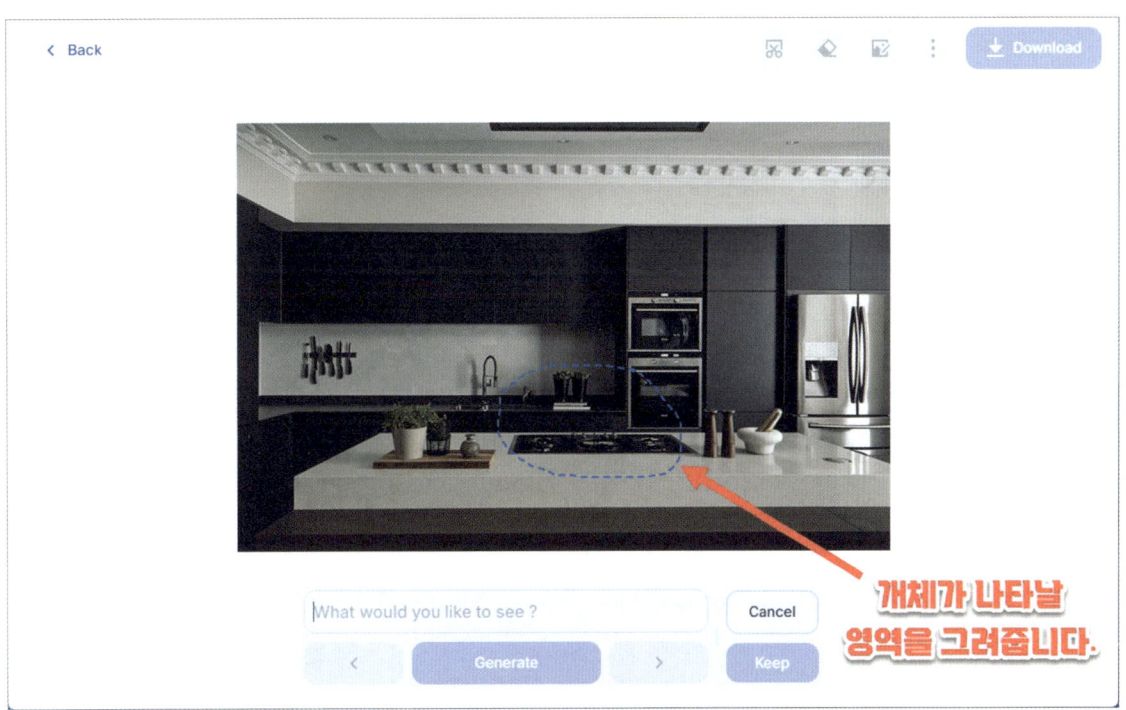

**04** 여기서는 고양이 한 마리를 추가하기 위하여 ❶**"cat"을 입력**한 후 ❷**Generate (생성)** 버튼을 클릭하도록 하겠습니다.

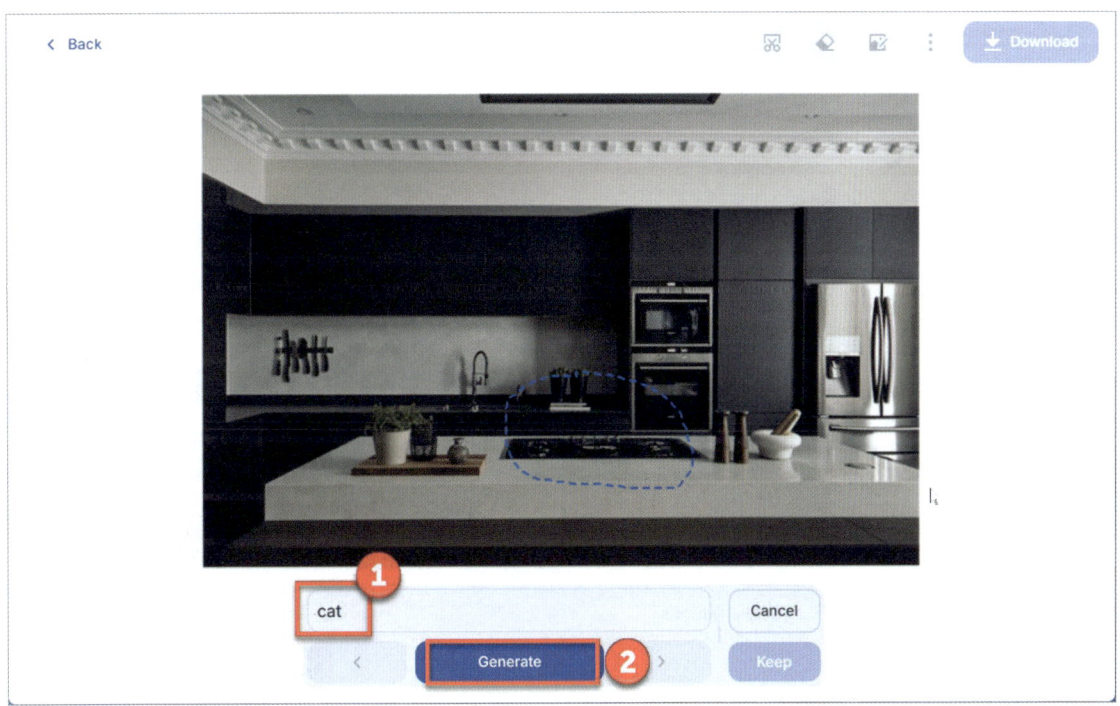

CHAPTER 08 클립드롭과 리크래프트 활용하기　**1 2 3**

**05** 잠시 생성하는 시간이 지나면 아래와 같이 선택 영역 크기에 맞게 고양이가 표시됩니다. 작게 그렸다면 앉아 있는 모습이 나오고, 크게 그렸다면 다른 고양이 자세가 나오게 됩니다. **+More**를 누르면 다른 이미지를 다시 생성해 줍니다.

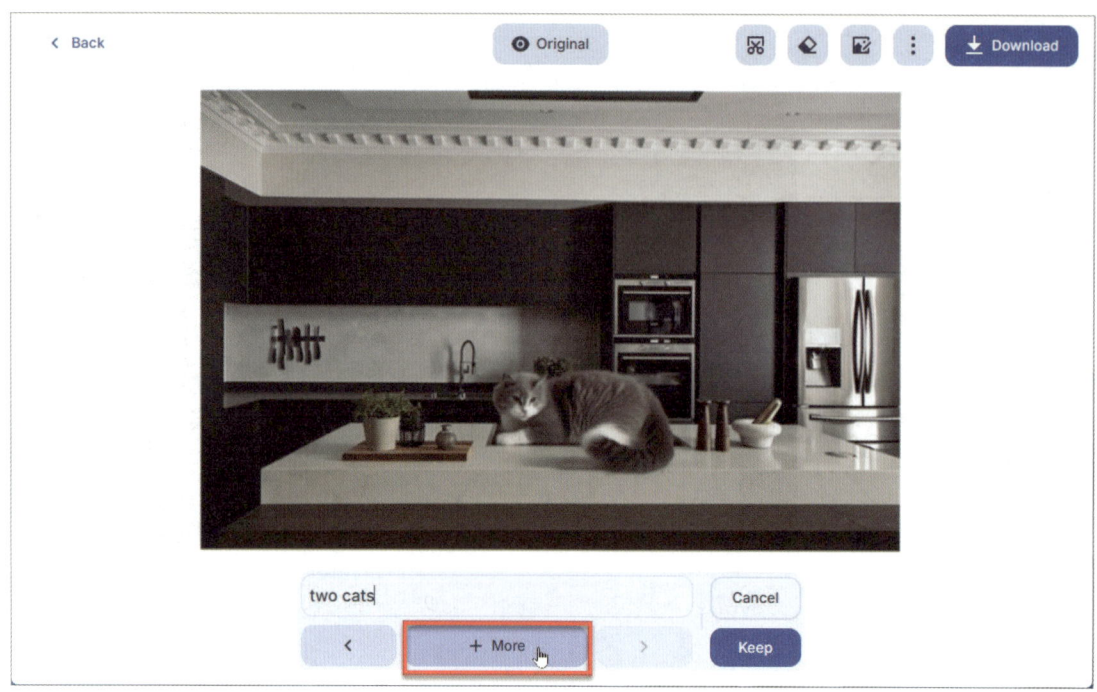

**06** 하단에 있는 프롬프트에 "two cats"를 입력한 후 **+More**를 클릭해 봅니다. 두 마리의 고양이가 생성되었습니다. 이대로 유지하려면 **Keep** 버튼을 클릭한 후, 같은 방법으로 다른 위치에 다른 것을 추가할 수 있습니다.

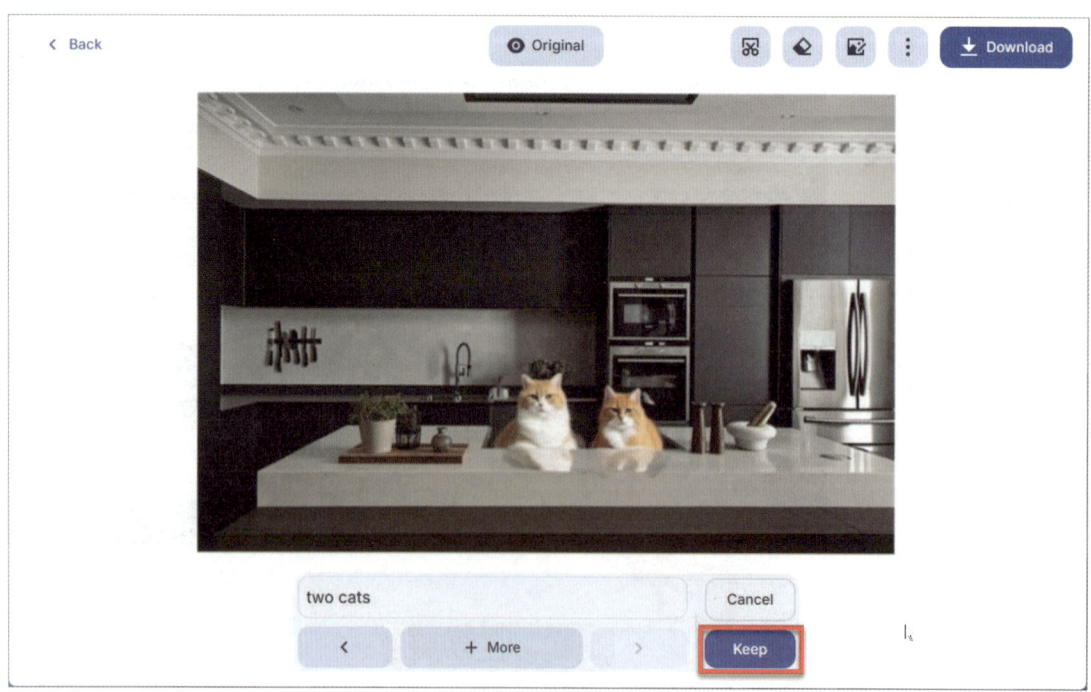

**07** 이미지 상단에 **❶영역을 지정**한 후, 하단의 프롬프트 칸에 ❷**"Ceiling fan"**을 입력한 다음 ❸**Generate** 버튼을 클릭합니다. 이러한 방식으로 요소를 추가할 수 있습니다.

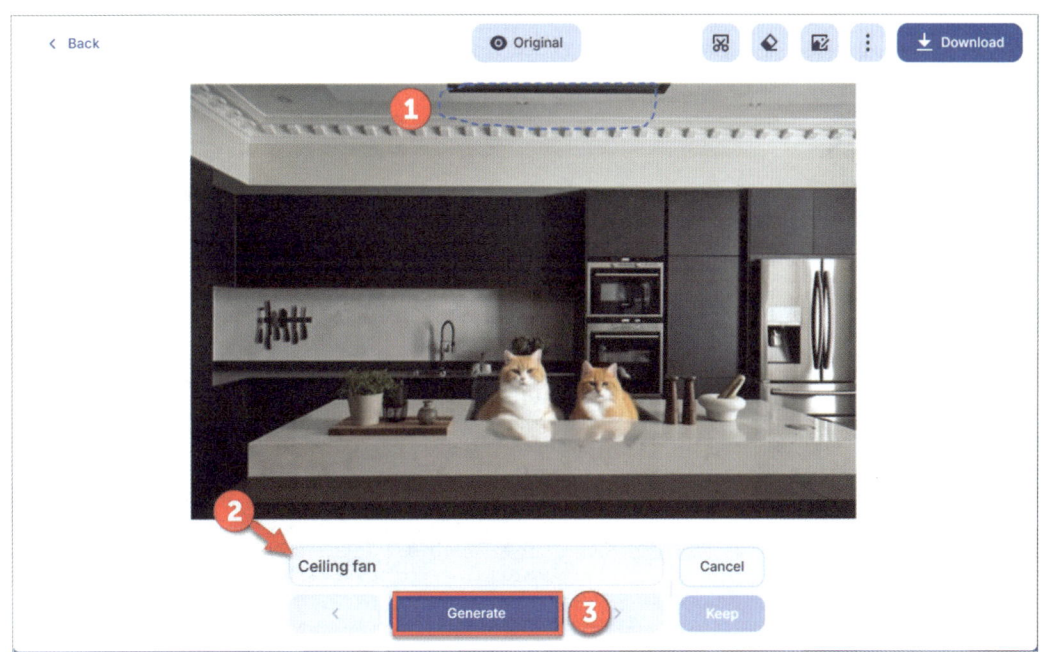

**08** 추가된 이미지가 마음에 들지 않거나 다른 것으로 요소를 대체하고자 할 때는 프롬프트에 다른 내용, ❶**"Square indoor light"**를 입력한 후 ❷**+More** 버튼을 클릭해서 변경해 주세요. Download 버튼을 이용해 완성된 이미지를 다운로드할 수 있습니다.

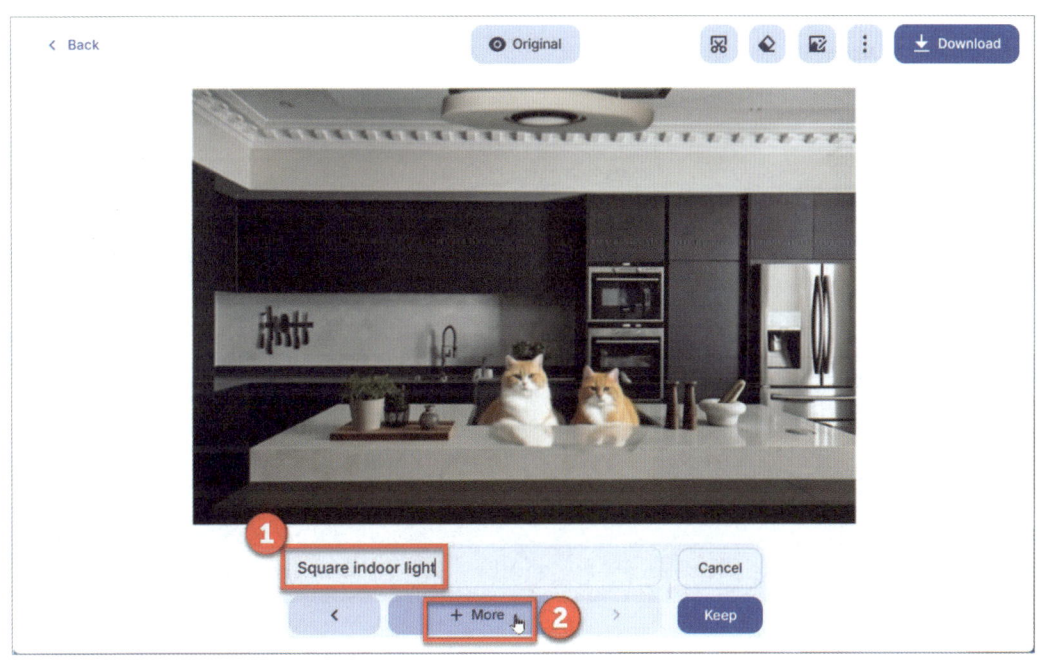

## STEP 3 ▸ 인테리어 재배치하기

**01** 클립드롭 초기 화면에서 **Reimagine 도구**를 클릭합니다. 이 도구는 이미지를 인식한 후 재해석해서 생성해 주는 도구입니다.

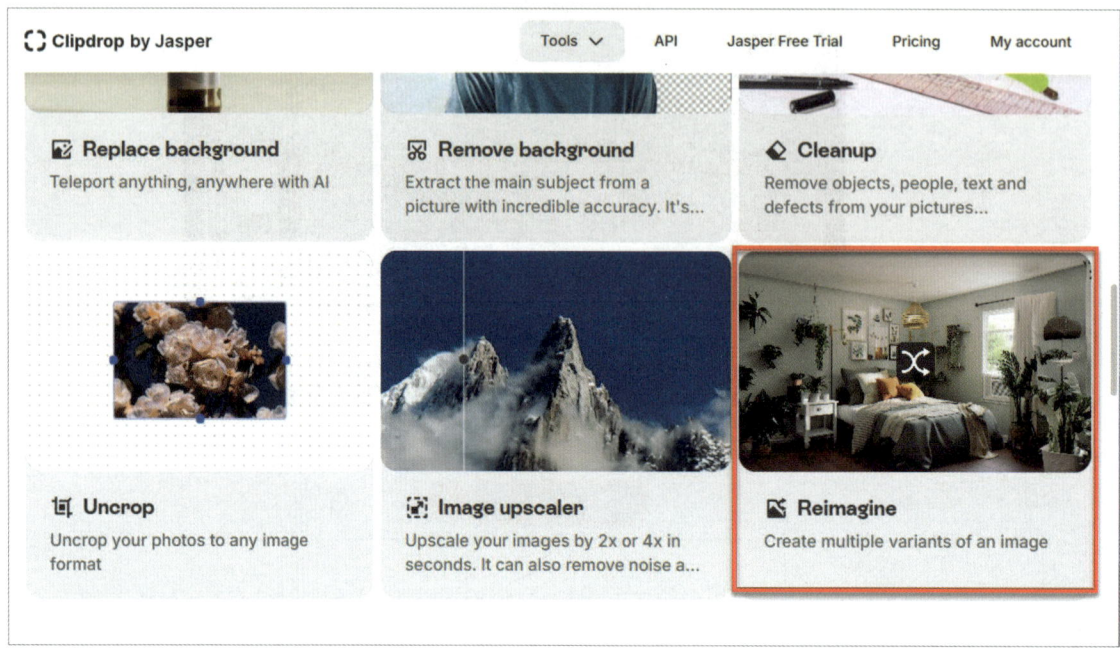

**02** ❶**파란 박스**를 클릭한 후, 대화상자에서 샘플로 제공한 **인공지능예제** 폴더에 있는 ❷**kitchen01** 이미지를 선택한 다음 ❸**열기**를 클릭합니다.

**03** 자동으로 재해석하여 이미지 생성을 시도하는데, 여기서도 사람인지 확인하는 과정을 물어보면 **체크**를 해야만 생성이 진행됩니다. 간혹 퍼즐 맞추는 질문이 나올 수도 있습니다.

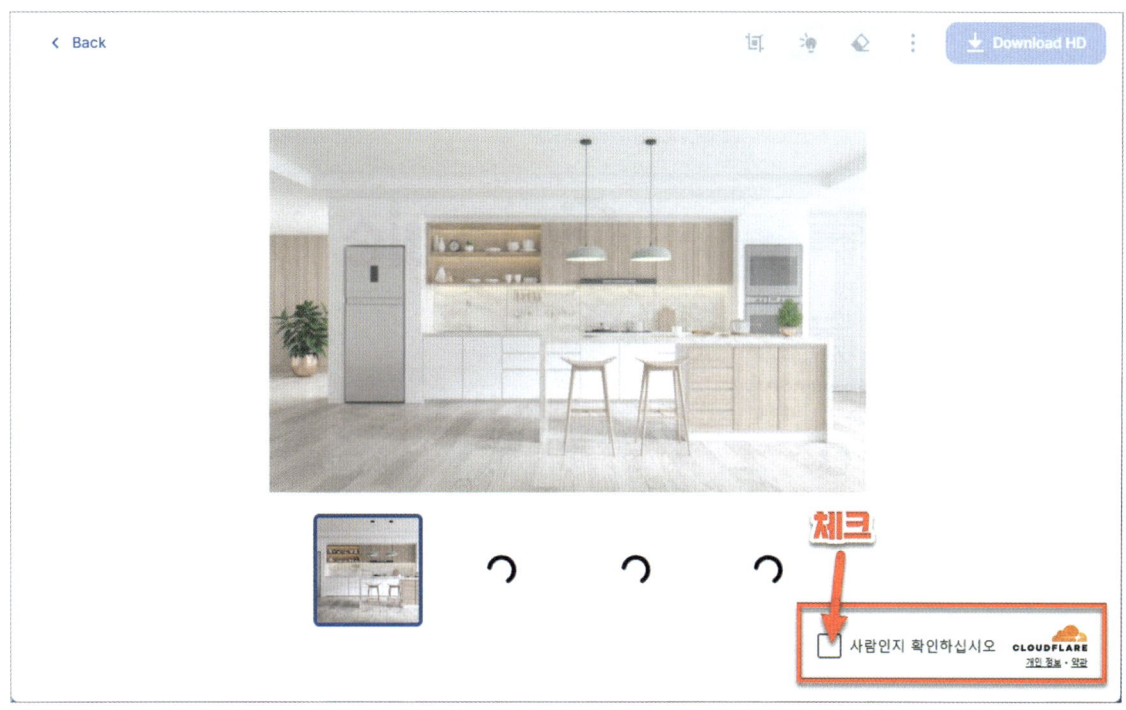

**04** 잠시 기다리면 아래와 같이 3개의 재해석된 이미지가 생성됩니다. 각 이미지에는 다시 생성할 수 있는 버튼이 있으므로 변경을 하려는 이미지를 선택한 후 다시 **재생성** 버튼을 클릭해 보세요.

## STEP 4 ▶ 리크래프트 사이트 접속하기

**01** 크롬 브라우저에서 **"recraft"**를 입력하여 검색합니다.

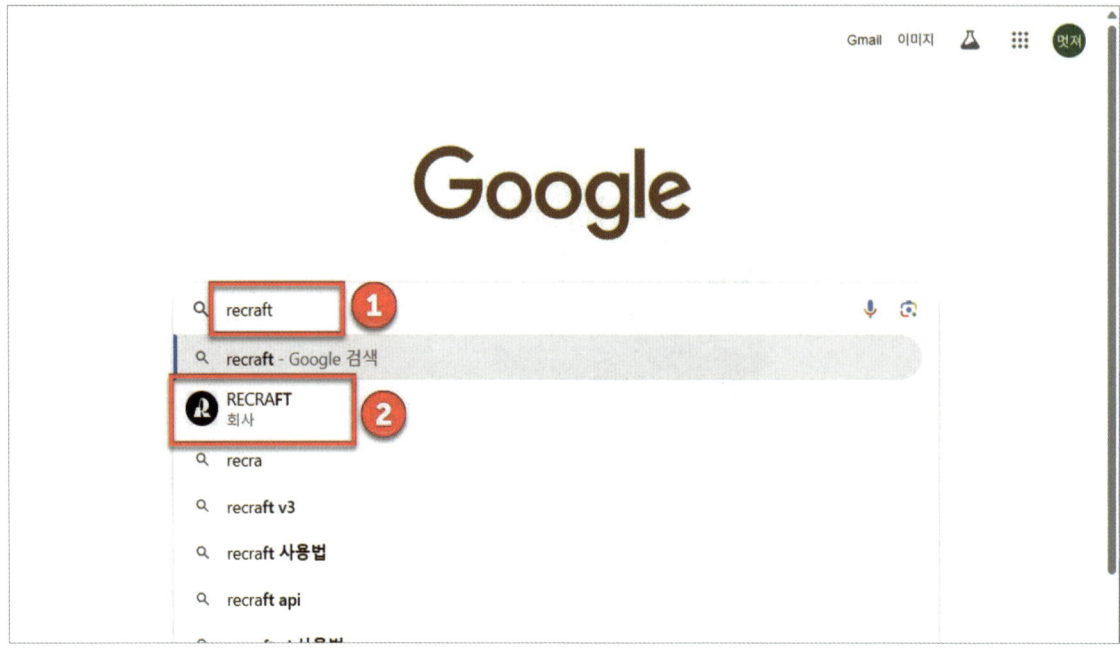

**02** 아래와 같이 검색 결과가 표시되면 **recraft.ai** 사이트를 클릭하여 리크래프트 사이트로 이동합니다.

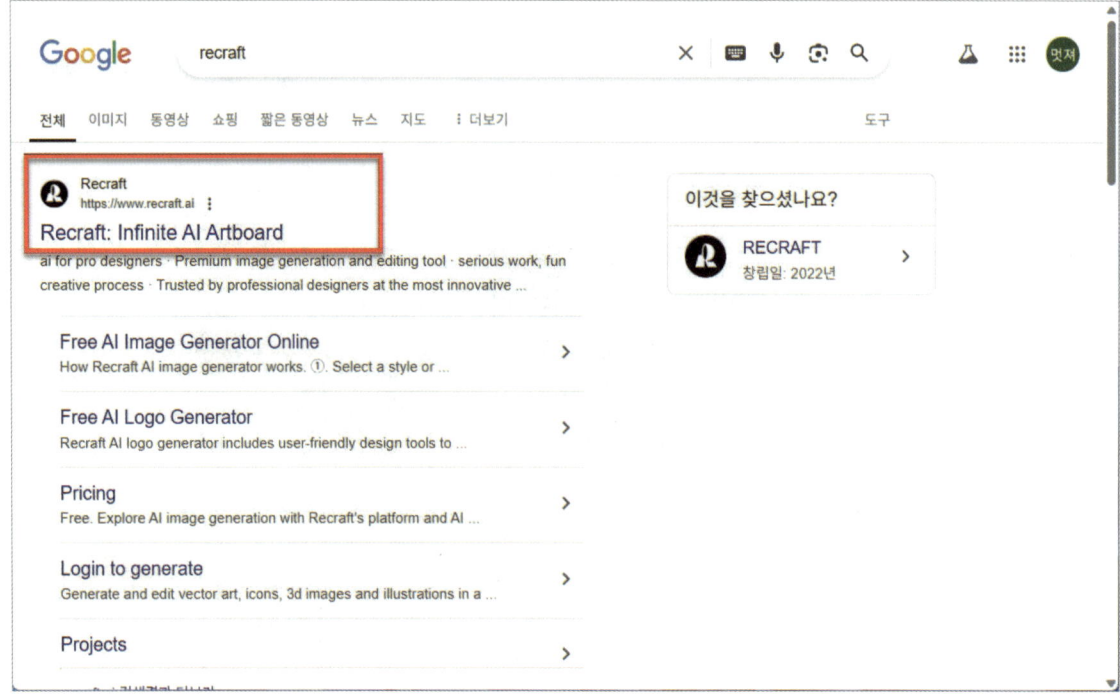

**03** 화려한 그래픽이 지나가면 하단에 **Accept Cookies** 버튼을 클릭하여 쿠키 허용을 한 후, 상단의 번역창은 닫고 **LOG IN**을 클릭합니다.

**04** 사람인지 묻는 상자에서 ❸체크를 한 후 ❹구글 버튼을 눌러서 로그인 과정을 마무리합니다. 처음 사이트에 들어가면 어떤 목적으로 사용할 것인지를 물어보는 상자가 나오는데 적당한 항목을 선택합니다.

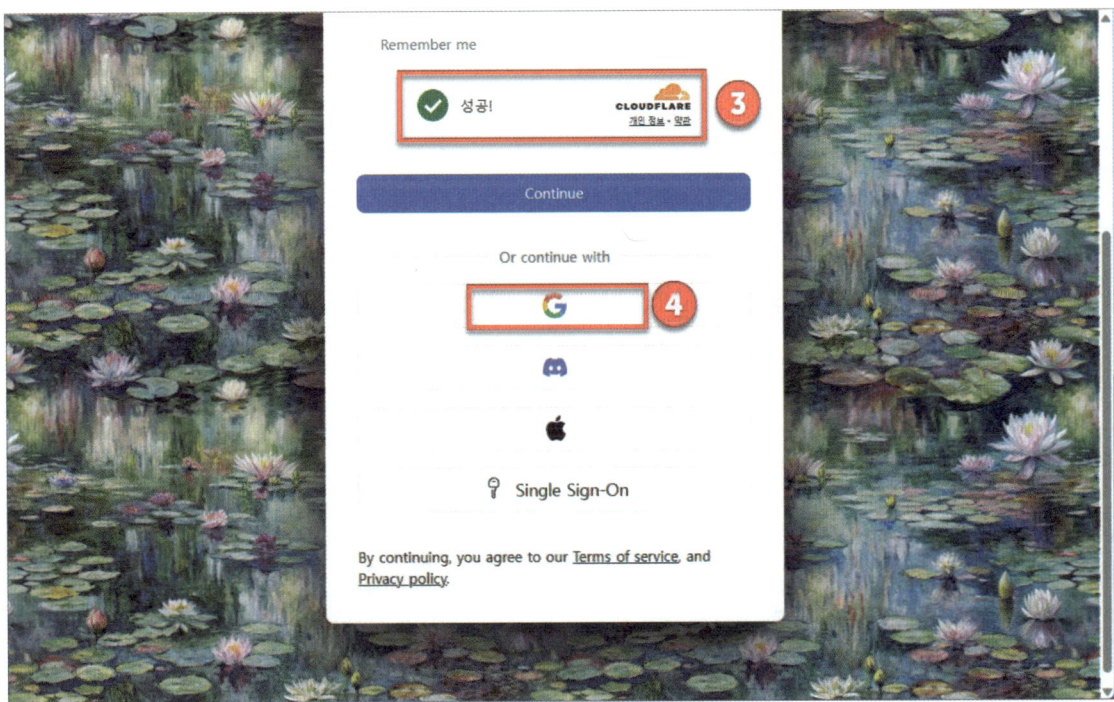

## STEP 5 ▸ Mockup(목업) 생성하기

**01** 리크래프트 사이트에서 **Create new project** 버튼을 클릭합니다. 이 화면이 보이지 않는다면 창을 닫고 다시 리크래프트 사이트로 이동해 보세요.

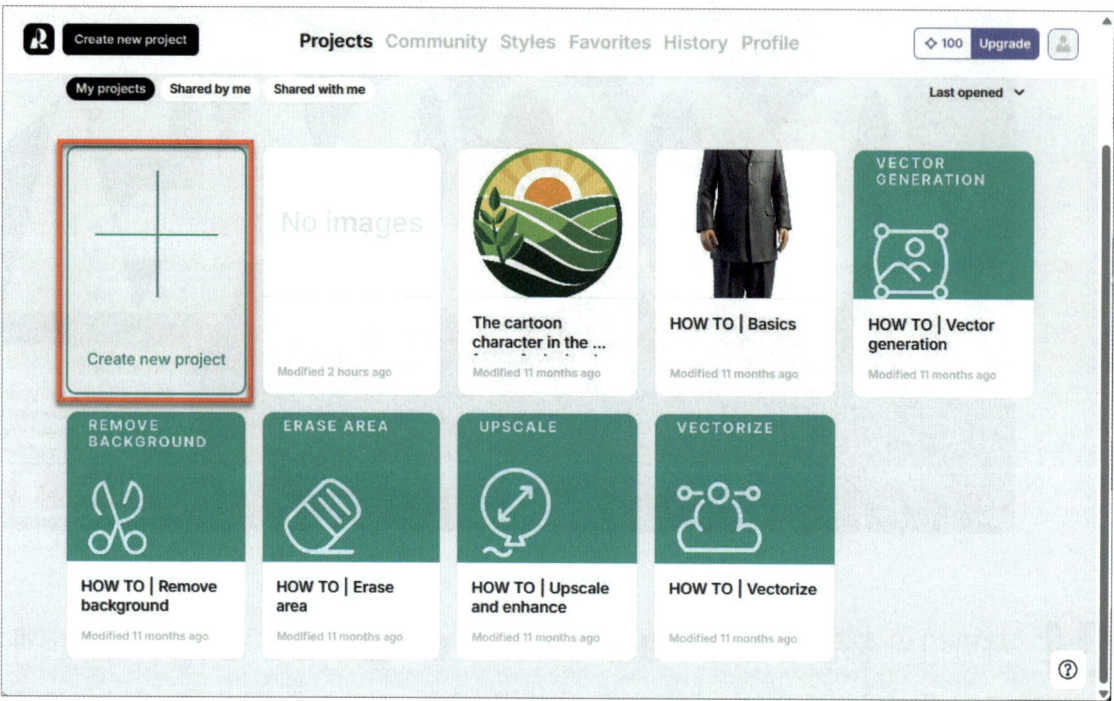

**02** 새로운 이미지 생성을 하기 위해 아래에서 **Image** 버튼을 클릭합니다. 참고로 Frame, Image set, Mockup 등을 제작할 수 있습니다.

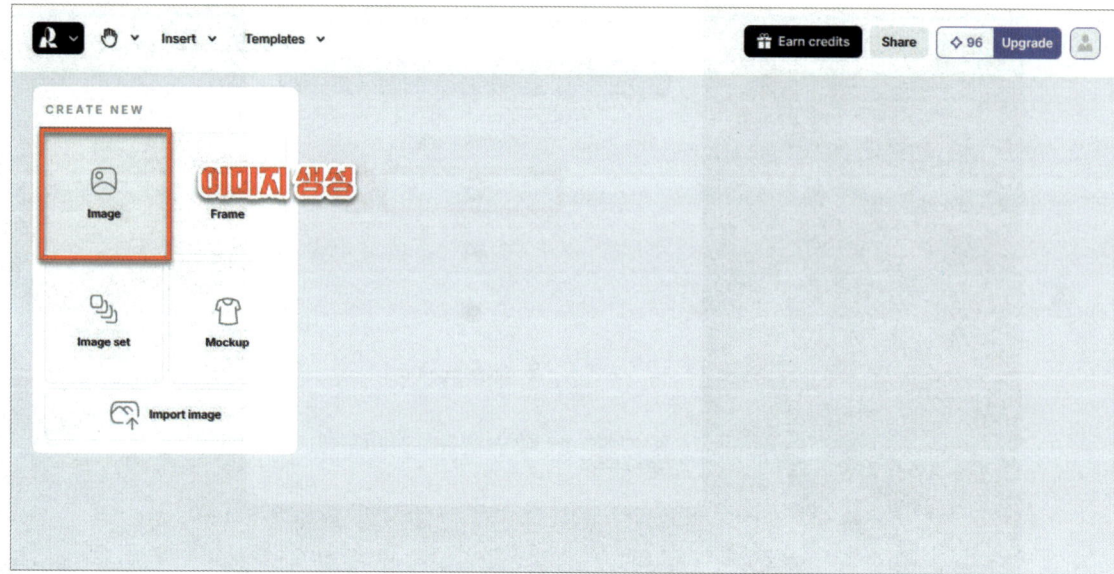

03 프롬프트에 ❶"white mug"를 입력한 후 ❷Recraft 버튼을 클릭하면 잠시 후 오른쪽에 이미지가 생성되며, ❸**원하는 이미지**를 선택합니다. 다시 생성을 하려면 **Recraft**를 클릭하면 됩니다. 이때 우측 상단의 크레딧이 차감됩니다.

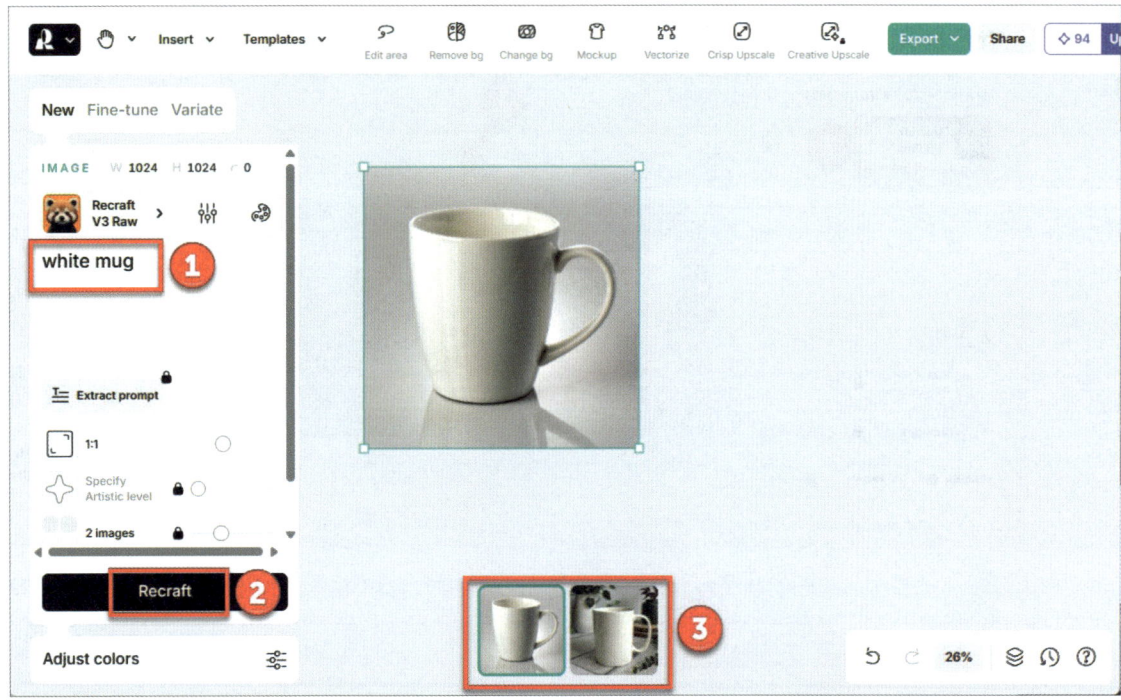

04 또 다른 이미지를 생성하기 위해 상단에 있는 ❶**Insert** 메뉴를 클릭한 후 ❷**Create new image**를 선택합니다.

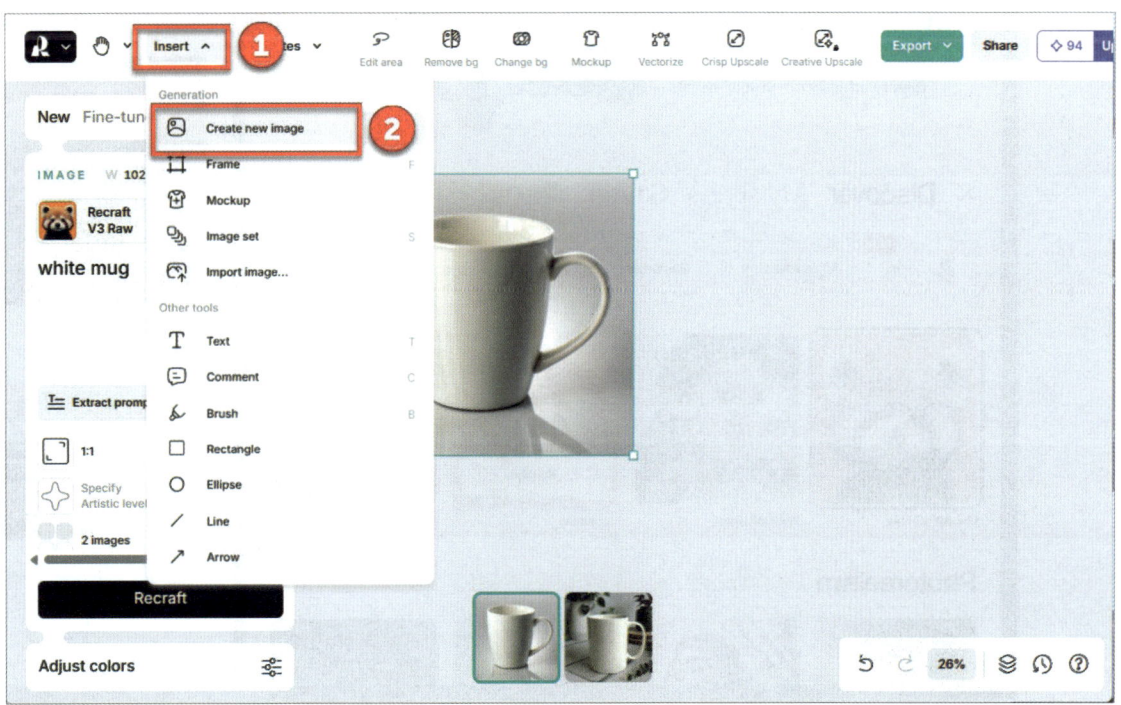

CHAPTER 08 클립드롭과 리크래프트 활용하기 **131**

## 05

작업 창의 ❶빈 곳을 클릭하면 1:1 비율로 이미지 생성창이 열리게 됩니다. 이미지 스타일을 변경하고자 ❷Recraft V3 Raw를 클릭합니다.

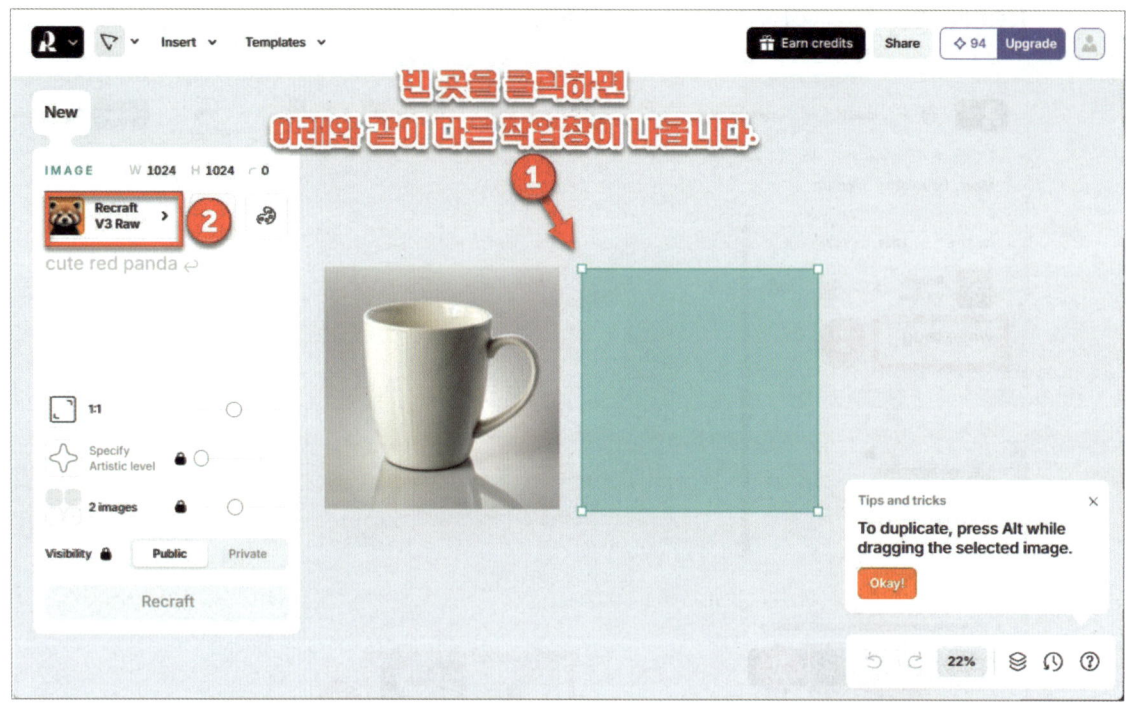

## 06

사이트에서 제공하는 스타일이 상당히 많이 보이고 있는데, 여기서는 **Vector art**에 마우스를 올려서 **Apply(적용)**을 선택합니다. 나중에 스타일을 다시 선택해서 생성할 수 있습니다.

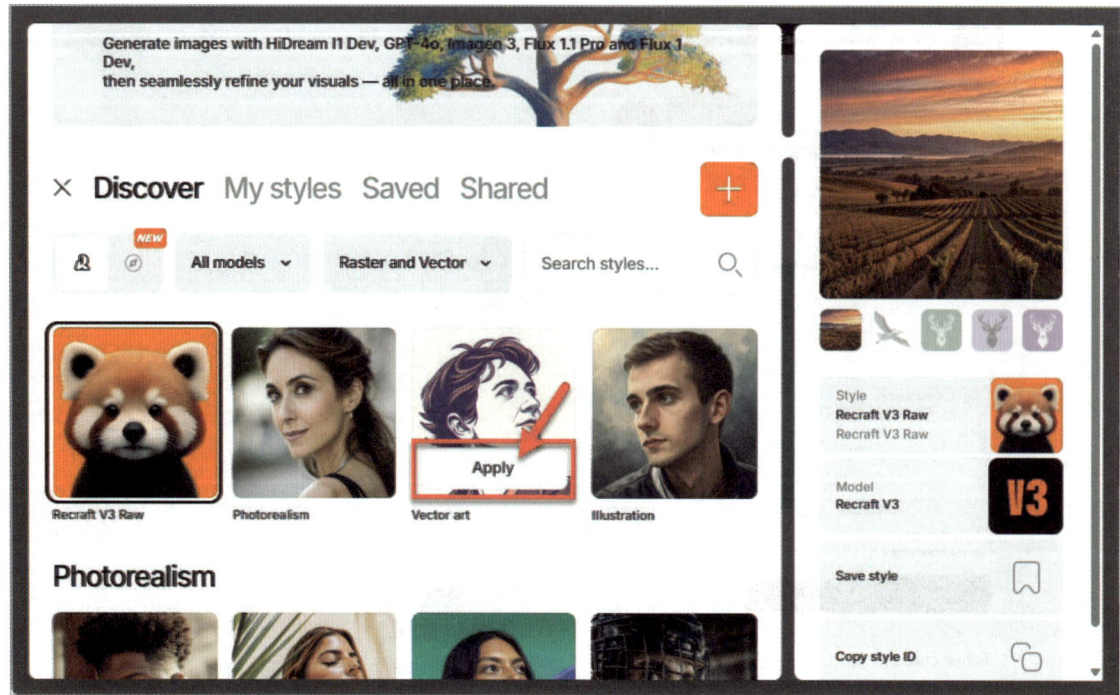

**07** 프롬프트에 ❶"golden retriever"를 입력한 후 ❷Recraft 버튼을 클릭하면 오른쪽으로 리트리버가 생성되었습니다. ❸하단 2개 이미지 중 하나를 고를 수 있습니다.

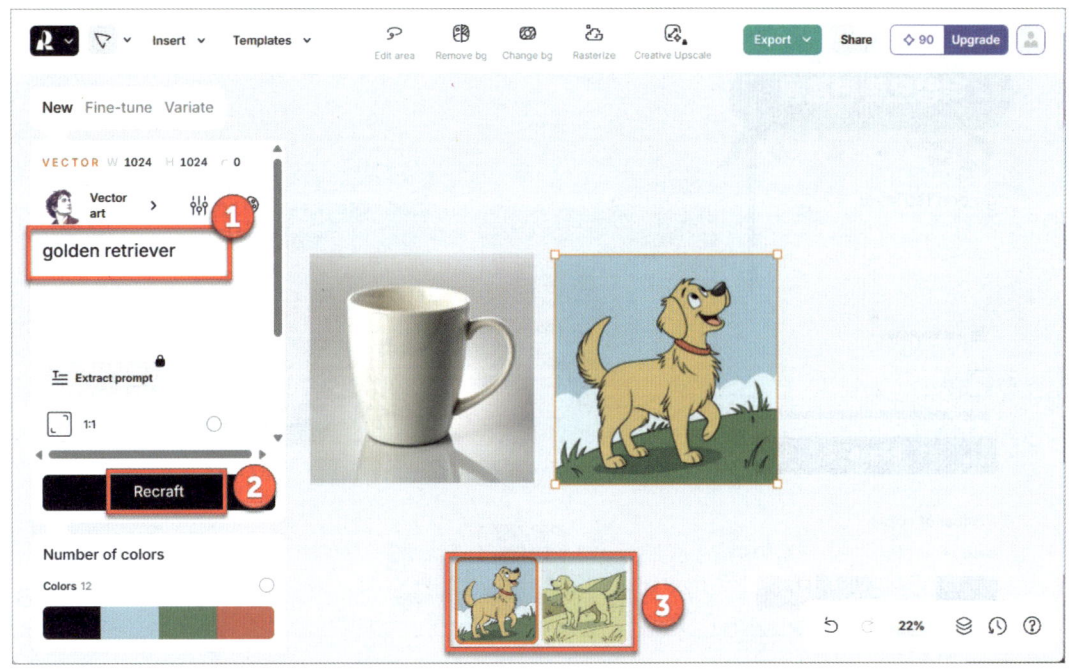

**08** 일반 이미지를 목업으로 변환시키려고 합니다. ❶머그컵 이미지를 클릭한 후, 상단 도구에서 ❷Mockup을 선택합니다. 처음부터 Mockup으로 작업해도 관계는 없습니다.

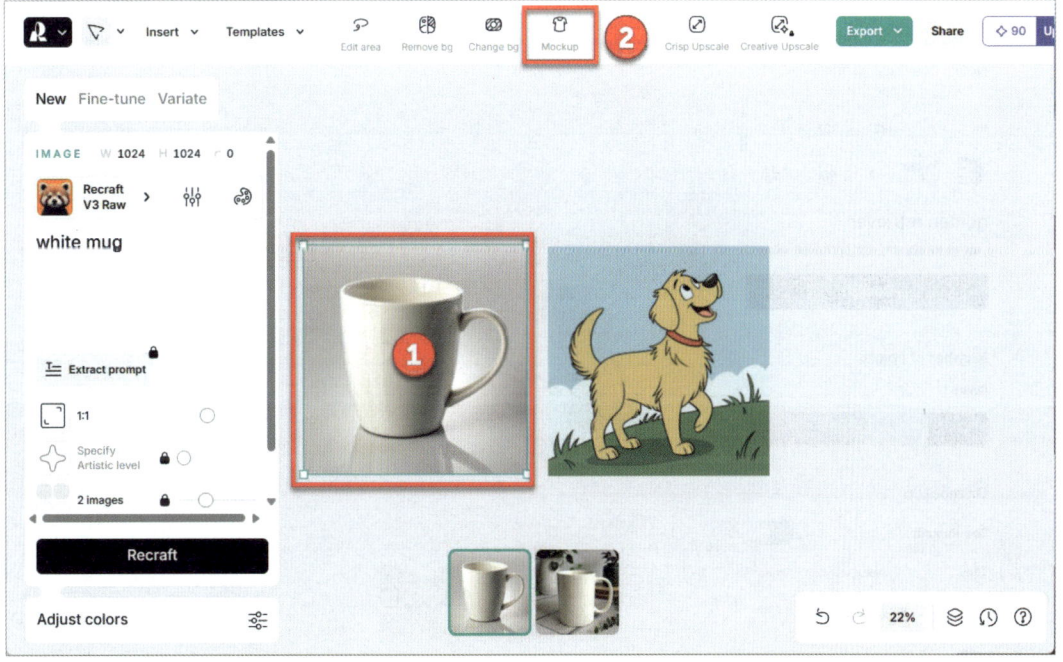

**09**  이미지가 목업으로 변경된 것이 확인되면, **리트리버 이미지를 머그컵 위로 드래그**해서 머그컵에 리트리버를 배치시킵니다.

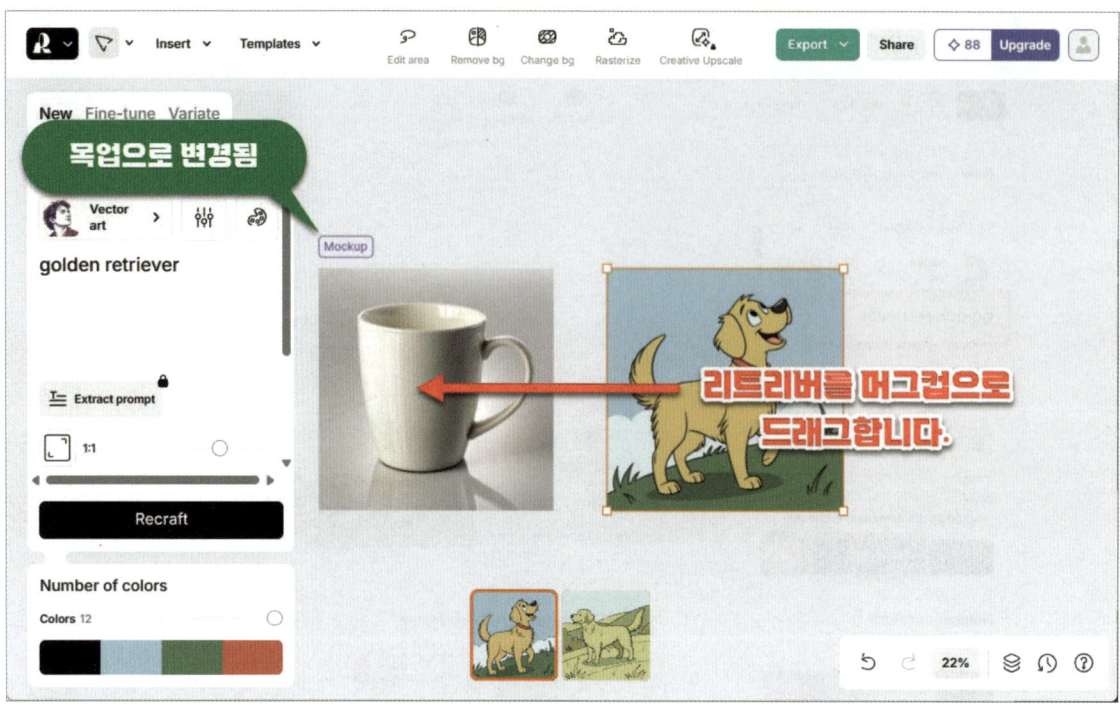

**10**  리트리버가 머그컵 밖에 새겨져 들어갔는데, 크기와 회전을 시킬 수도 있고 리트리버를 드래그해서 컵 안쪽으로도 들어가게 할 수도 있습니다. 물론 다시 리트리버를 머그컵 밖으로 이동시킬 수도 있습니다.

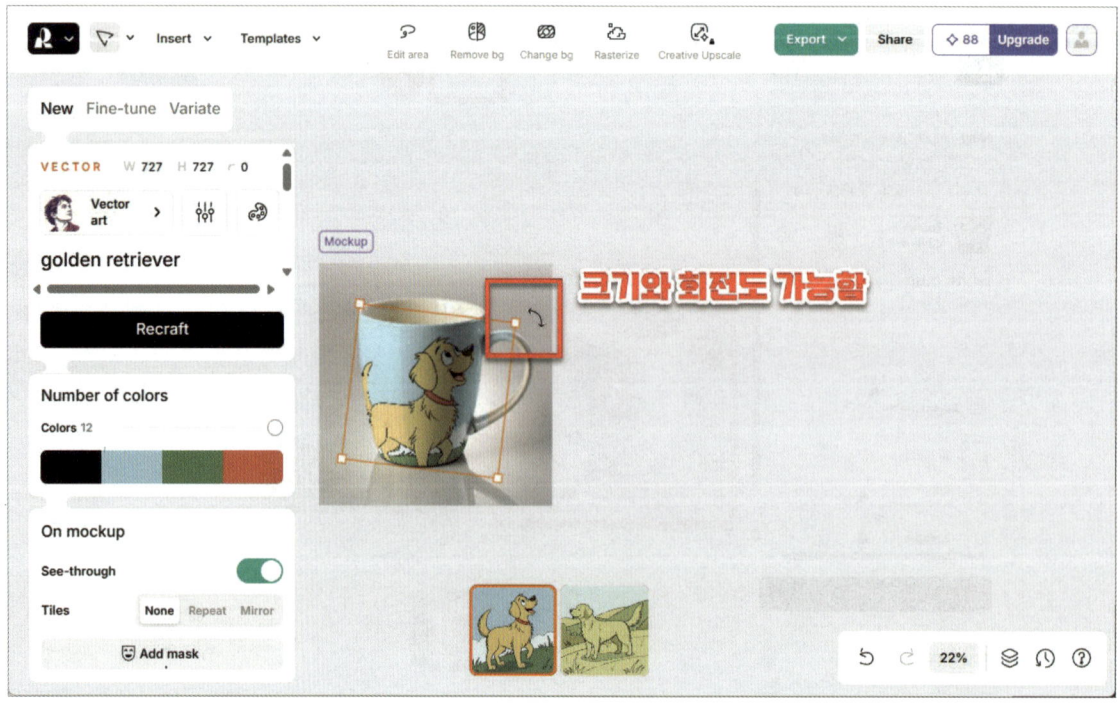

**11** 목업 작업이 끝나게 되면 일반 이미지로 변경해서 저장을 해야 하는데, ❶목업 배경을 클릭한 후 상단의 ❷Rasterize를 클릭해 줍니다.

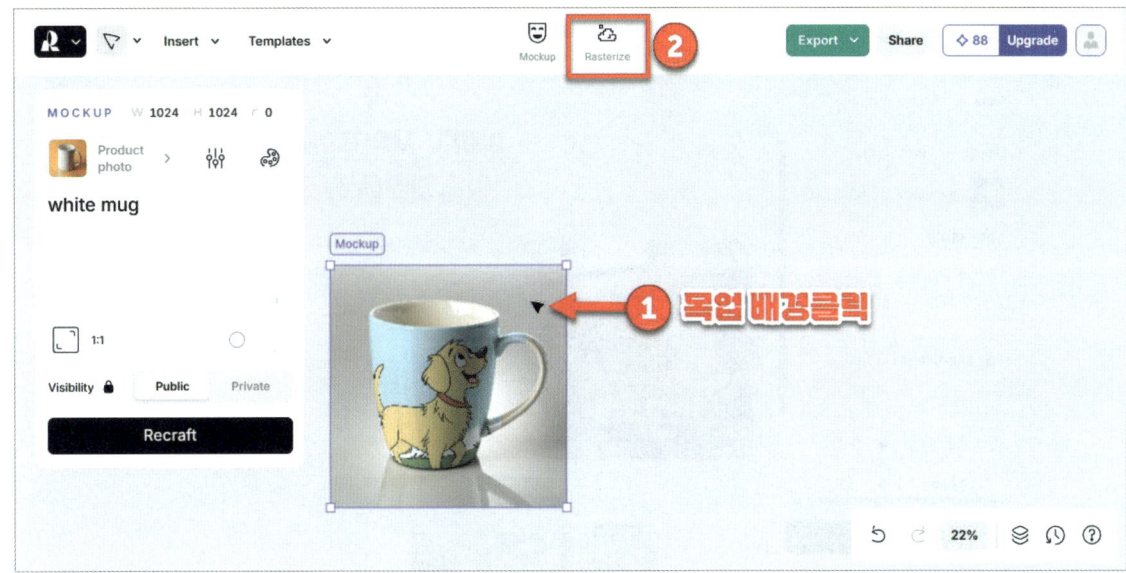

**12** 배경을 변경하는 것도 가능합니다. 상단 도구에서 ❶Change bg를 선택한 후, 프롬프트 상자에 ❷"cafe table"을 입력한 다음 ❸Change background 버튼을 클릭합니다.

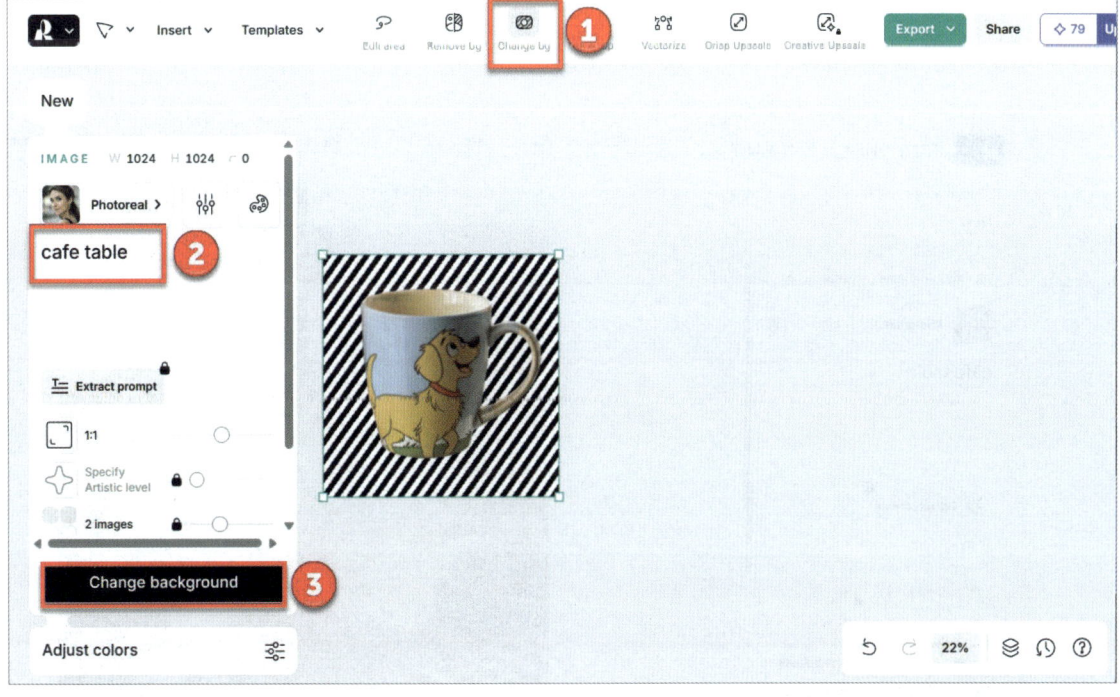

**13** 이미지가 1:1로 작은 사이즈로 작업이 되므로, 인쇄하거나 해상도를 올리고 싶을 때는 상단 도구에서 **Crisp Upscale**를 클릭합니다.

**14** 이미지 사이즈가 너무 크게 보이면 Ctrl을 누른 상태에서 마우스 휠을 아래로 굴리면 화면이 작업화면이 작아집니다. 상단의 **Export** 버튼을 클릭해서 **내보내기**를 하면 다운로드가 진행됩니다. 투명한 배경이었다면 **PNG** 형식을 선택하고, 일반 배경일 경우는 **JPG**를 선택합니다.

## STEP 6 ▶ 스타일 이용하여 생성하기

**01** 리크래프트에서 제공하는 ❶**Styles(스타일)**에서 아래와 같이 분위기 있는 ❷**사진**을 선택합니다. 이 화면이 보이지 않으면 왼쪽 끝에 있는 R 단추를 클릭하고 [Styles]를 선택해도 됩니다.

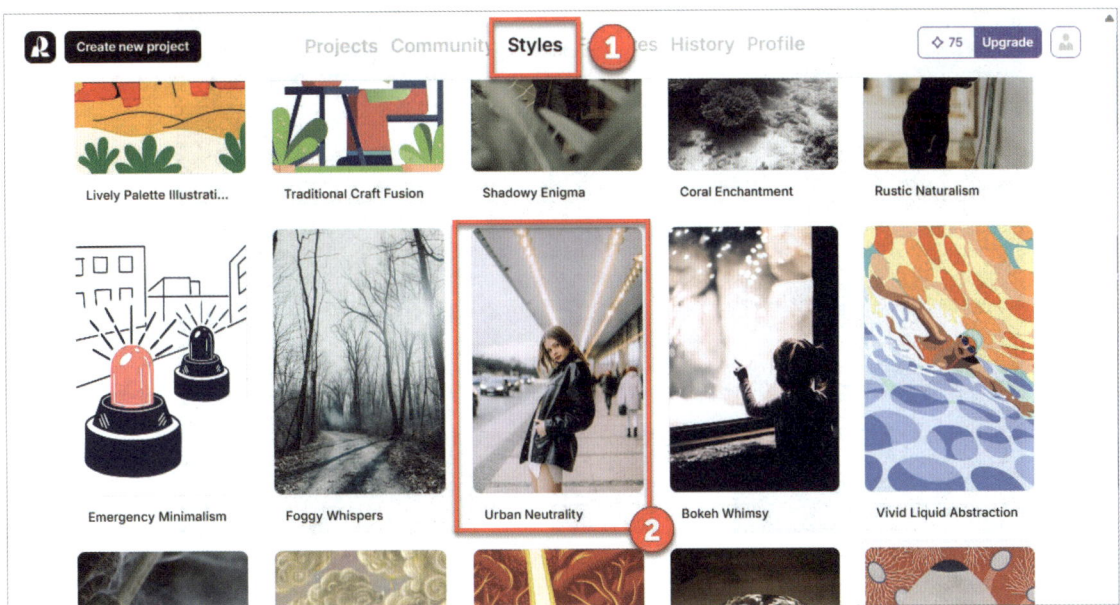

**02** 선택한 스타일의 이미지에서 원하는 것을 선택합니다. 아래 그림과 같은 것을 찾기 힘들다면 마음에 드는 것으로 선택합니다.

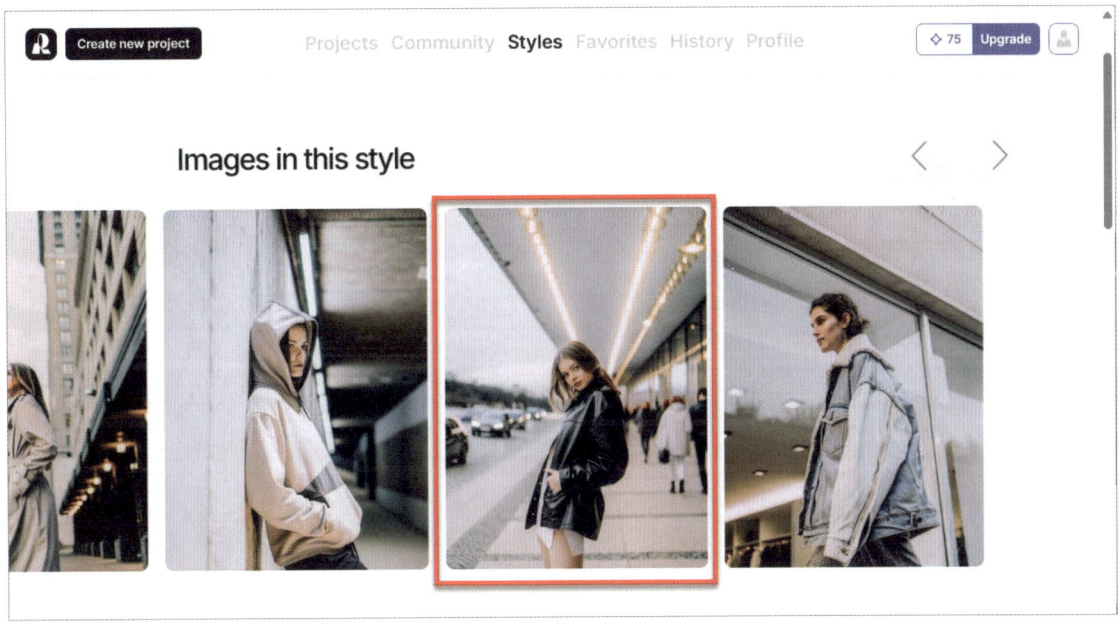

**03** 우측 상단에 이미지에 해당하는 프롬프트가 영어로 기록되어 있습니다. 프롬프트 내용을 블록 지정하여 ❶**복사**를 한 후, ❷**Create new project** 버튼을 클릭합니다.

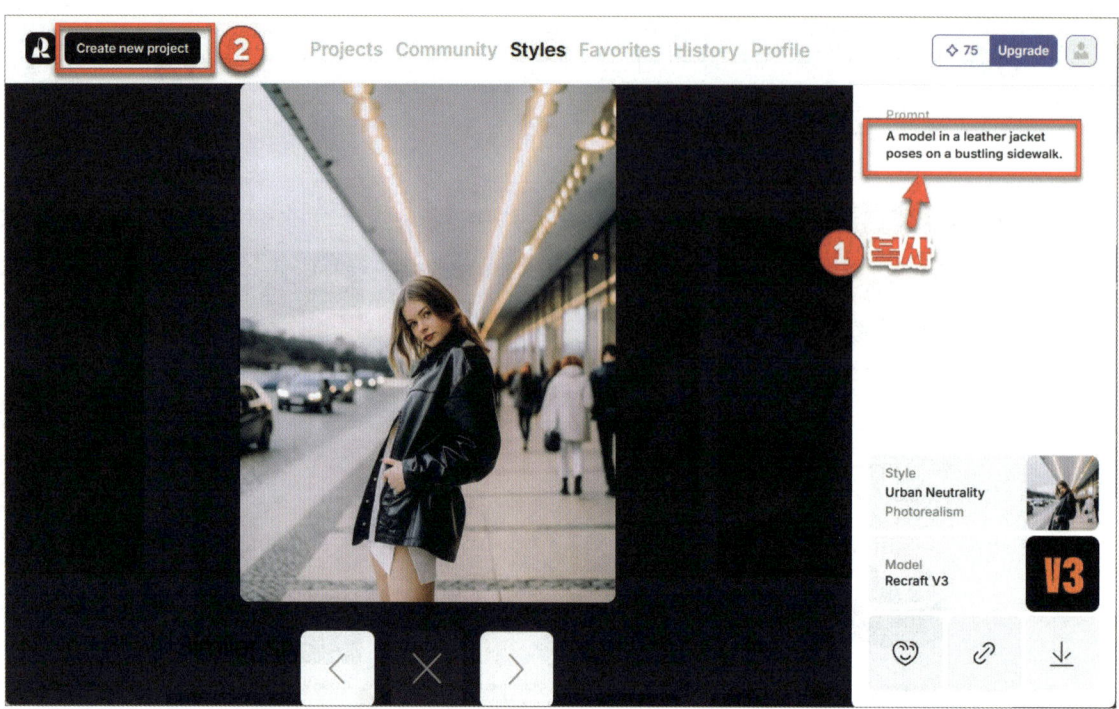

**04** 여기서는 이미지 생성을 하기 위한 것이므로, 4가지 중에서 **Image**를 선택합니다. 앞 과정처럼 목업을 사용해서 생성된 이미지에 다른 것을 합성할 수도 있습니다.

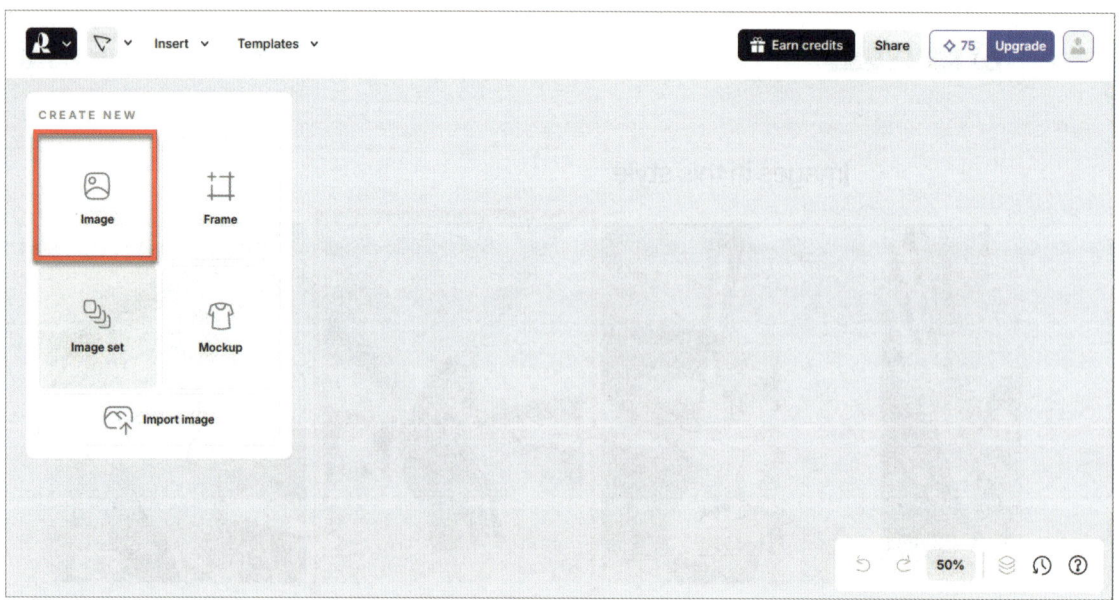

**05** 프롬프트 창에 ❶붙여넣기를 한 후, 비율 조절바를 오른쪽으로 이동해서 ❷9:16 으로 변경한 다음 ❸Recraft 버튼을 클릭합니다.

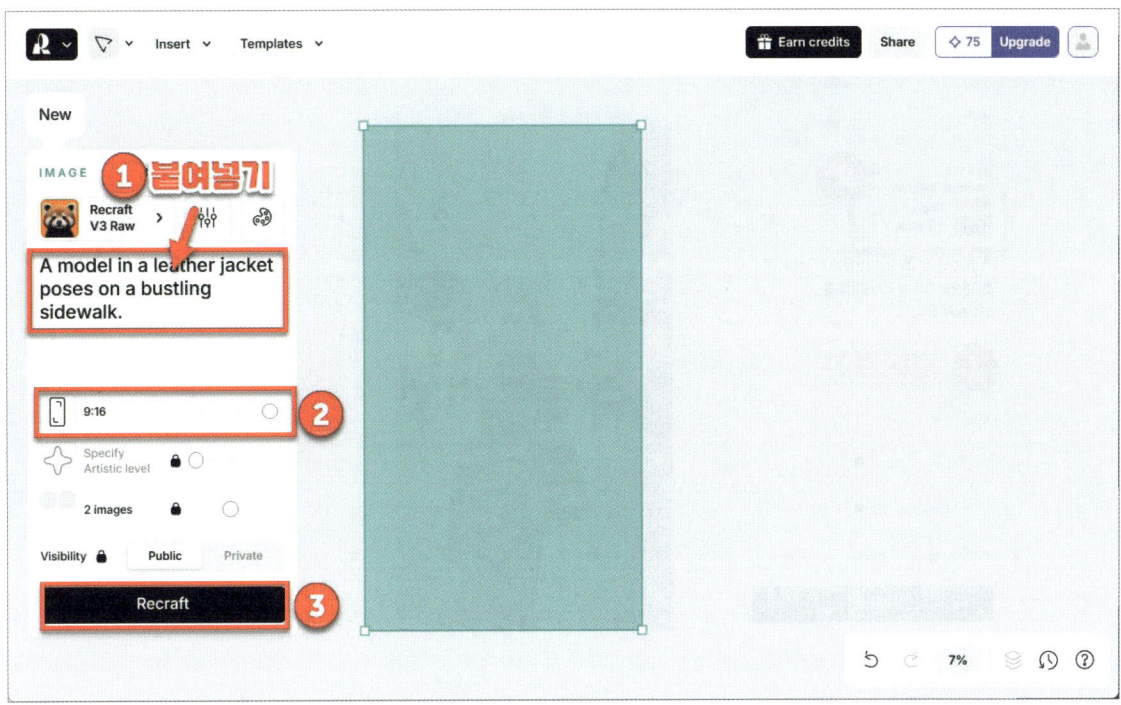

**06** 만약 생성된 이미지가 마음에 들지 않는다면 Recraft로 생성을 다시 하면 됩니다. 다른 이미지를 생성하기 위해서 작업 창의 ❶빈 곳을 클릭한 후 ❷Image를 다시 클릭합니다.

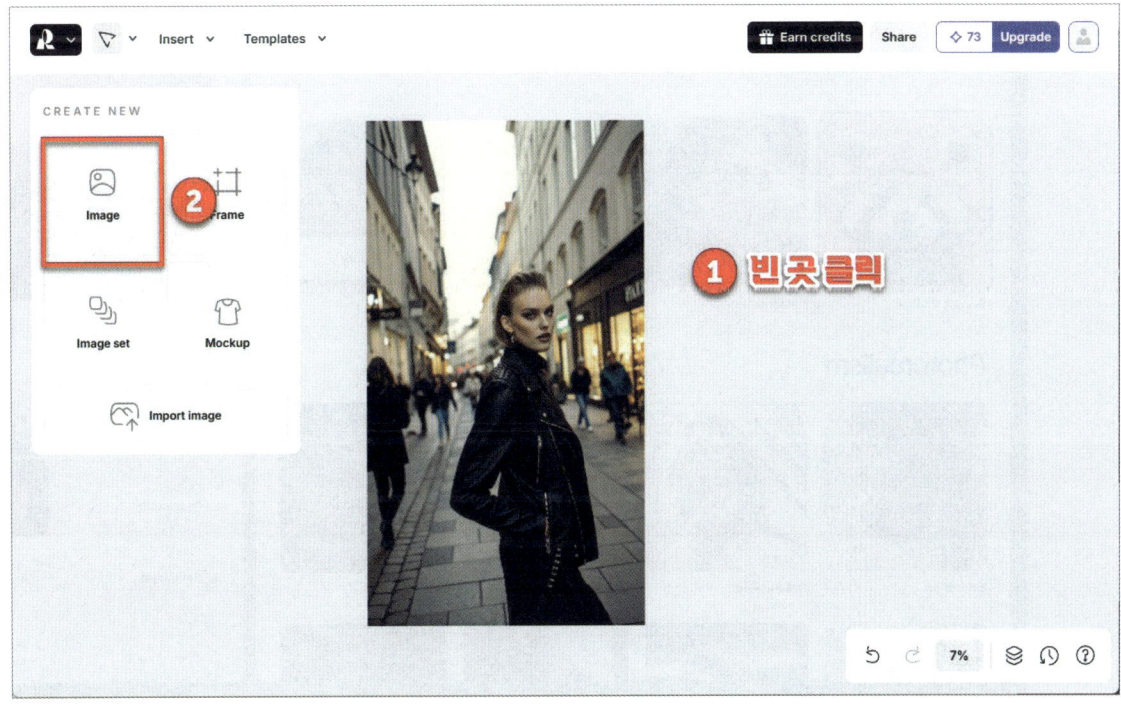

**07** 프롬프트 창에 다시 ❶**붙여넣기**를 한 후, 스타일 종류를 변경하기 위해 ❷ **Recraft V3 Raw** 버튼을 클릭합니다.

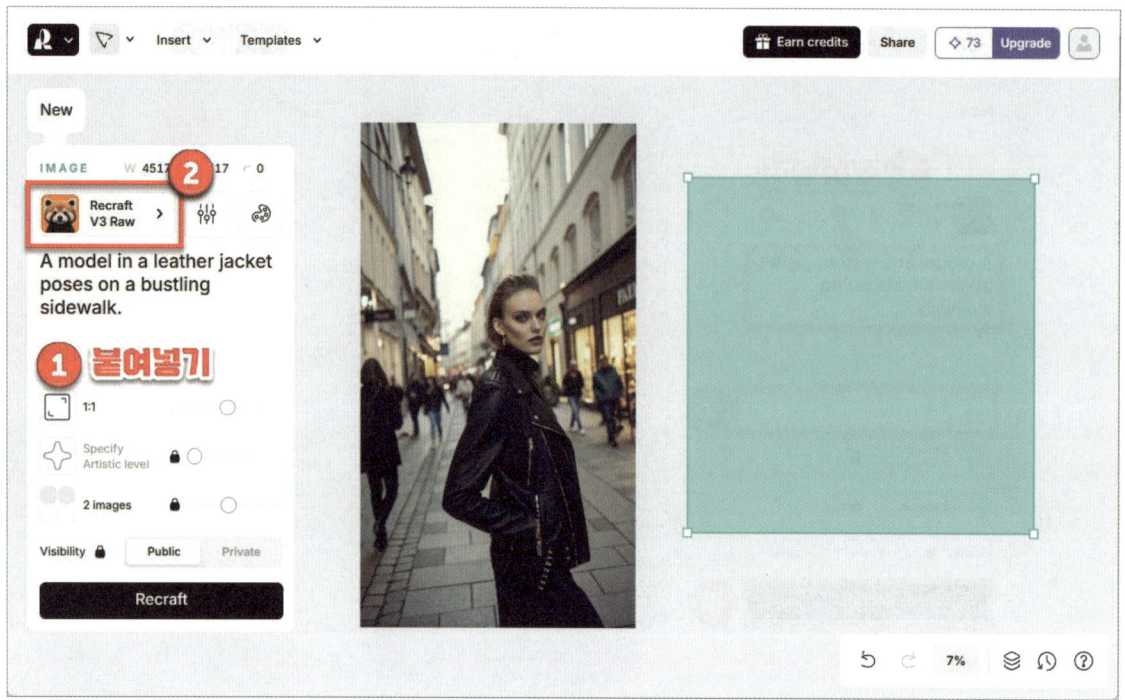

**08** 많은 스타일이 있지만 여기서는 **illustration**에 마우스를 올린 후, 나타나는 **Apply** 버튼을 클릭한 후 **Recraft**로 생성합니다. 원하는 다른 스타일을 갤러리에서 찾아서 직접 적용시켜 보세요.

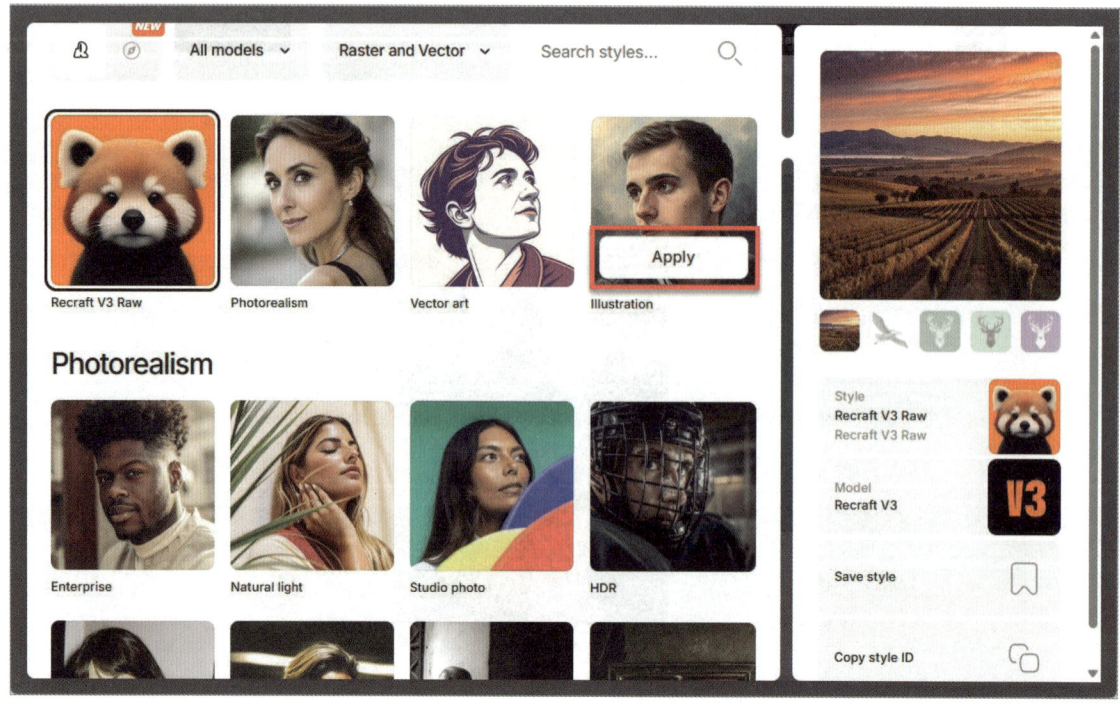

**09** 첫 번째 생성했던 이미지의 배경을 변경하기 위해 ❶**이미지 선택**하고, 상단 도구에서 ❷**Change bg**를 클릭합니다.

**10** 프롬프트 창에 변경할 배경에 대한 설명으로 ❶"**빌딩 유리에 비친 하늘과 구름**"을 입력한 후 ❷**Change background**를 클릭합니다. 원하는 배경으로 변경된 것을 확인합니다. 오른쪽 아래에서 **실행 취소**도 가능합니다.

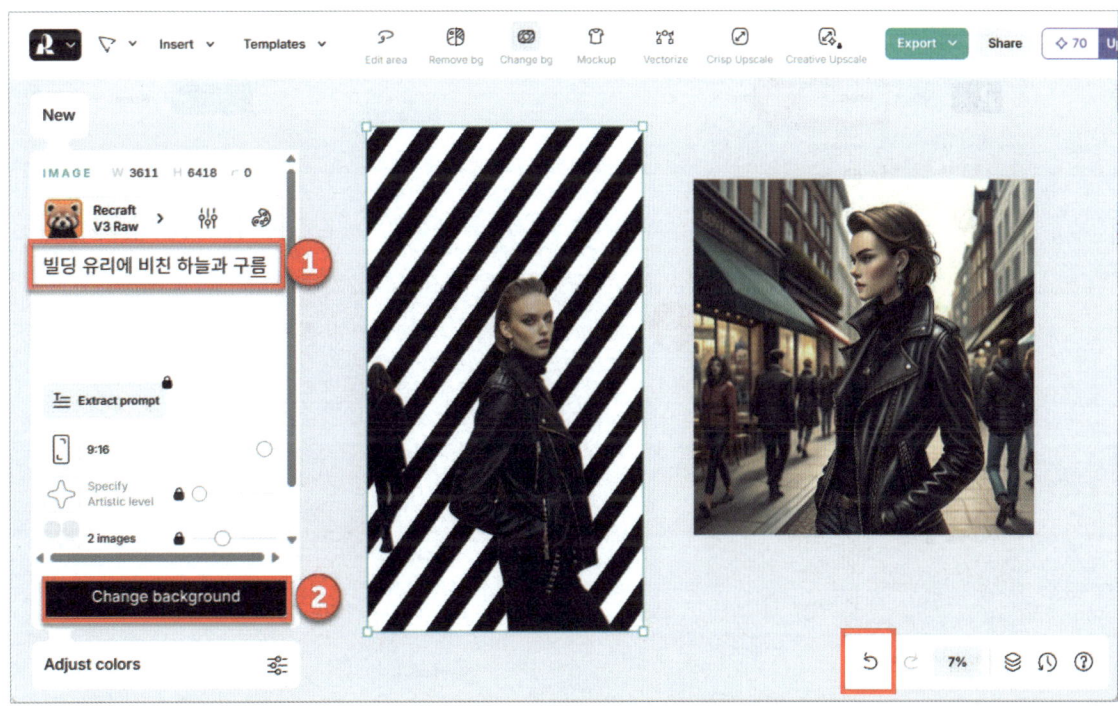

## STEP 7 ▸ 아웃페인팅으로 여백 채우기

**01** 아웃페인팅이란 빈 여백을 자동으로 채워 이미지를 확장하는 기법을 말합니다. 새 프로젝트에서 **Frame**을 클릭한 후, 비율을 **16:9**로 조절합니다.

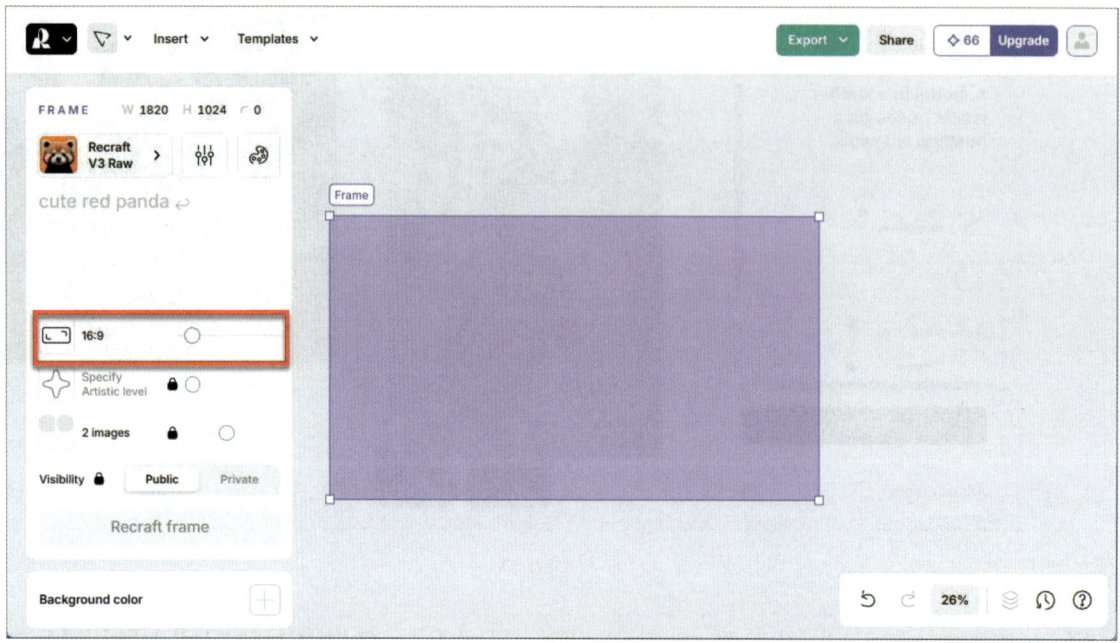

**02** 상단 메뉴에서 ❶**Insert**를 클릭한 후 ❷**Import Image**를 선택하여 아웃페인팅할 이미지를 가져옵니다.

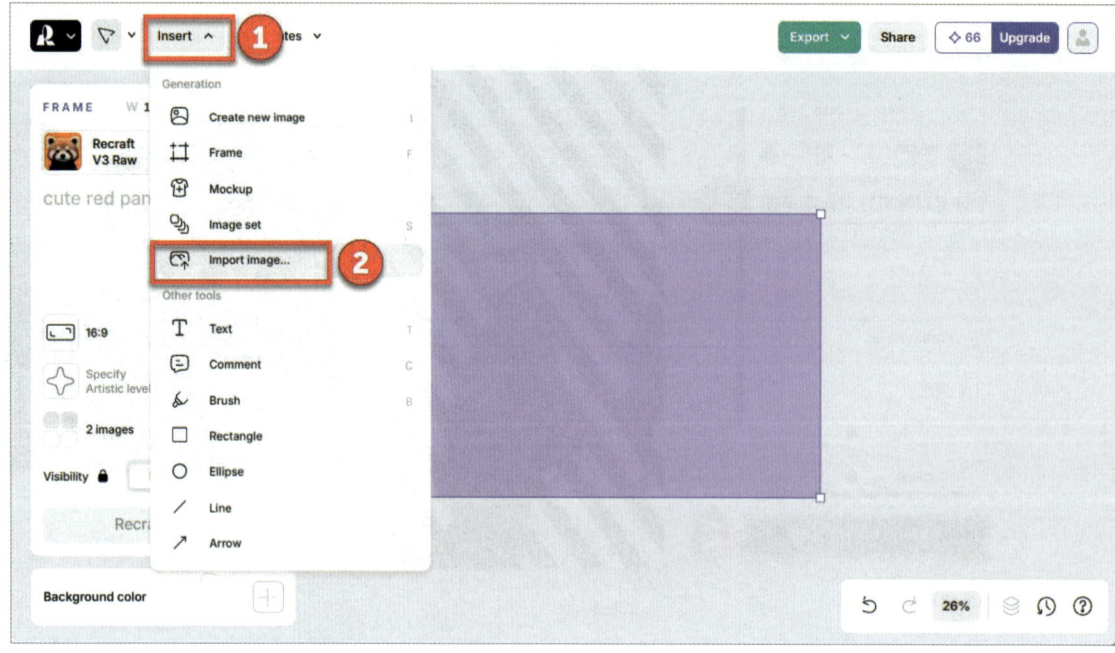

**03** 샘플로 제공한 **인공지능예제** 폴더에서 ❸**riding** 이미지 파일을 선택한 후 ❹**열기**를 클릭하여 이미지를 가져옵니다. 이미지가 너무 크게 나온 것을 확인합니다.

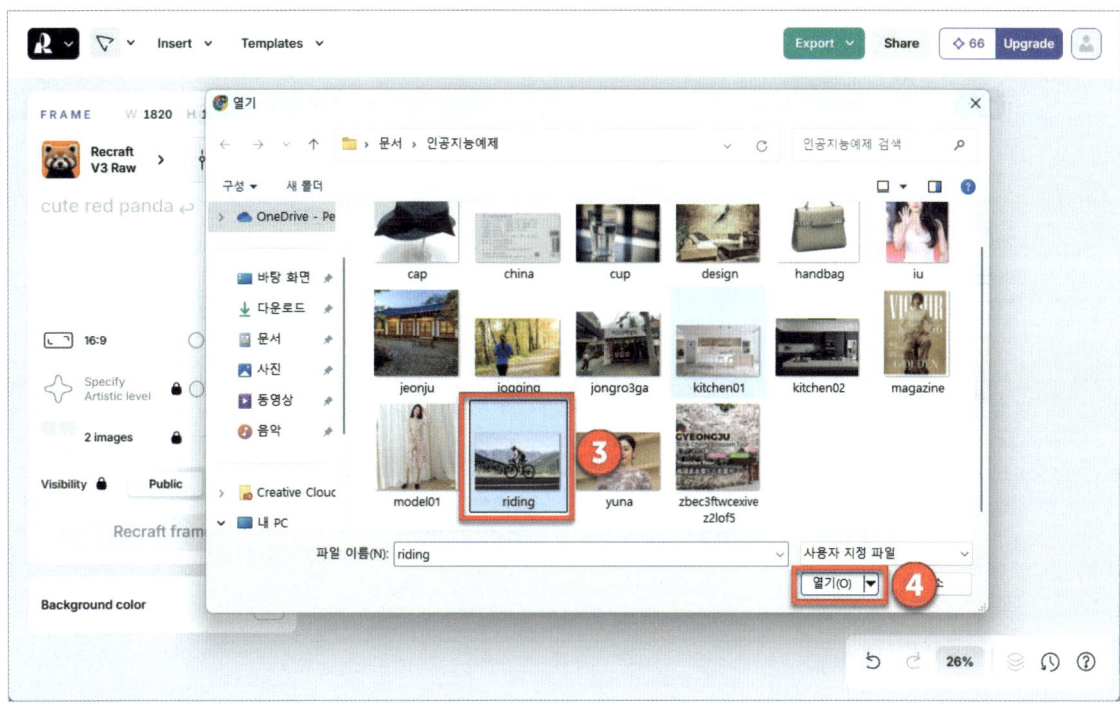

**04** 이미지의 크기를 많이 줄여야 합니다. 이미지 크기를 줄인 후 Canvas에 놓여진 Frame과 이미지가 작게 보이면 Ctrl + 휠을 위로 굴려서 **화면을 확대**합니다. 이때 Frame과 이미지가 보이도록 Canvas를 이동하려면 키보드 단축키 H 를 눌러서 이동하고, 다시 H 를 누르면 해제가 됩니다.

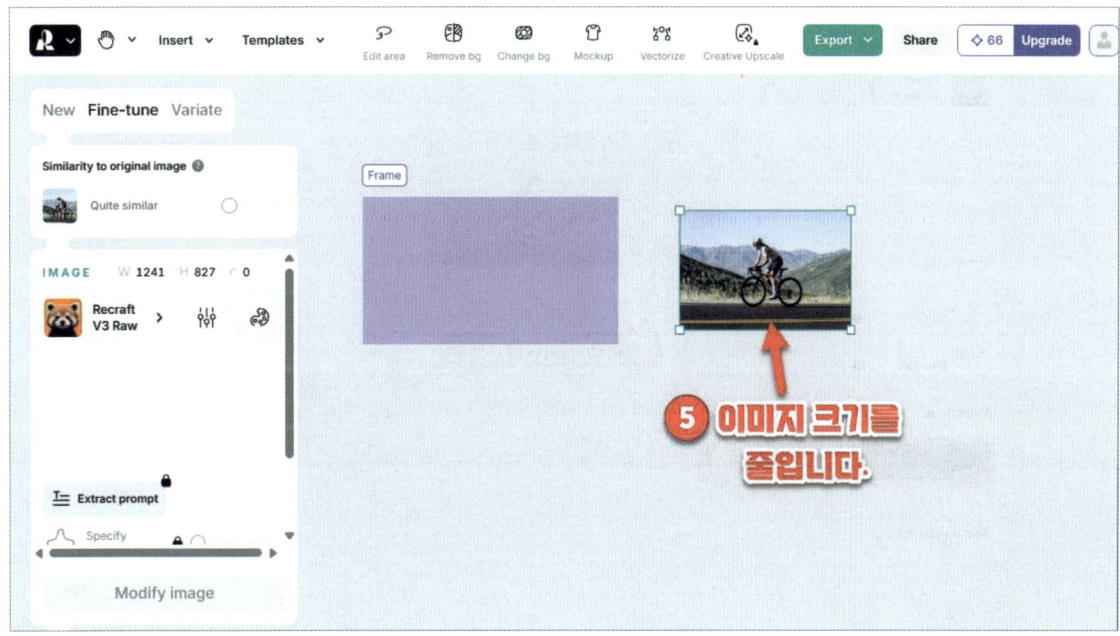

**05** 이제 이미지를 ❻**Frame안으로 드래그**를 해서 이동합니다. 조금씩 이동을 하려면 키보드 ←, →를 이용하여 조절해 보세요. 비어 있는 여백 부분을 채울 것이므로 프레임 크기보다 작게 이미지가 배치되어야 합니다.

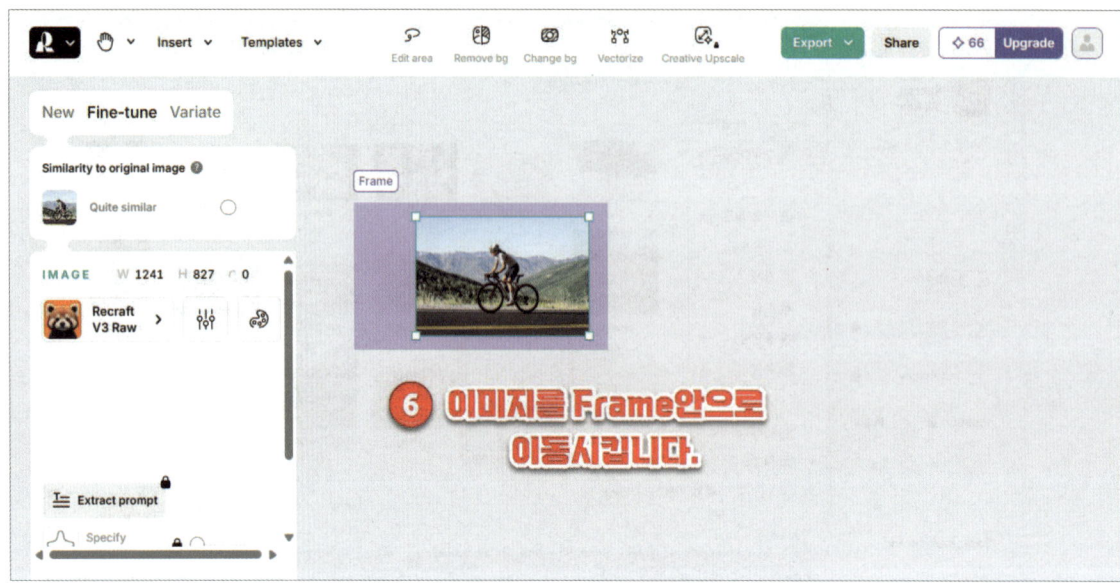

**06** 이미지가 크기와 이동이 끝나면 ❼**Frame**을 마우스로 선택한 후 ❽**Recraft frame** 버튼을 클릭합니다. 새로운 이미지에 Generating이라고 표시되며 잠시 기다리면 상하좌우 여백에 이미지를 참고하여 아웃페인팅 작업이 됩니다. 이미지를 **업스케일링**한 후 **다운로드**해 보세요.

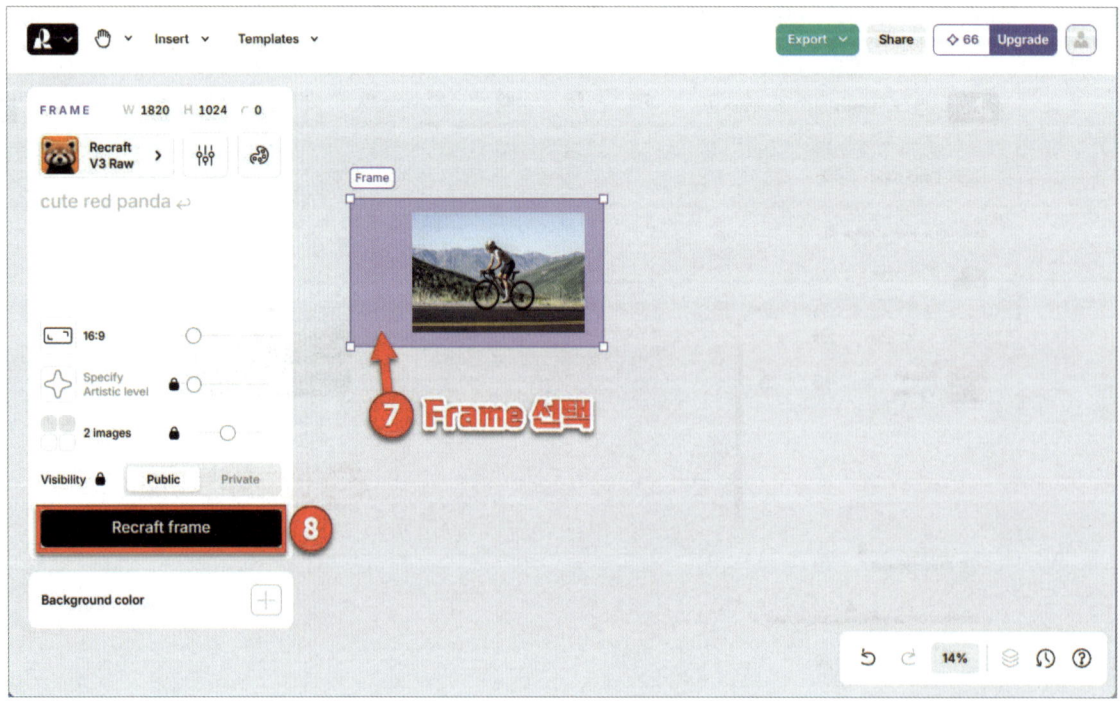

# CHAPTER 09
# 수노에서 음악 만들기

수노(SUNO)는 간단한 프롬프트 입력만으로 음악을 만들 수 있는 음악 작곡, 생성 인공지능입니다. 기본적으로 무료 요금제인 베이직 플랜(10곡)을 제공하지만 제도가 언제 변경될지는 알 수 없으며, 마이크로소프트 코파일럿에서도 하루 5회까지 생성이 가능합니다.

## 결과화면 미리보기

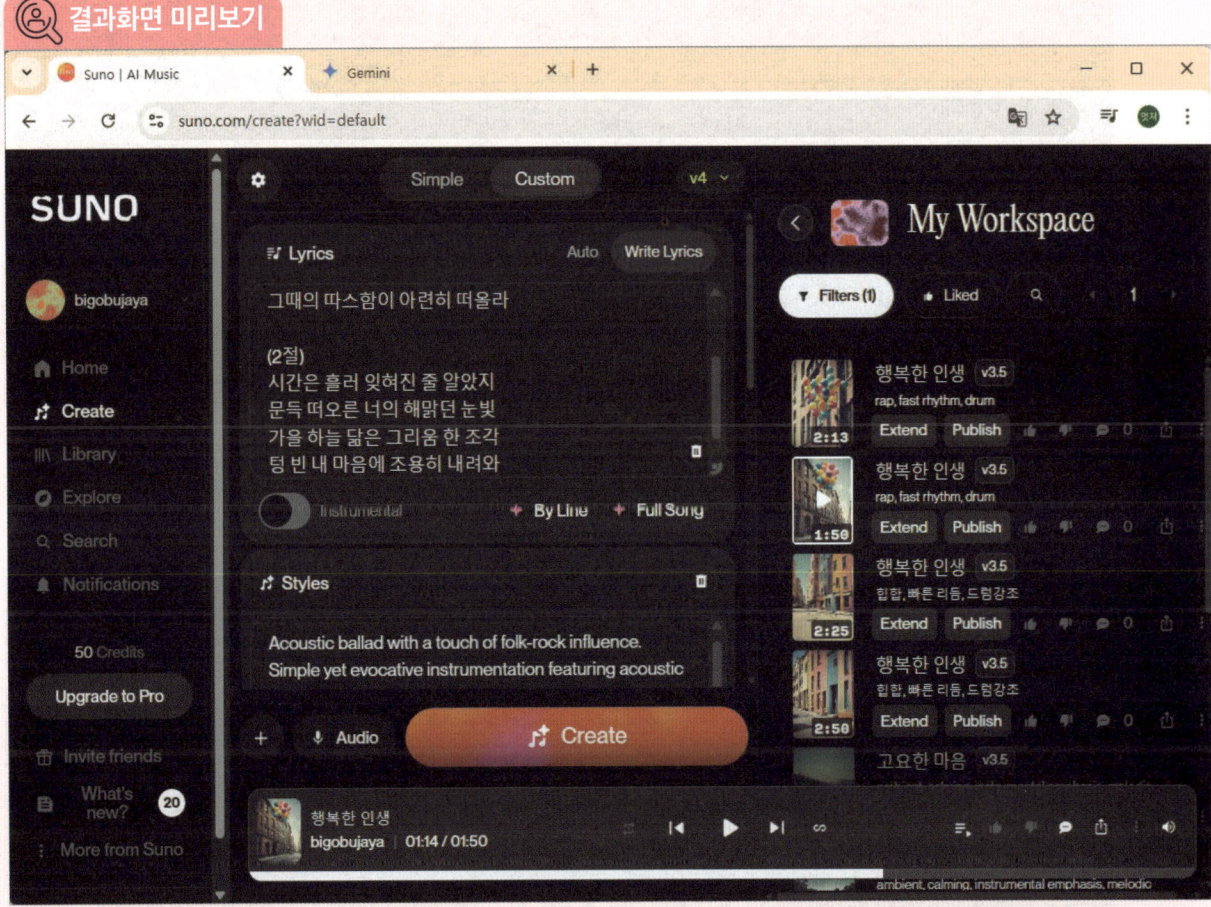

## 무엇을 배울까?

❶ 수노(SUNO) 가입하기
❷ 간단한 음악 만들기
❸ 원하는 음악 생성하기
❹ 제미나이 작사/수노 작곡

## STEP 1 ▶ 수노(SUNO) 가입하기

**01** 크롬 브라우저에서 **"SUNO"**를 검색하여 사이트로 이동한 후, 구글 계정으로 **Sign Up**하여 **구글 계정**으로 가입합니다.

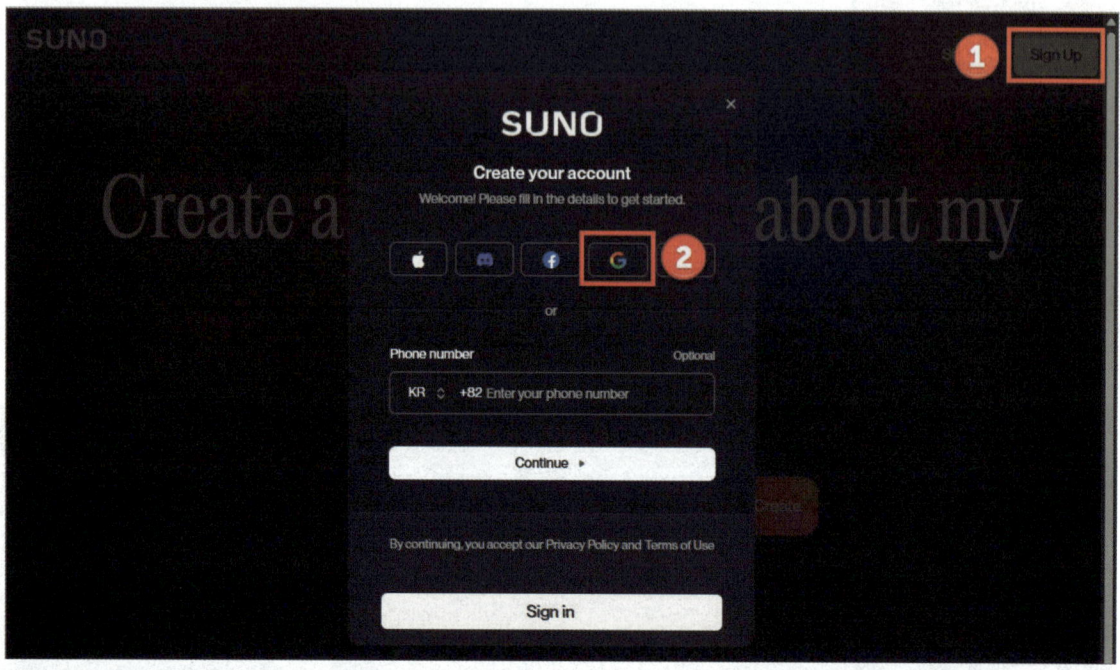

**02** 어떤 장르를 좋아하는가 등을 묻는 질문이 표시되면 **Skip**을 누릅니다.

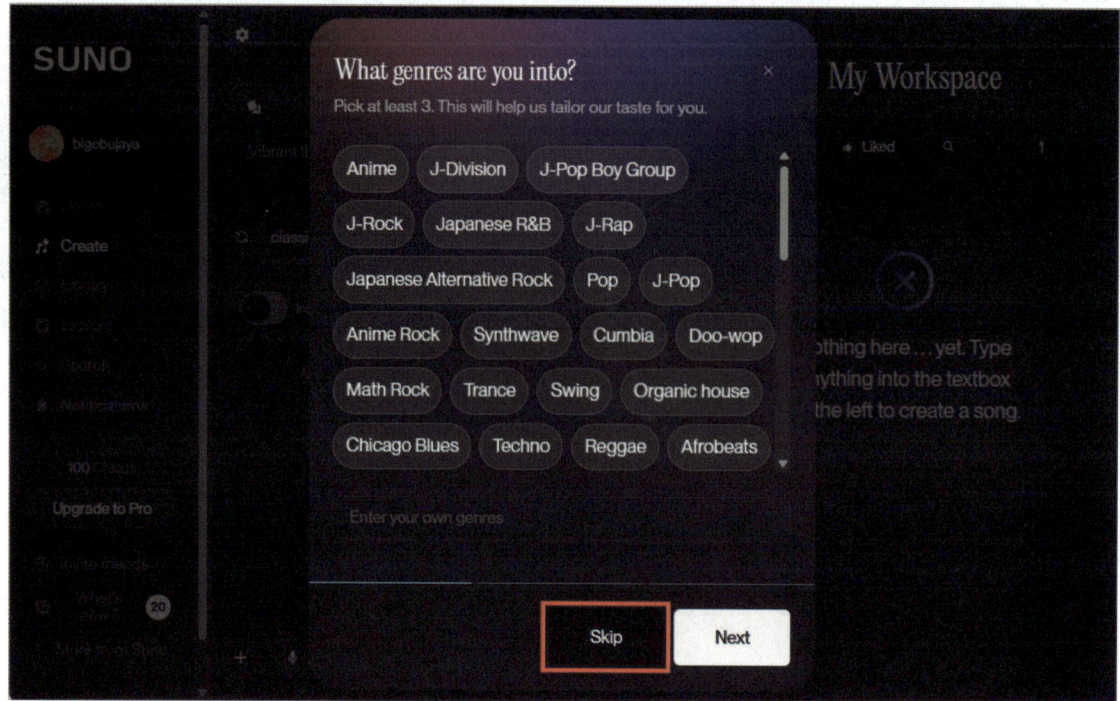

**03** Username(이름)과 표시될 이름은 그대로 둔 상태로 **Next** 버튼을 클릭합니다. 물론 변경하고 싶을 때는 영어로 별명 등을 입력합니다.

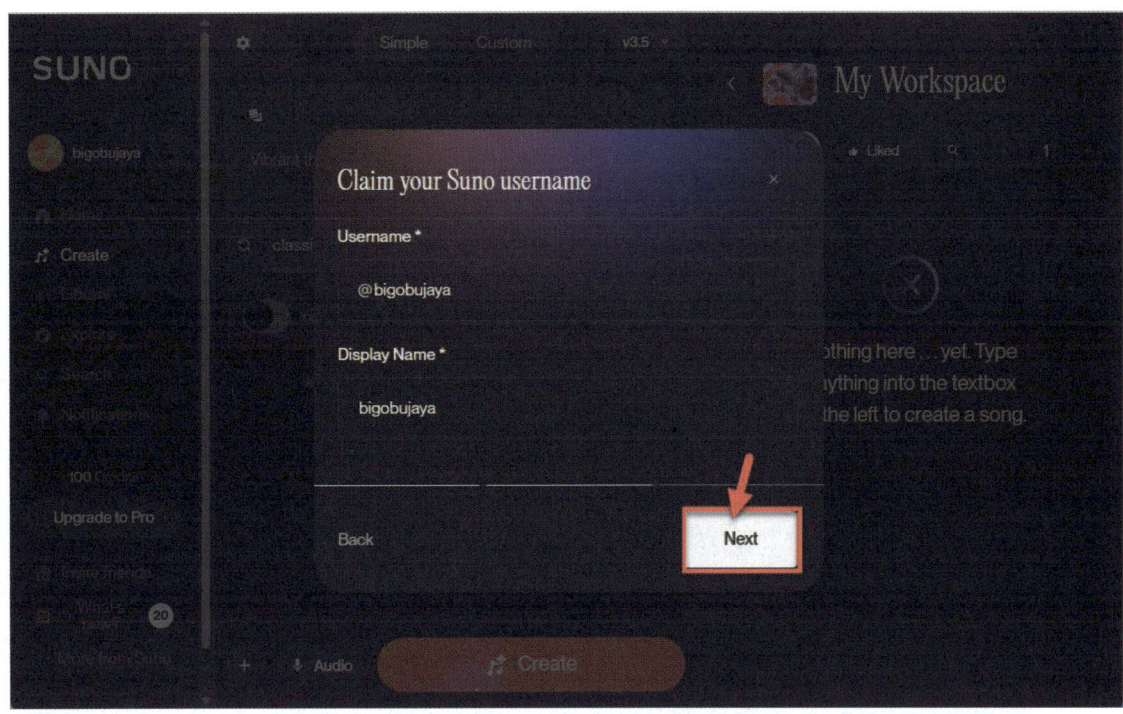

**04** 생일을 입력하는데 날짜 형식은 ❶1969-03-06 등과 같이 생년 4자리, 월은 2자리, 일도 2자리로 입력한 다음 ❷**Done** 버튼을 클릭해서 가입을 완료합니다.

## STEP 2 ▶ 간단한 음악 만들기

**01** ❶**Create** ▶ ❷**Simple**을 선택한 후 ❸**프롬프트 작성** 순서대로 작업을 진행합니다. 이미 Create, Simple은 선택되어 있습니다.

**02** 프롬프트에 ❶**"가을 발라드"**를 입력 후 ❷**Create** 버튼을 클릭합니다.

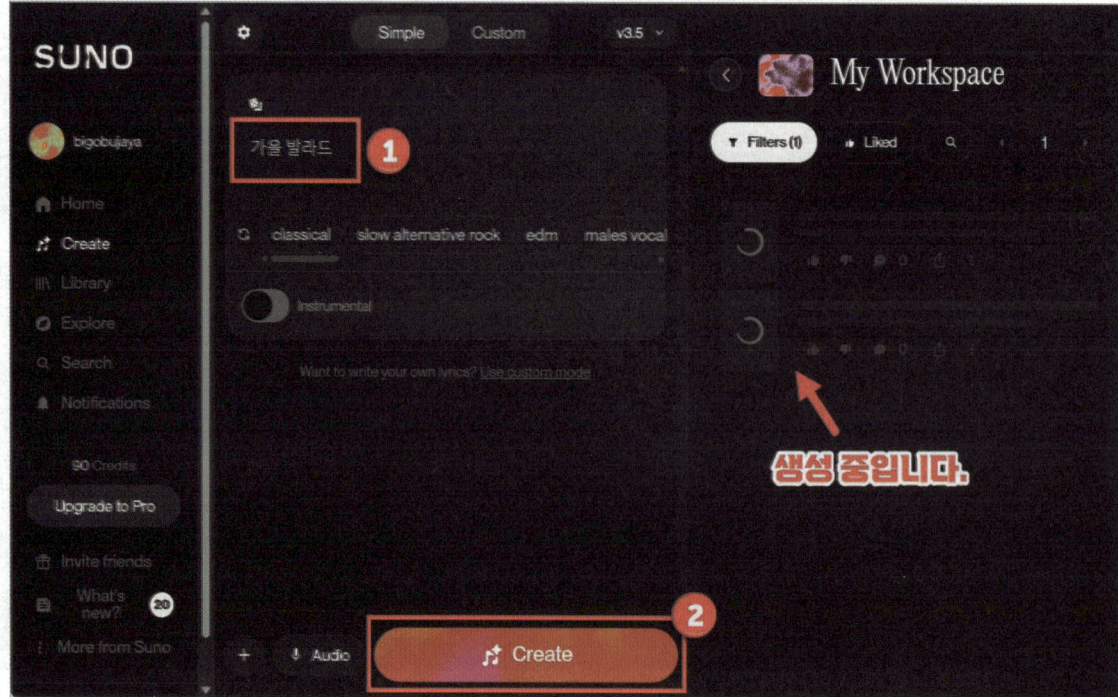

**03** 오른쪽 My Workspace 공간에 2개 음악이 생성중인 것이 보입니다. 기다리는 동안 ❶"**겨울 발라드**"를 입력한 후 ❷**Create** 버튼을 클릭해서 두 번째 작업을 진행합니다.

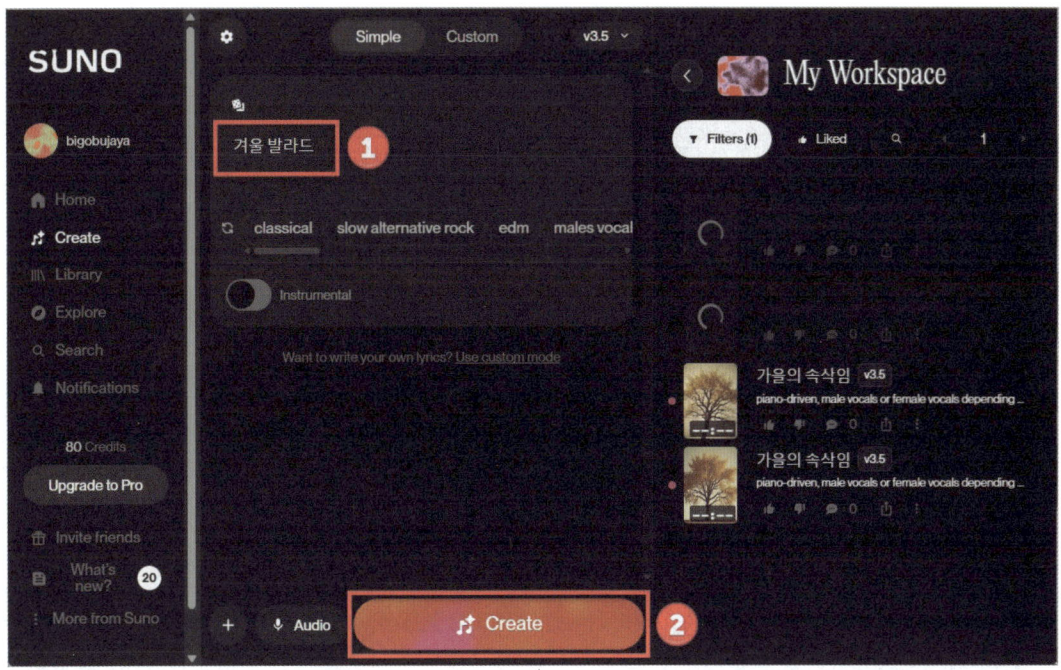

**04** My Workspace 공간에 생성된 2개 목록 위로 다시 2개 음악이 생성중인 것이 보입니다. 기다리는 동안 ❶"**명상음악**"를 입력한 후 ❷**Instrumental(악기로만)**을 클릭한 후 ❸**Create** 버튼을 클릭합니다.

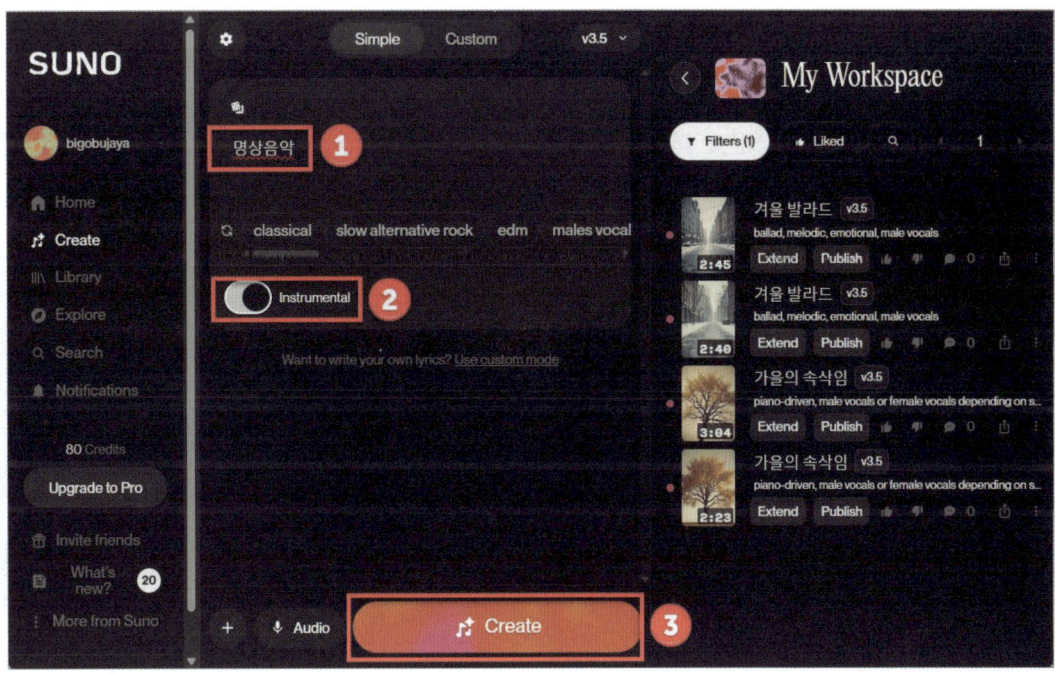

CHAPTER 09 수노에서 음악 만들기   **149**

**05** My Workspace에 생성된 제목을 보면 가을 발라드(가을의 속삭임), 겨울 발라드, 명상음악(고요한 마음)으로 생성이 되었습니다. 음악을 **재생**해 보세요. 왼쪽 메뉴창에 **크레딧**이 감소된 것을 확인할 수 있습니다.

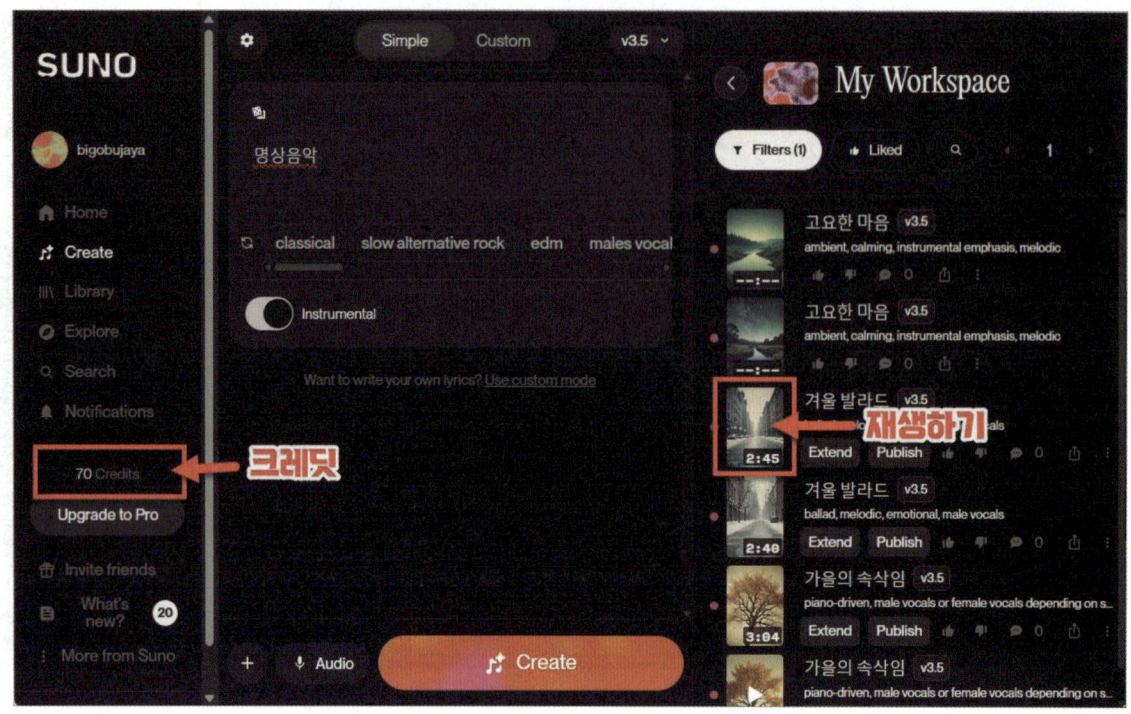

**06** 음악을 재생하게 되면 오른쪽 창에 썸네일이 표시되고 아래로는 가사가 보입니다. 같은 가사로 2개의 작곡이 되었으며, 보컬은 남성이나 여성이 나오게 되고, Instrumental을 켜고 작업한 명상음악은 오른쪽 창에 가사가 나오지 않습니다.

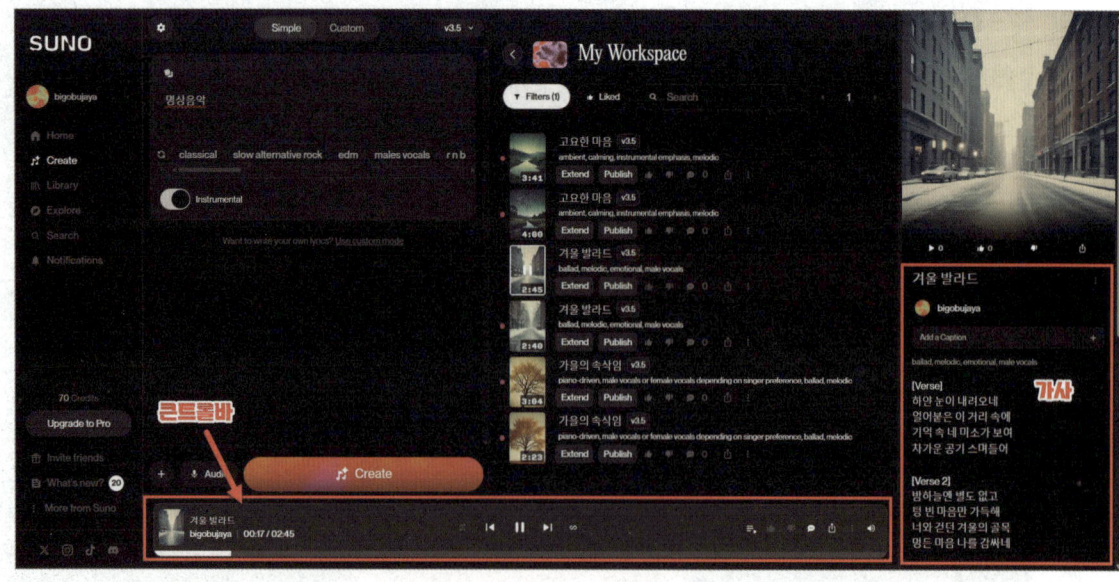

## STEP 3 ▶ 원하는 음악 생성하기

**01** 상단의 ❶Custom을 클릭한 후, ❷스타일을 "힙합, 빠른리듬, 드럼강조" 형식으로 입력한 다음 ❸Full Song을 클릭합니다.

**02** ❹주제 또는 제목 등을 "행복한 인생" 등과 같이 입력한 후 ❺Write Lyrics를 클릭합니다.

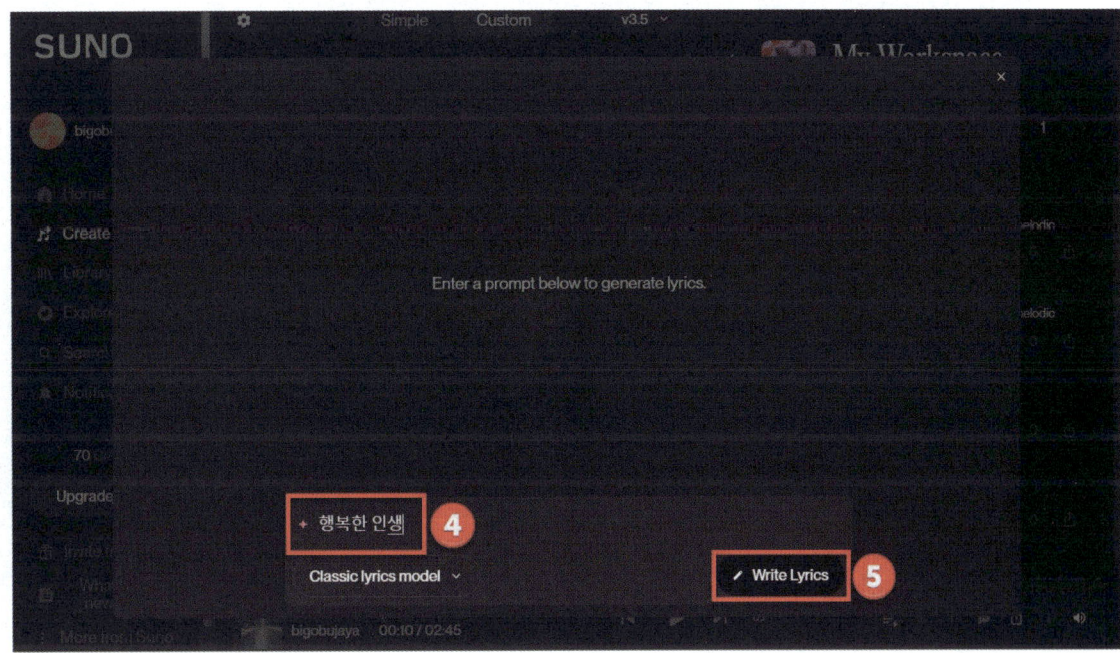

CHAPTER 09 수노에서 음악 만들기  **151**

**03** 2개의 가사가 생성되었는데 원하는 가사의 **Select This Option**을 클릭하여 프롬프트에 적용시킵니다.

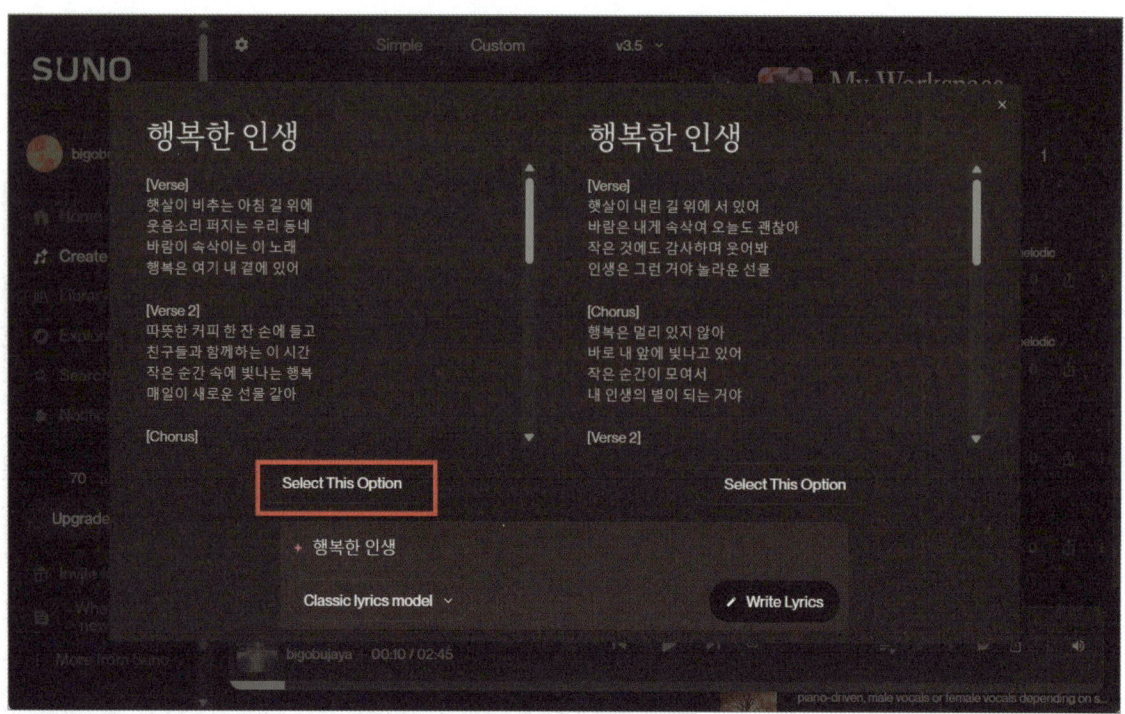

**04** Lyrics(가사) 창에 선택한 내용이 입력되었는데, 글쓰기 실력이 되는 경우는 직접 입력하는 것도 좋습니다. ❻**Create** 버튼을 클릭하면 잠시 후 My Workspace에 2곡이 생성됩니다.

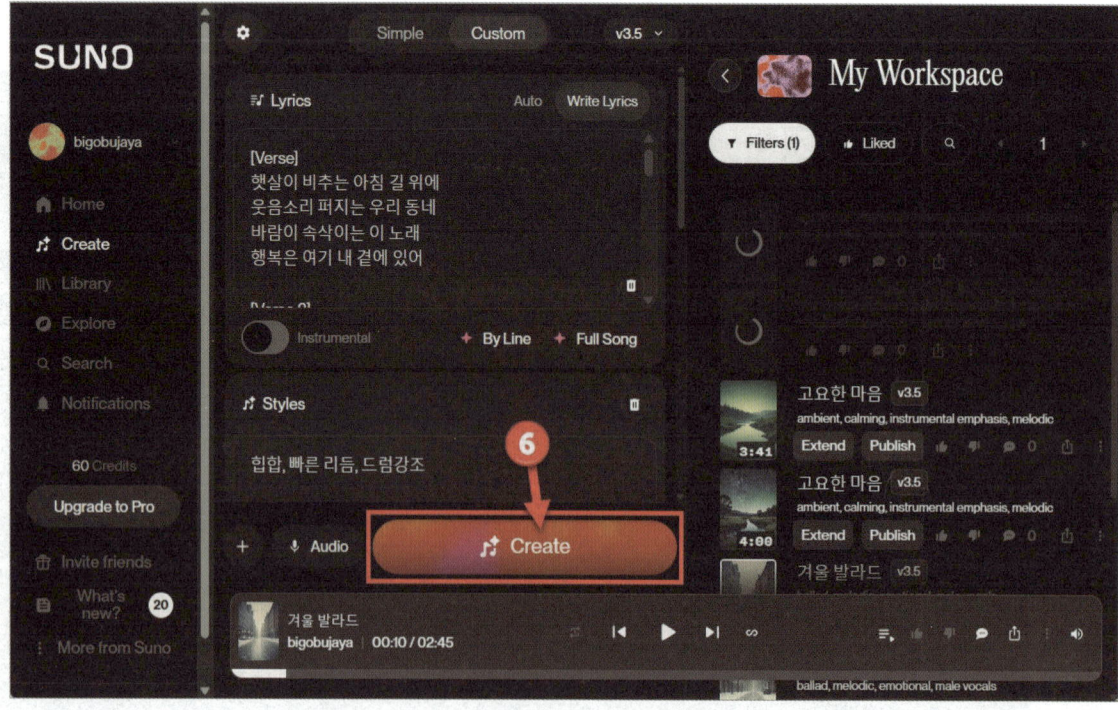

05 하지만 Styles 창에 한글로 입력한 결과로 장르가 전혀 엉뚱한 생성결과를 보여줍니다. 영어로 ❶"rap, fast rhythm, drum"으로 고쳐준 후 다시 ❷Create 버튼을 클릭합니다.

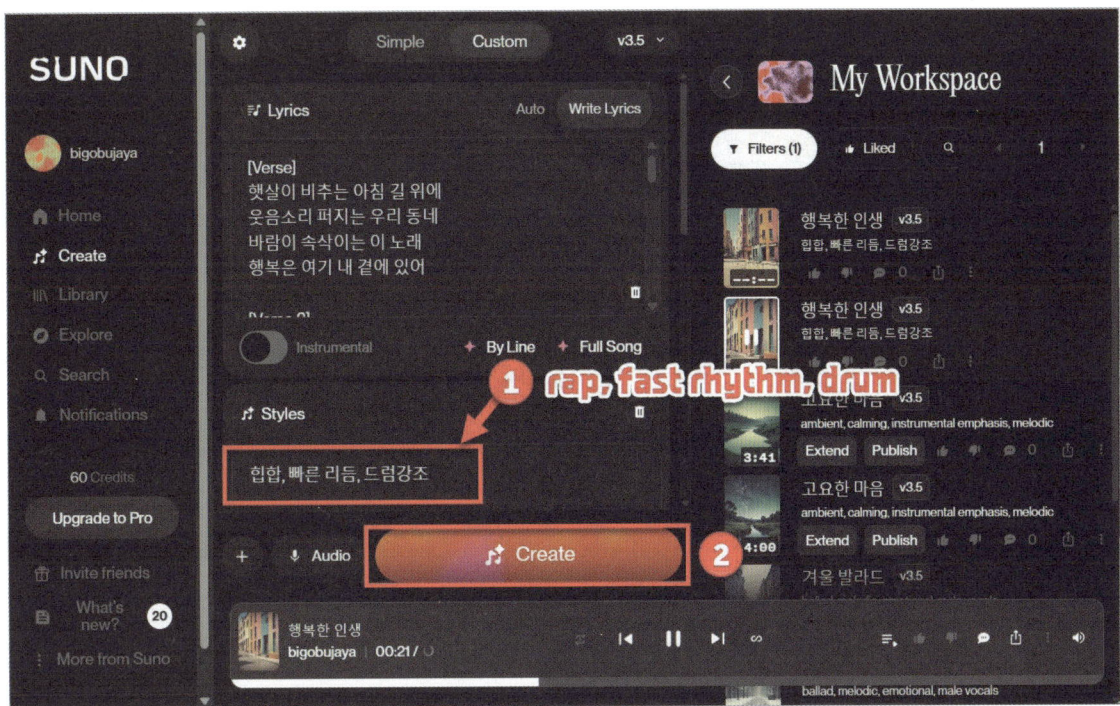

06 오른쪽 창에 다시 2곡이 생성되었는데 각각 들어보면 장르가 변경된 것을 확인할 수 있습니다.

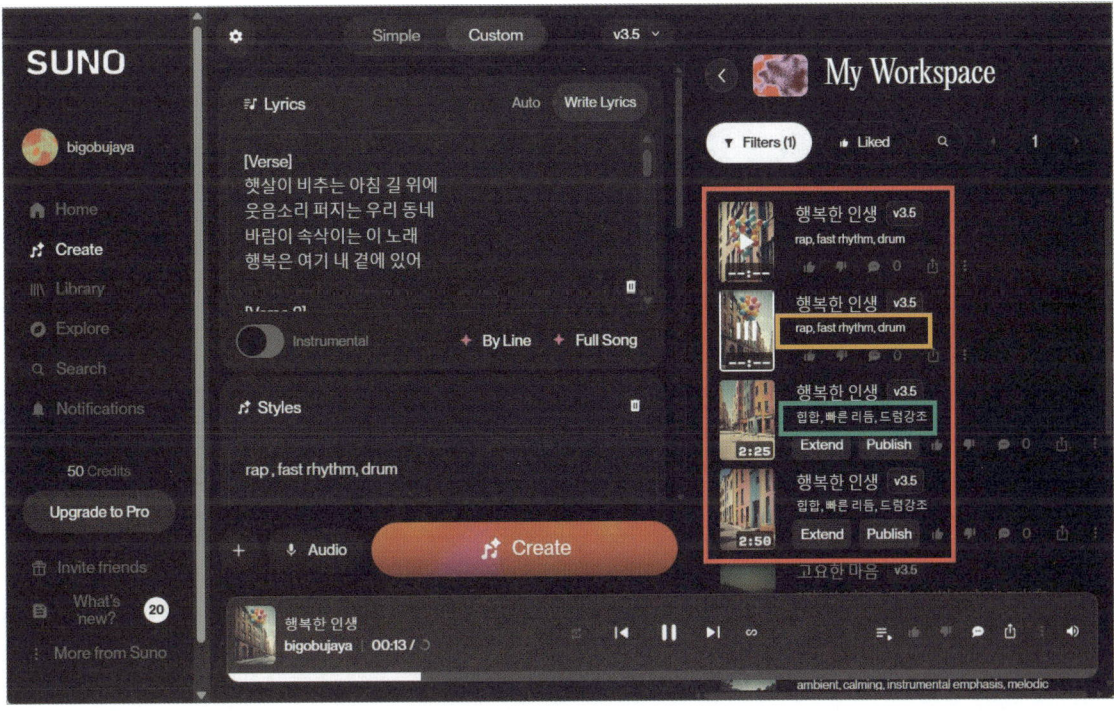

CHAPTER 09 수노에서 음악 만들기  153

## STEP 4 ▶ 제미나이 작사/수노 작곡

**01** 크롬 브라우저에서 **SUNO** 사이트가 열려있는 상태에서 **새 탭**을 추가한 후 **제미나이**를 실행합니다.

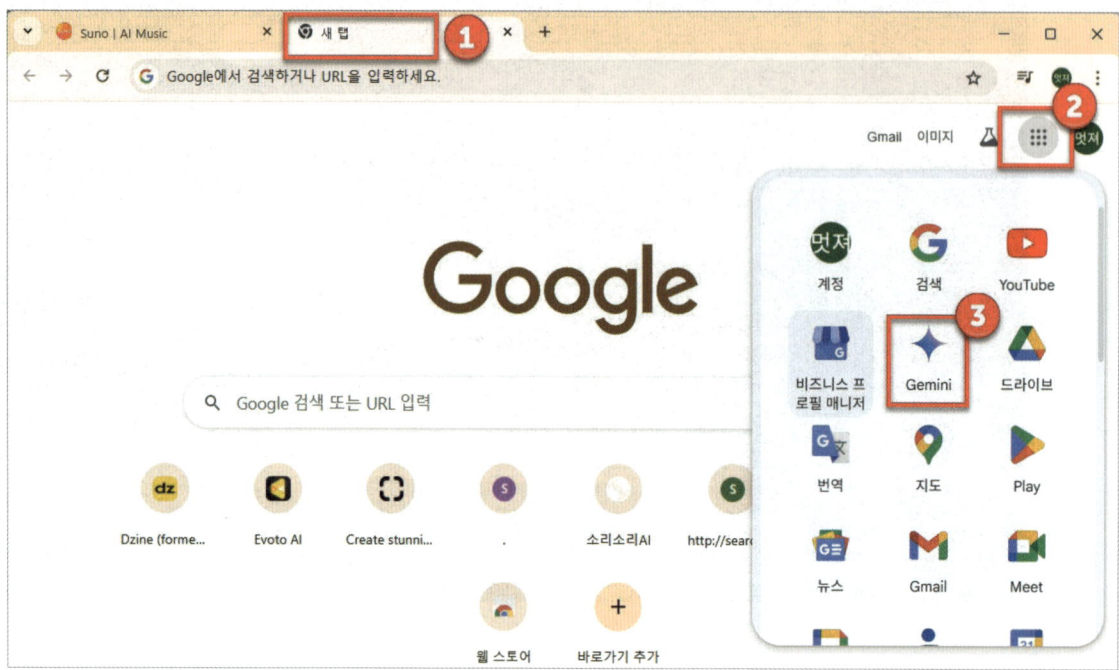

**02** 프롬프트 상자에 아래와 같이 ❶**내용 입력**한 후 ❷**생성**을 클릭합니다.

**03** 음악 스타일이 영어로 작성되었습니다. **음악 스타일**만 블록을 설정한 후 마우스 우클릭을 한 다음 **복사**를 선택합니다.

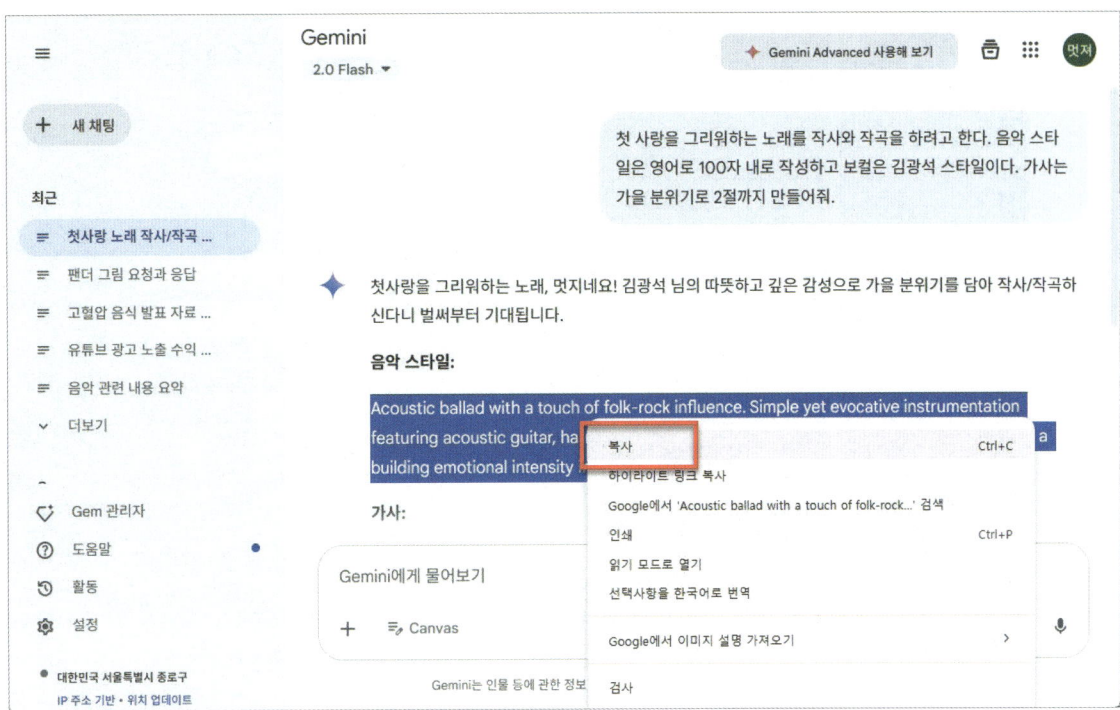

**04** 브라우저 상단에서 ❶**Suno Ai Music 탭**을 선택한 후, 이전에 작업하던 내용이 있으면 작업창에서 ❷**마우스 휠을 아래**로 굴려서 끝까지 이동한 다음 ❸**Clear All** 버튼을 눌러서 지워주면 새 작업이 진행됩니다.

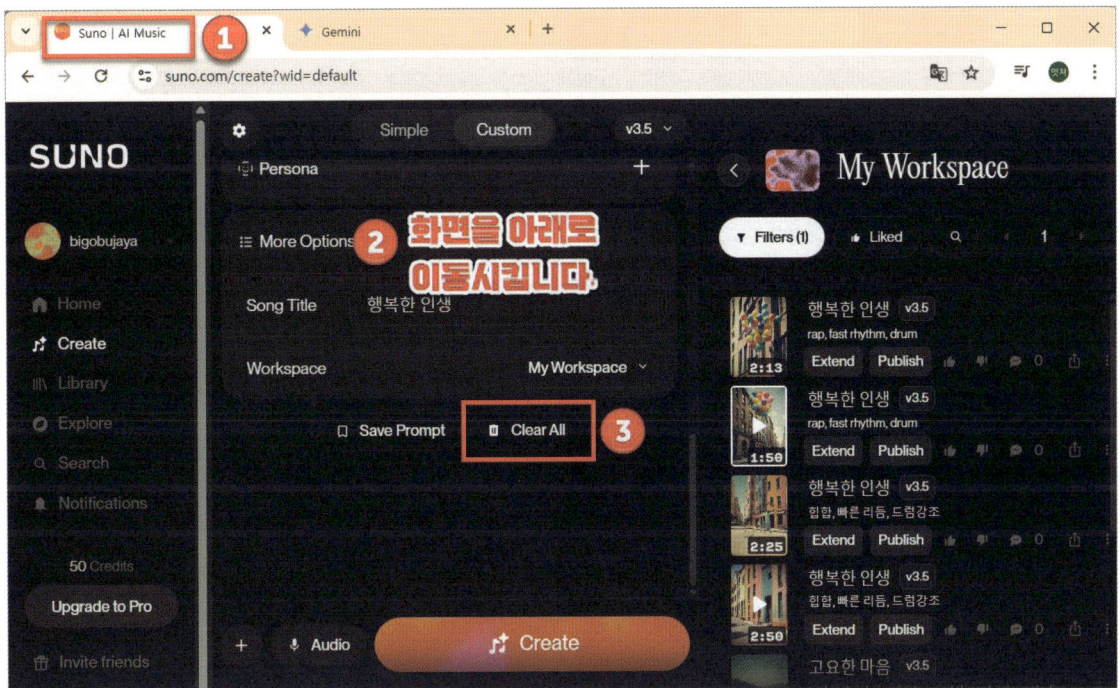

**05** Styles 상자에 마우스 우클릭을 한 후 **붙여넣기**를 하면 아래와 같이 복사했던 내용이 나타나게 됩니다. 스타일은 200자가 넘지 않아야 합니다.

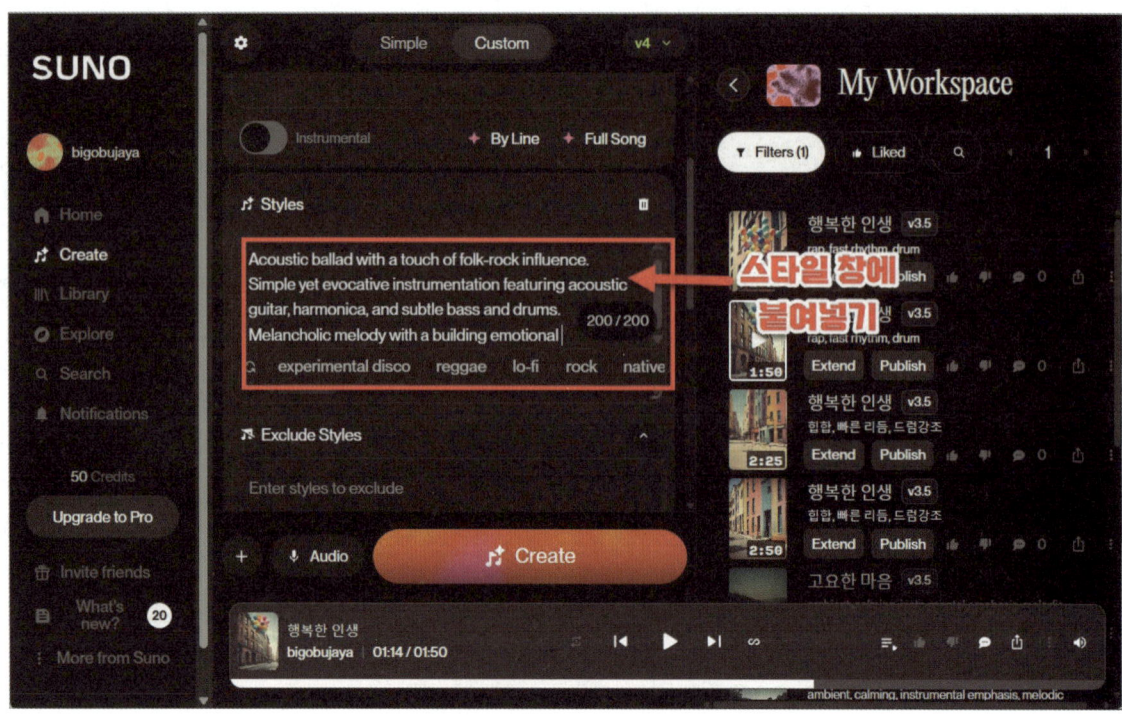

**06** 다시 브라우저 상단 탭인 **①Gemini 탭**을 클릭한 후, **가사 내용**을 블록으로 설정한 다음 마우스 우클릭에서 **②복사**를 선택합니다. 이렇게 다른 사이트를 이용할 경우는 탭의 이동을 잘할 수 있어야 합니다.

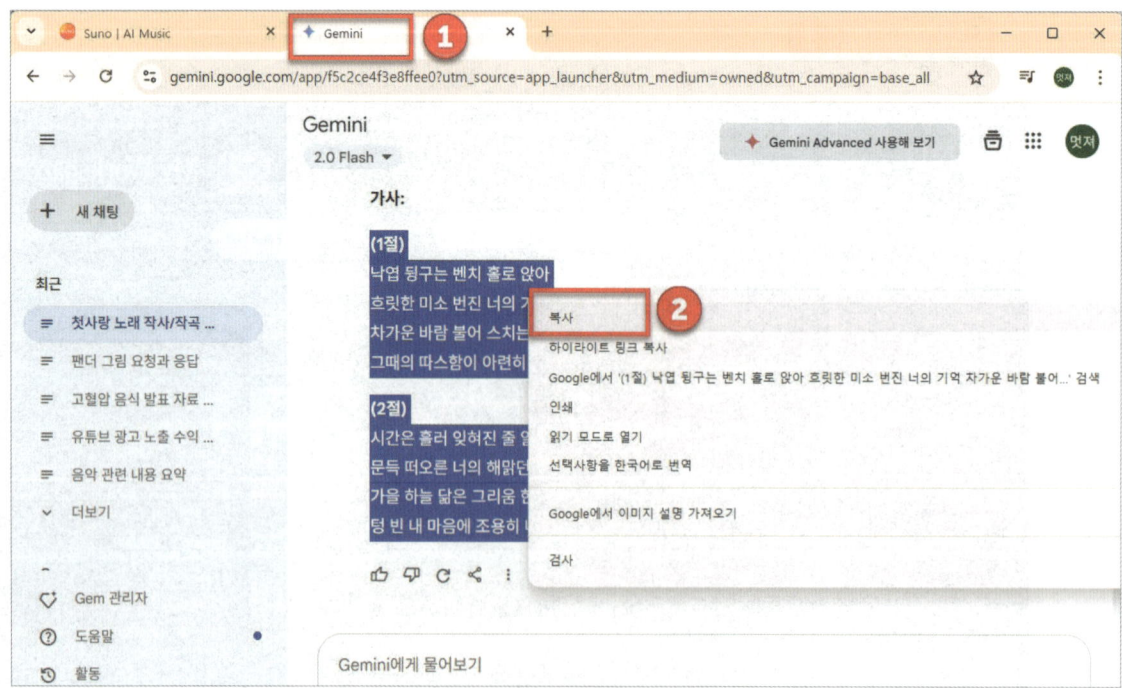

**07** 복사한 가사를 붙이넣기 위해서 브라우저 상단의 ❶**Suno Ai Music 탭**을 클릭한 후, **Lylics** 상자의 빈 곳에 마우스 우클릭으로 ❷**붙여넣기**를 한 다음 ❸**Create** 버튼을 클릭합니다.

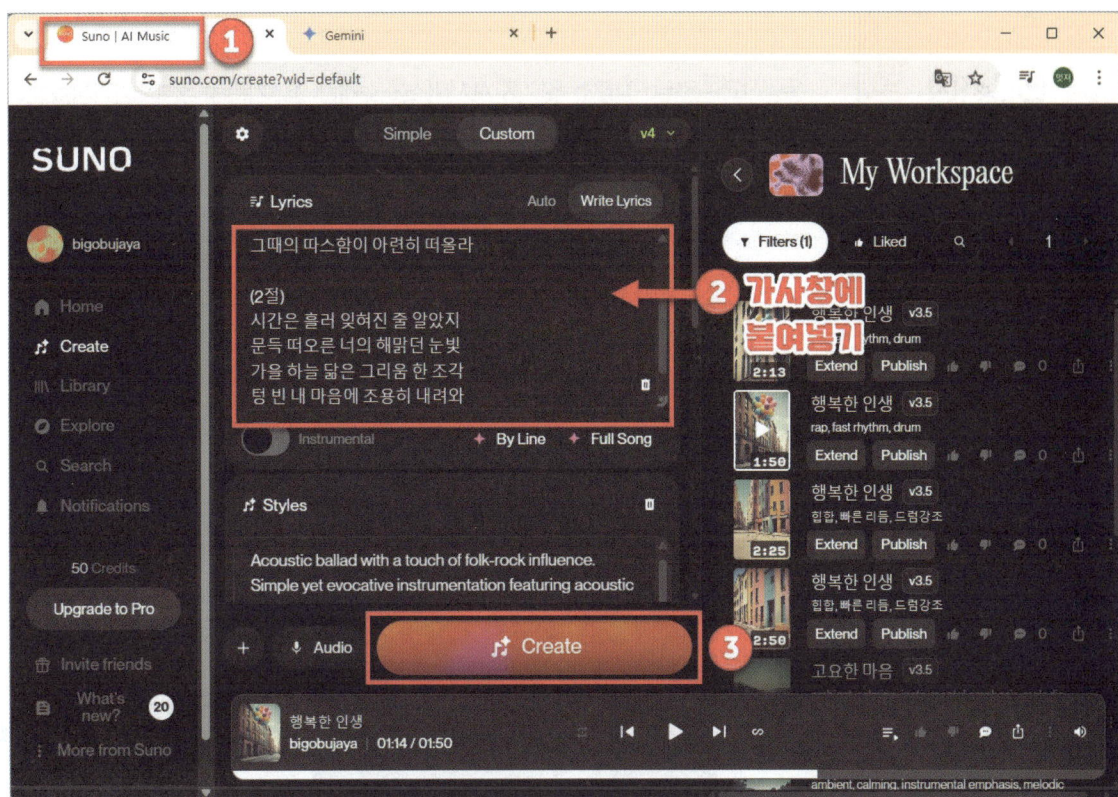

**08** 아래와 같이 음악 스타일이 지정한 대로 잘 생성이 되었나 재생해 보세요. 인공지능으로 생성한 것이라 서로가 다르게 생성될 수 있으며, 한국 노래 스타일과 가수들이 학습이 되는 날이 곧 올 것입니다.

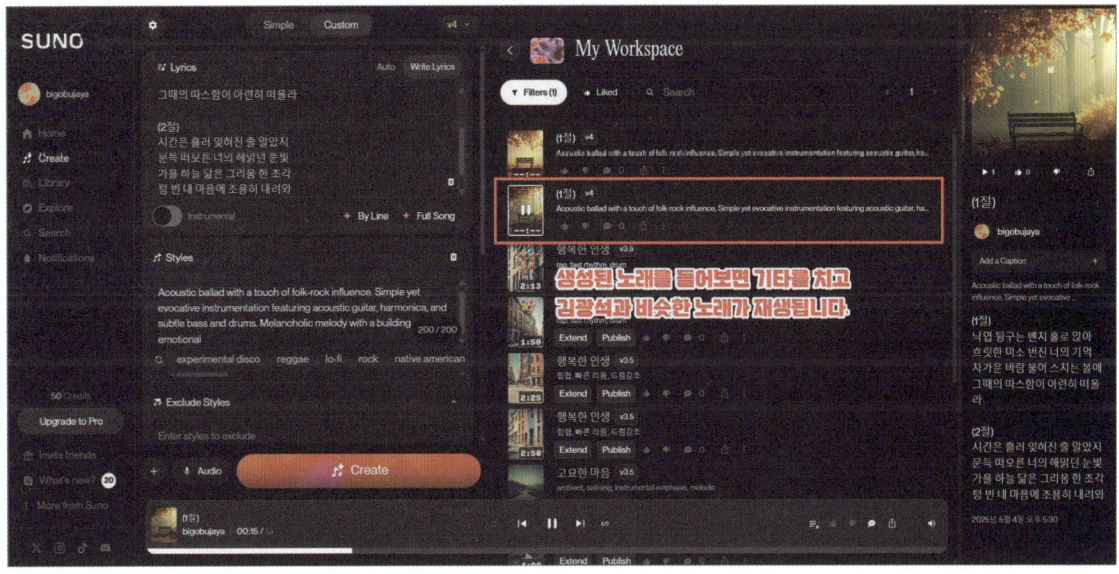

CHAPTER 09 수노에서 음악 만들기  **157**

# CHAPTER 10
# 동영상 AI와 코파일럿

동영상과 관련된 재미있는 몇 가지 AI 서비스를 소개합니다. 기존 동영상에 이미지를 등록하여 춤추는 동영상을 간단히 만들거나, 이미지에 프롬프트와 음악까지 넣어 뮤직 비디오를 만들 수도 있습니다. 또한 마이크로소프트의 무료 AI 서비스 코파일럿을 이용하는 법도 소개합니다.

## 결과화면 미리보기

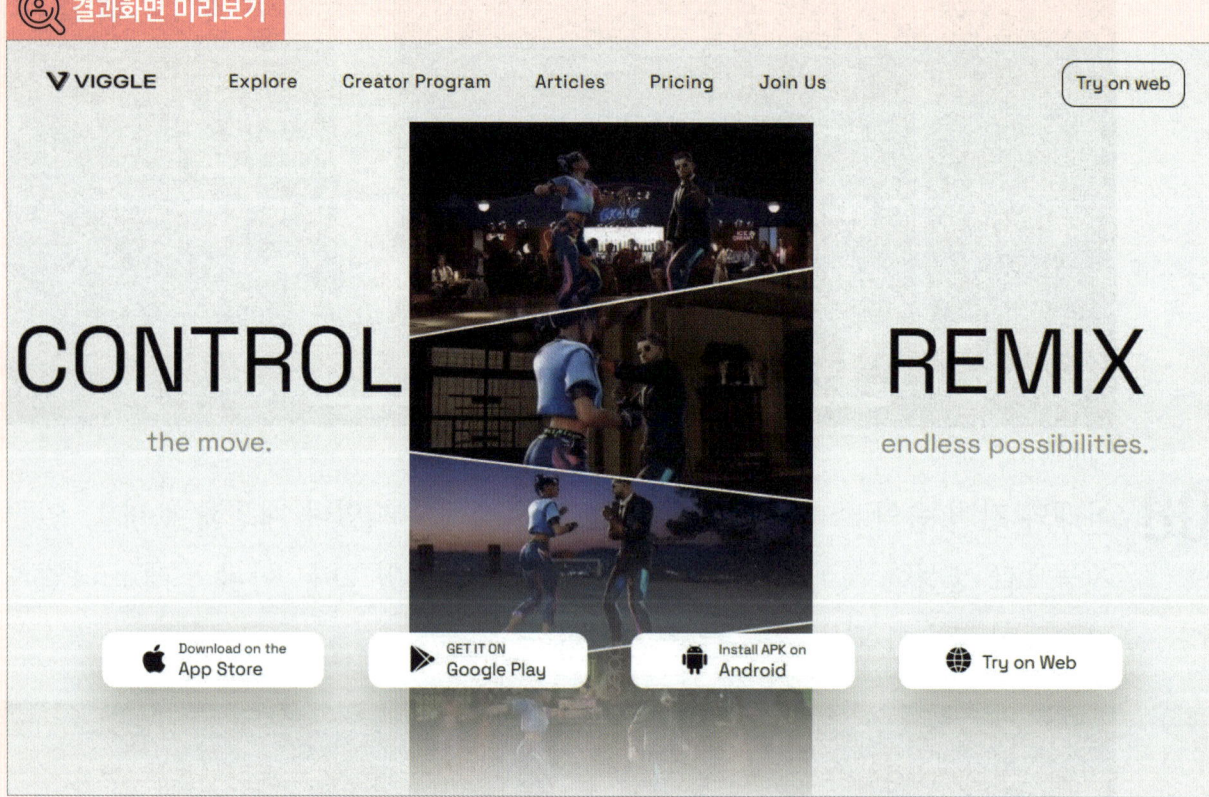

## 무엇을 배울까?

❶ VIGGLE 동영상 만들기
❷ DIGEN으로 뮤직 비디오 만들기
❸ Runway GEN4로 영상 만들기
❹ 코파일럿 사용을 위한 계정 만들기
❺ 코파일럿 활용하기
❻ 코파일럿으로 이미지 생성하기

## STEP 1 ▶ VIGGLE 동영상 만들기

**01** 크롬 브라우저의 주소 표시줄에 ❶"viggle.ai"를 입력하여 사이트로 이동한 후 ❷**Try on web**을 클릭한 다음 **구글 계정**으로 로그인합니다.

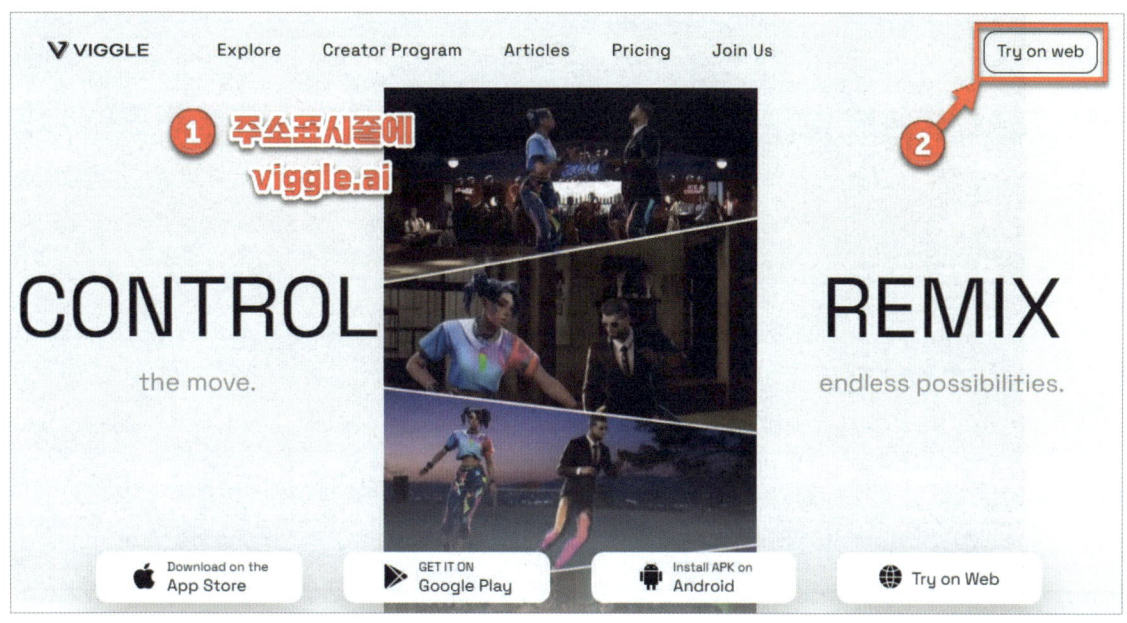

**02** 다양한 작업을 할 수 있는데, 가장 많이 사용하는 **Mix**를 선택하면 인물만 교체하여 동영상을 만들 수 있게 됩니다. 여러 사람이 나오게 할 때는 **Multi**를 사용하면 됩니다.

03 왼쪽 Motion 상자는 움직임을 만들 영상을 제공하는 곳이며, 오른쪽 Character 상자는 움직임을 줄 이미지를 선택하는 곳입니다. 왼쪽 **Motion** 상자에 있는 ❶ **Templates**를 클릭해서 제공된 동영상 템플릿을 선택하겠습니다

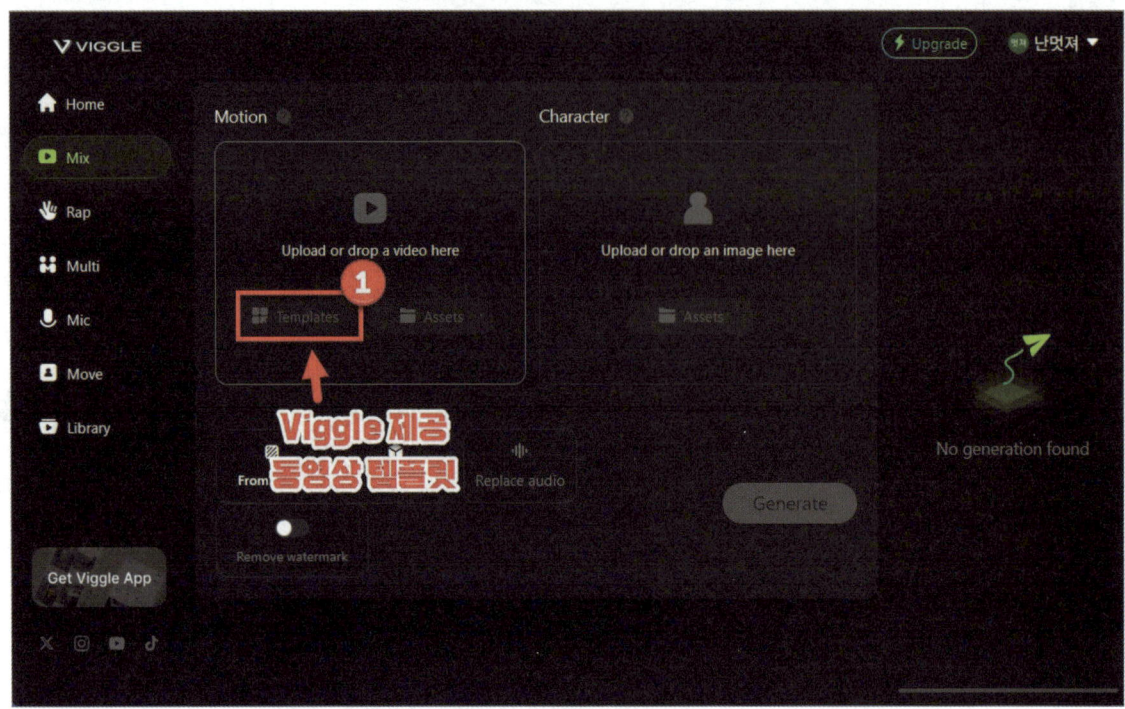

04 템플릿 카테고리 중 ❷**Singing & Dancing**에서 원하는 영상 클립을 선택하면 되는데, 여기서는 ❸**Jo Jo Siwa Boomerang**을 선택한 후 ❹**Confirm**을 클릭합니다.

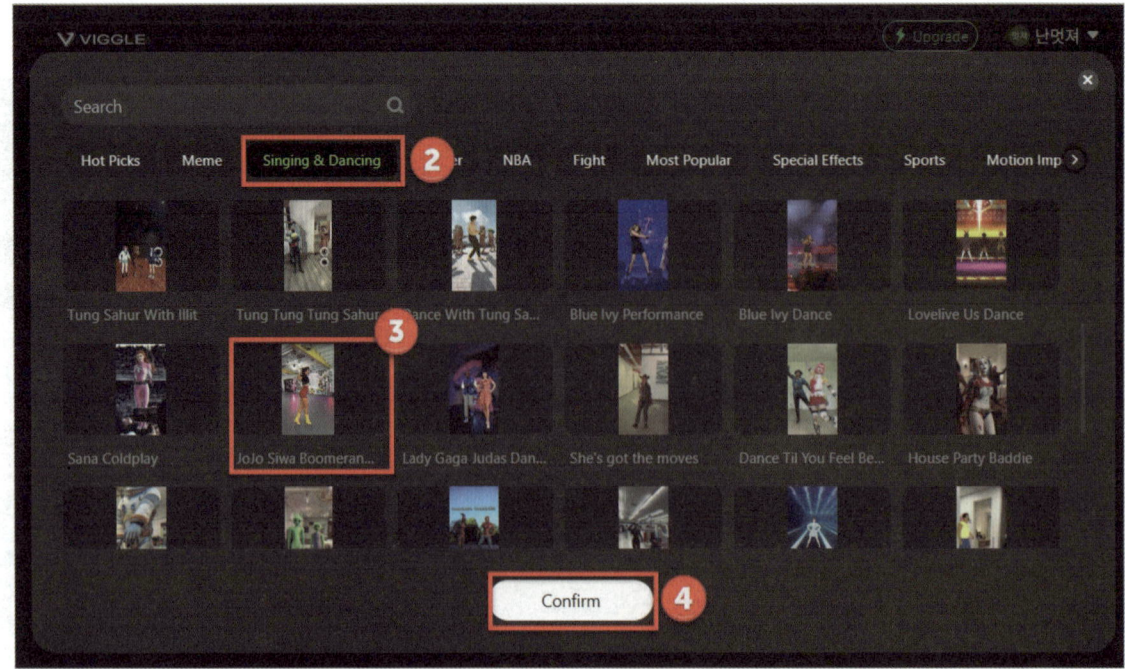

05 영상 클립을 가져온 후 하단에 보이는 ❺From video 버튼을 클릭한 후 ❻Green 을 선택합니다. 지금 작업하는 것은 크로마키 영상 클립 용도로 제작하려고 하는 것이며, 다른 배경을 사용해도 무방합니다.

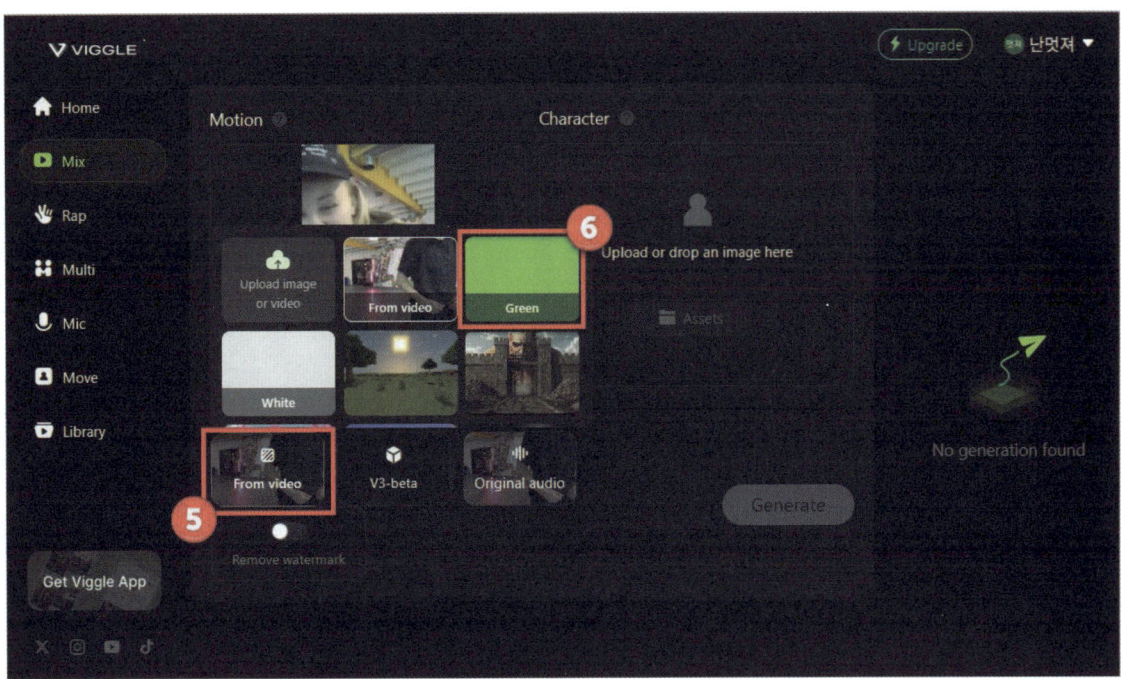

06 오른쪽 Character 상자에 **사람 모양** 아이콘을 클릭합니다. 영상으로 만들 얼굴이 있는 이미지를 선택하겠습니다.

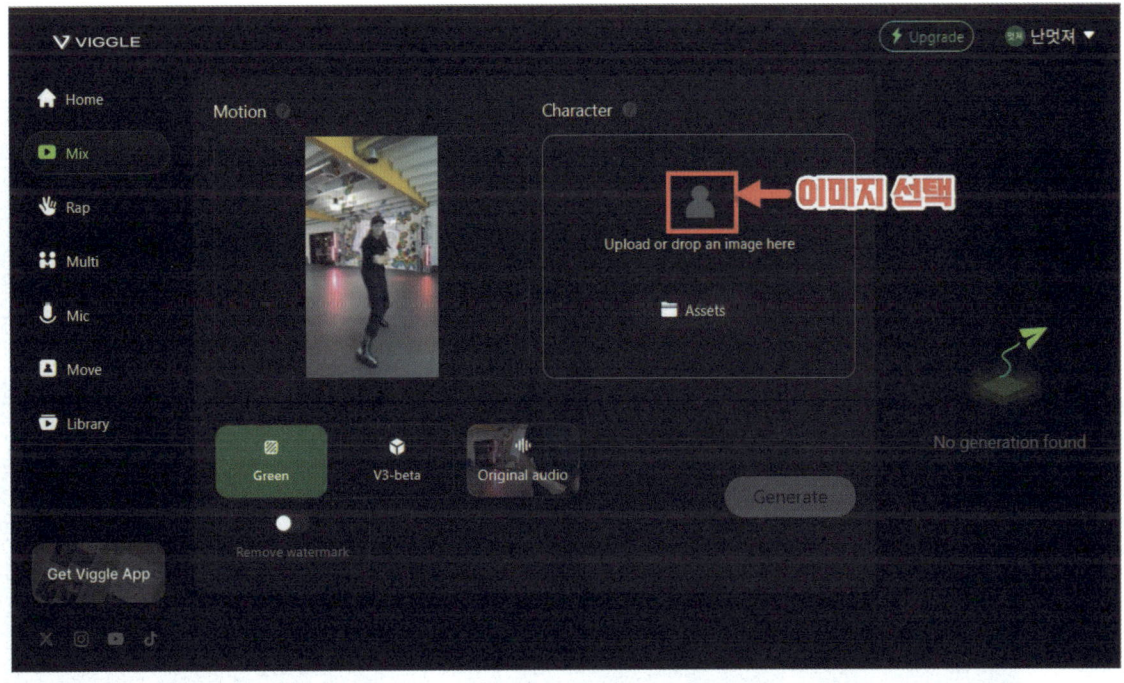

CHAPTER 10 동영상 AI와 코파일럿

**07** 아래와 같이 업로드 가이드가 나오면 ❶Do not remind me again을 **체크**하면 다음부터 가이드 창이 나오지 않게 됩니다. ❷Upload 버튼을 클릭합니다. 좋은 결과를 얻으려면 배경이 단순한 전신 사진을 사용하는 것이 좋습니다.

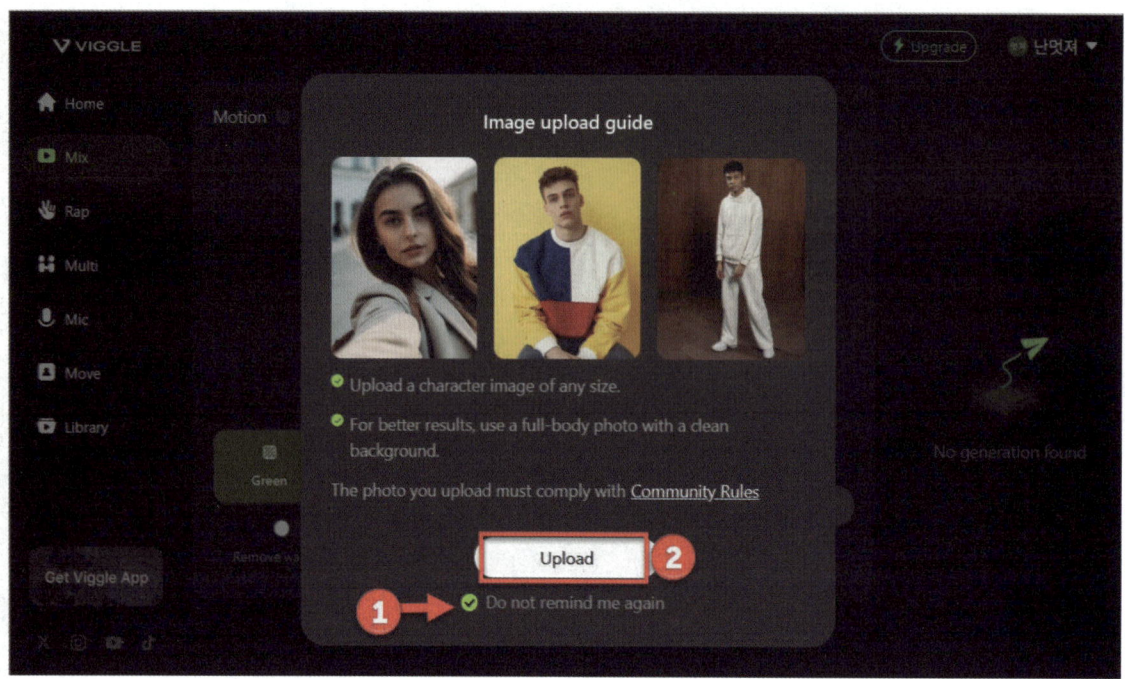

**08** 샘플로 제공한 **인공지능예제** 폴더에서 아래와 같이 ❶model01을 선택한 후 ❷ **열기**로 불러옵니다.

09 이제 준비가 끝났으므로 ❶Generate 버튼을 클릭하면 오른쪽 창에 생성 작업이 진행되는 과정이 표시된 후 ❷결과물이 생성되었습니다. 결과물을 클릭해서 재생해 봅니다.

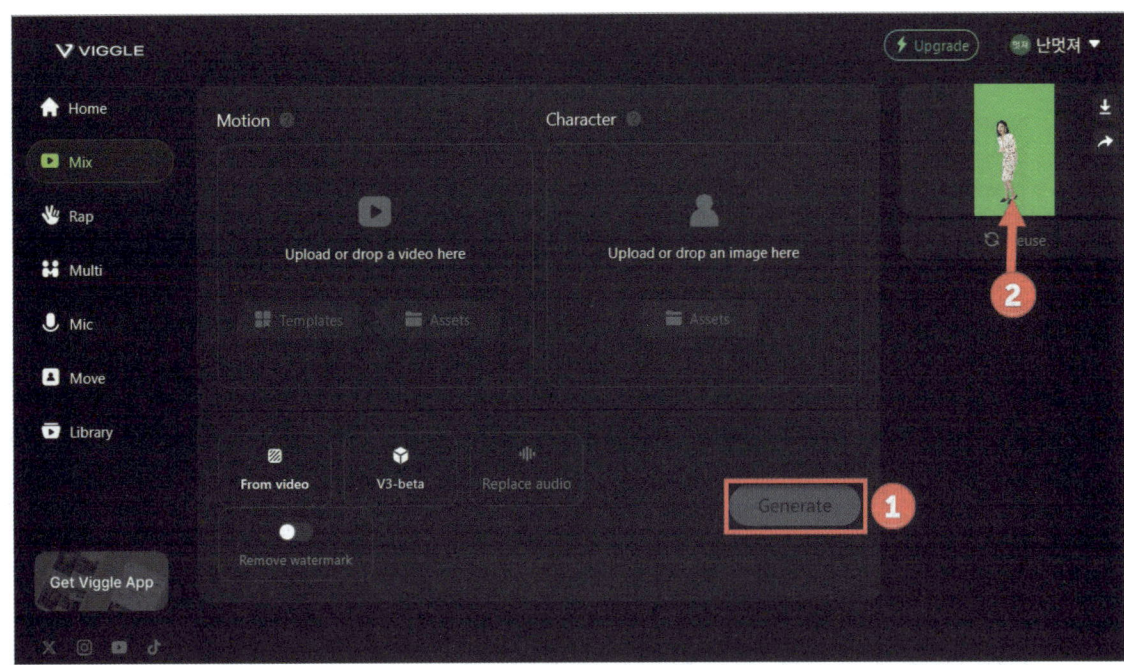

10 이미지가 동영상으로 제작된 신기한 장면을 볼 수 있습니다. **다운로드**하거나 **제거**할 수 있으며, 주소를 복사하여 **공유**도 할 수 있습니다. 다시 대시보드로 돌아가기 위해 **닫기**를 클릭합니다.

**STEP 2 · DIGEN으로 뮤직 비디오 만들기**

**01** 크롬 브라우저의 주소 표시줄에 **"digen.ai"**를 입력하여 사이트를 이동한 후 **구글 계정으로 로그인**합니다. 상단에 보이는 **만들기(Create)**를 클릭합니다.

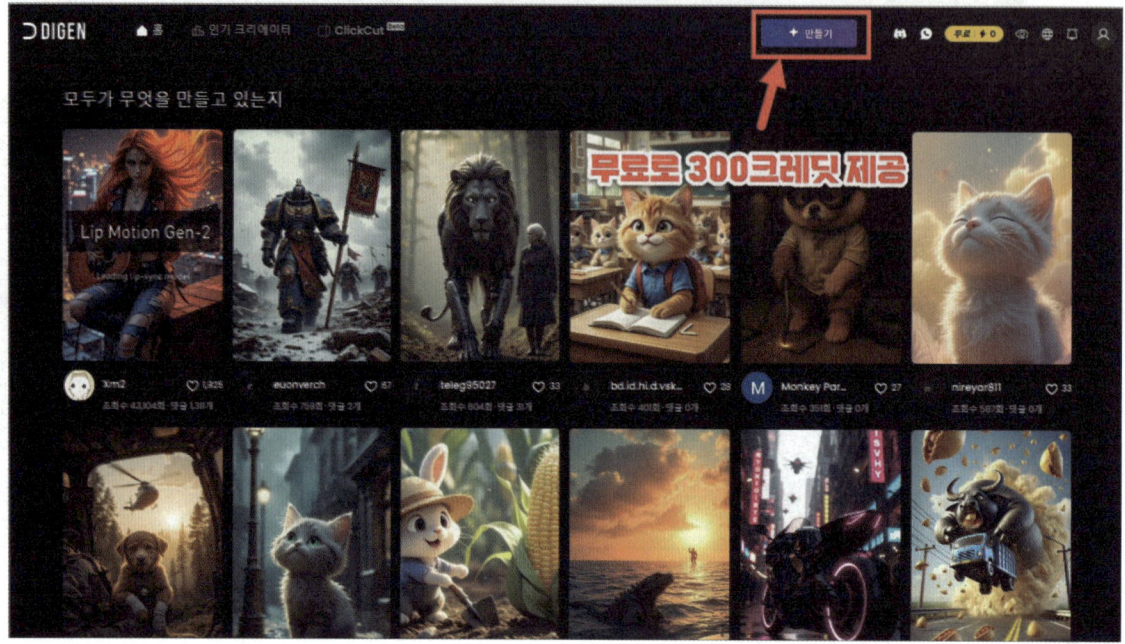

**02** ❶**Upload(업로드)** 버튼을 클릭하여 이미지 열기 상자를 엽니다.

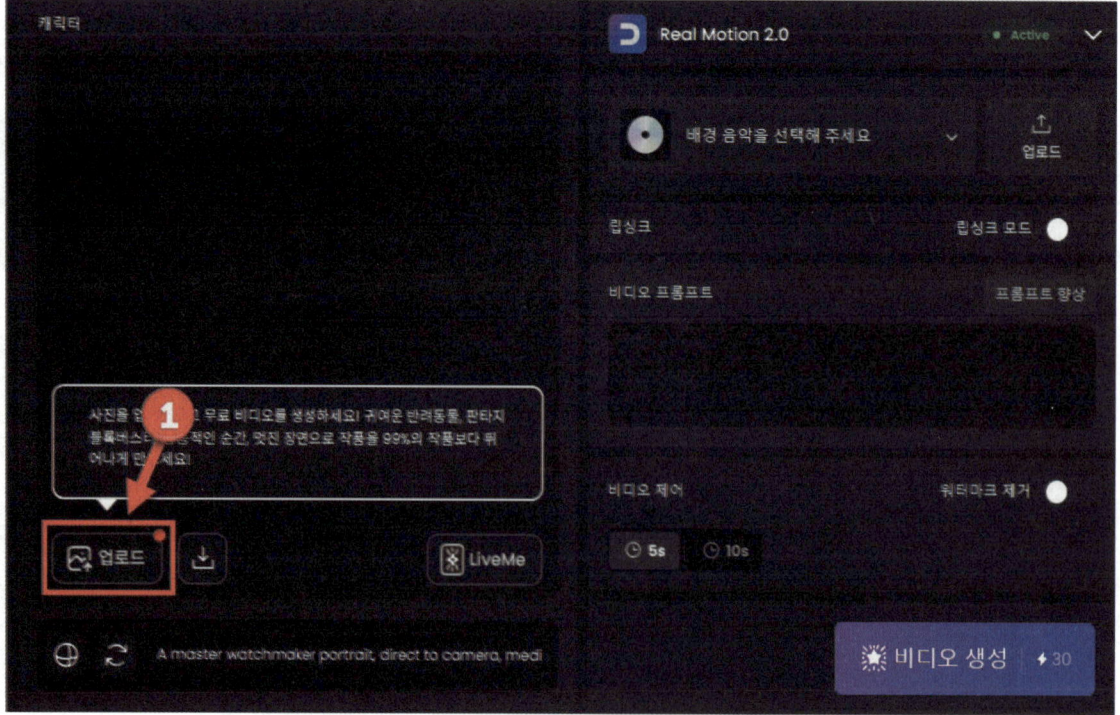

03 샘플로 제공한 **인공지능예제** 폴더에서 ❷harp 이미지 파일을 선택한 후 ❸**열기** 버튼을 클릭해서 가져옵니다.

04 음악 항목에 있는 ❶**업로드**를 클릭하여 **인공지능예제** 폴더에서 ❷music 파일을 선택하고 ❸**열기**를 누릅니다.

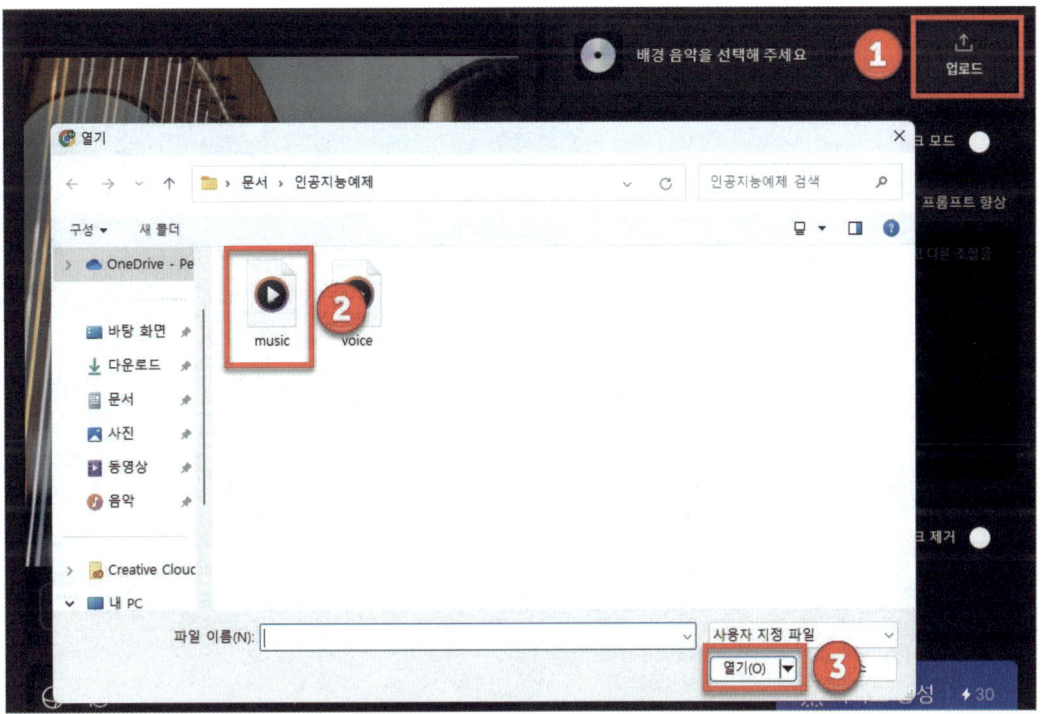

CHAPTER 10 동영상 AI와 코파일럿  165

**05** 여기서 목소리를 넣어 보고자 합니다. ❹**립싱크 모드**를 켜고 ❺**오디오 업로드**를 클릭해 **인공지능예제** 폴더에서 voice 파일을 불러옵니다. 가져온 목소리는 **미리 듣기**로 들어볼 수 있습니다.

**06** 프롬프트에 ❻**"부드러운 연주동작과 슬픔이 가득한 얼굴 표정"**을 입력하고, 비디오 제어는 ❼**10초**로 선택한 후 ❽**비디오 생성**을 클릭합니다.

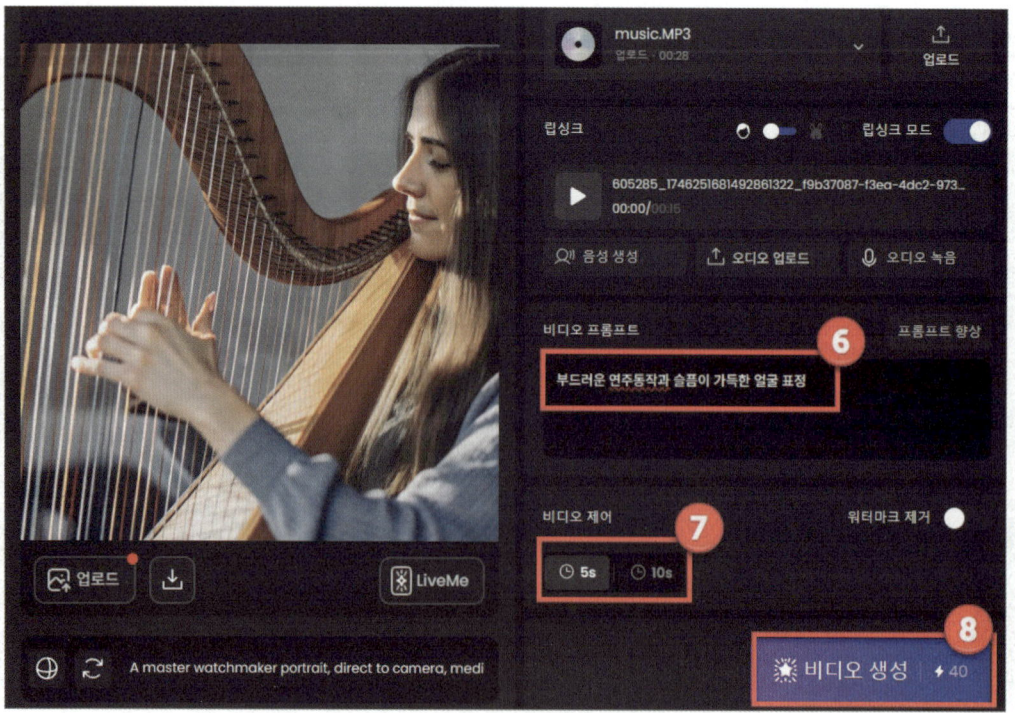

166  AI 활용

**07** 생성 시간이 얼마나 걸리는지 표시되는데 대기열이 많으면 시간은 더 오래 걸리게 됩니다. 비디오 생성 시 40 크레딧이 차감됩니다.

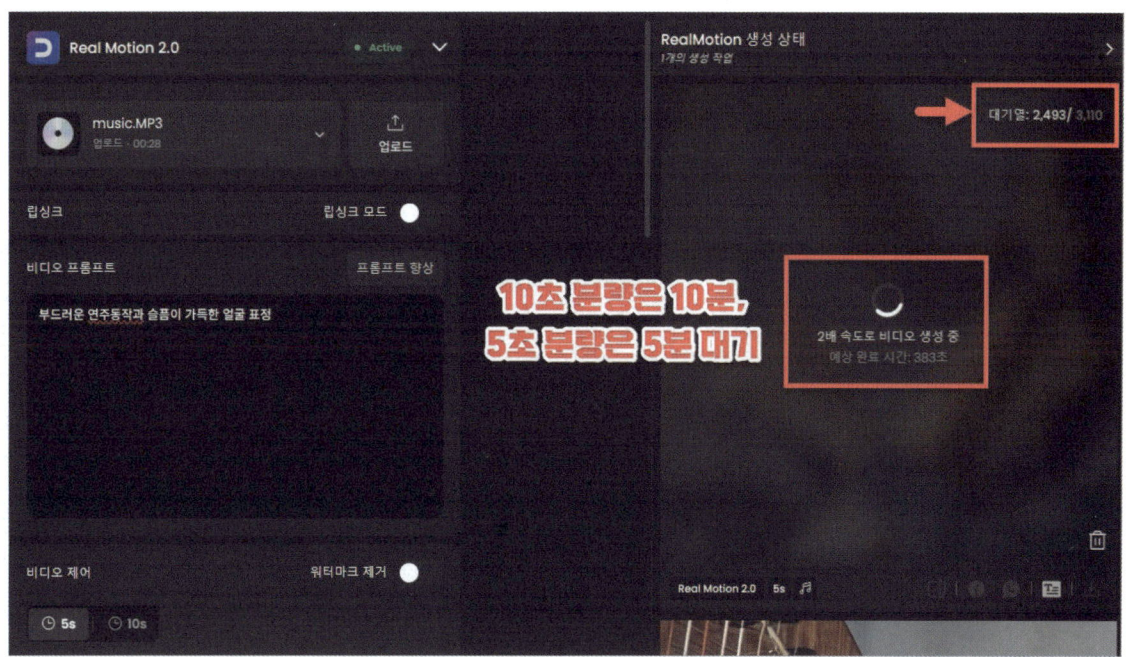

**08** 생성된 영상을 저장할 때는 일반적인 방법인 마우스 우클릭해서도 가능하고, 영상 하단의 다운로드 버튼을 클릭해서 받을 수도 있습니다.

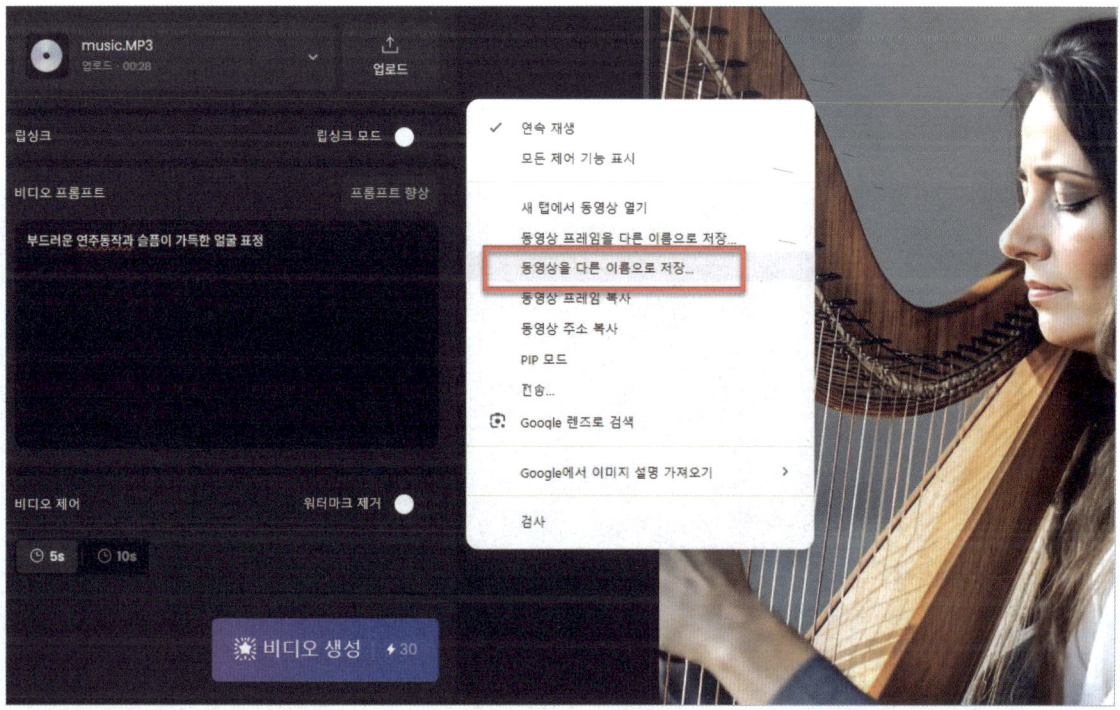

## STEP 3 ▸ Runway GEN4로 영상 만들기

**01** 크롬 브라우저의 주소 표시줄에 **"runwayml.com"**을 입력하여 사이트로 이동하고 오른쪽 위에 있는 **[Get Started]**를 클릭하여 **구글 계정**으로 로그인한 후 **Continue**를 클릭합니다.

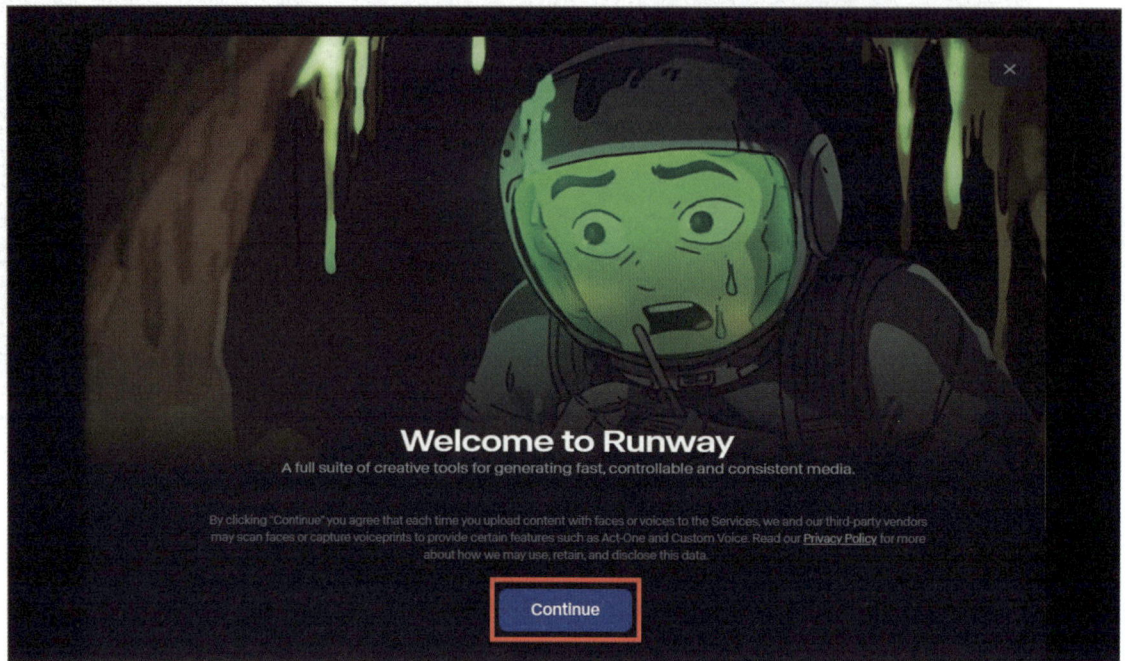

**02** Gen4 대시보드가 나오면 왼쪽 창에서 **Generate Video**를 클릭합니다.

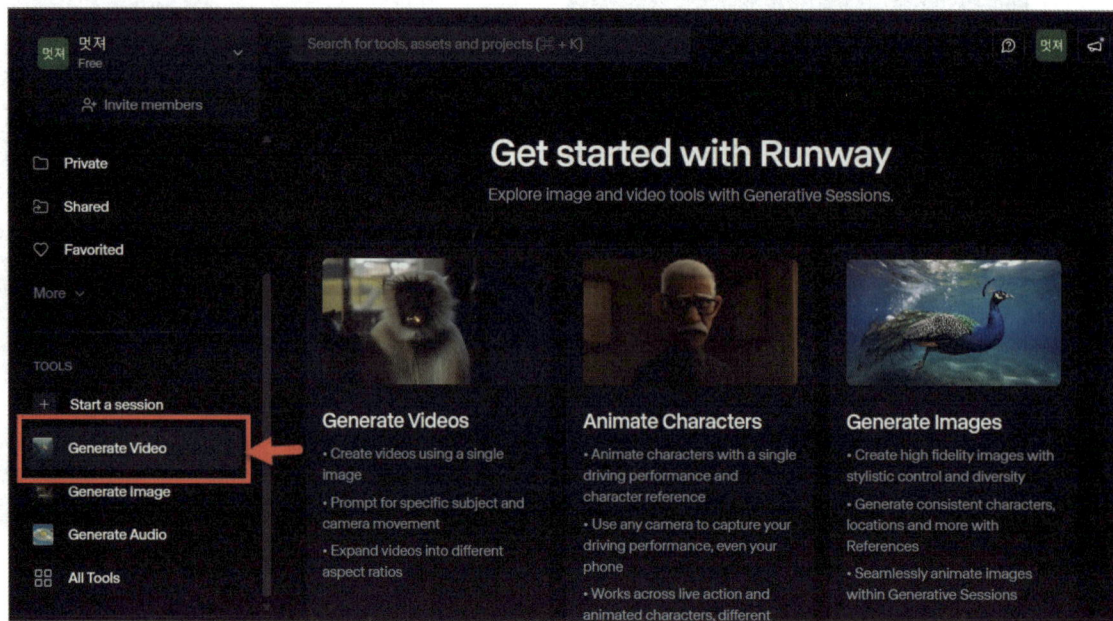

03 ❶**이미지 버튼**을 클릭한 후 **인공지능예제** 폴더에서 ❷**model01**을 선택하고 ❸**열기**를 클릭합니다.

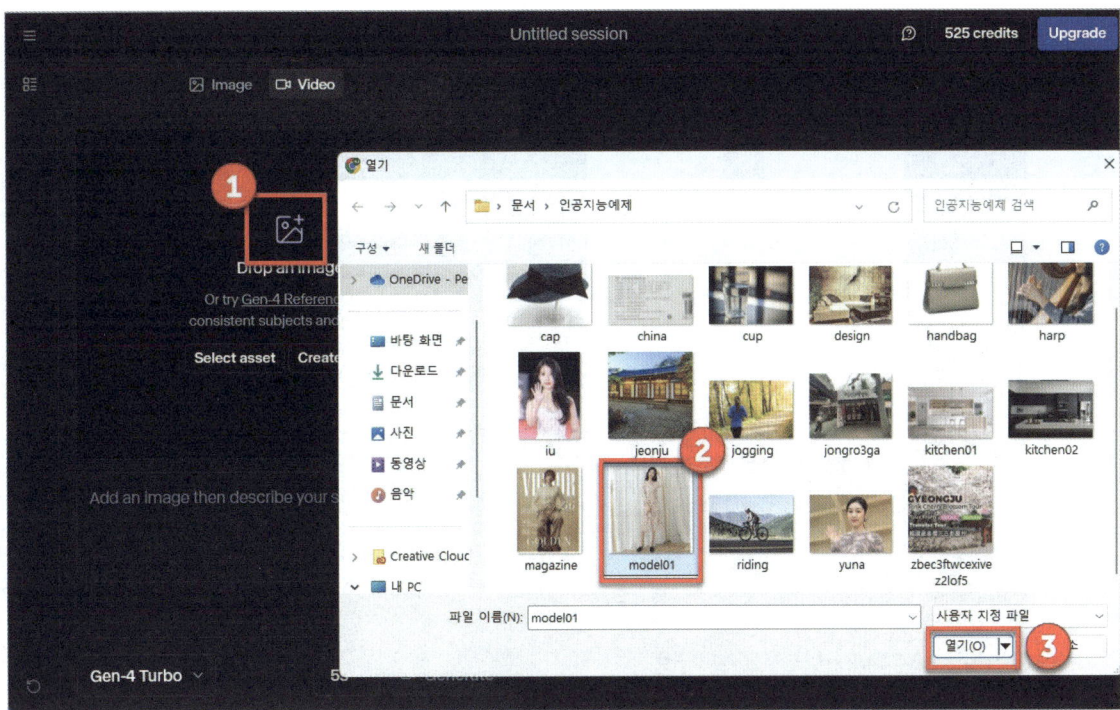

04 프롬프트 상자에 ❹"**치맛자락을 잡고 춤을 춘다**"를 입력하고 Ctrl + C , C 를 눌러서 영어로 번역(DeepL 기능)해서 넣어준 후 ❺**Generate** 버튼을 클릭합니다.

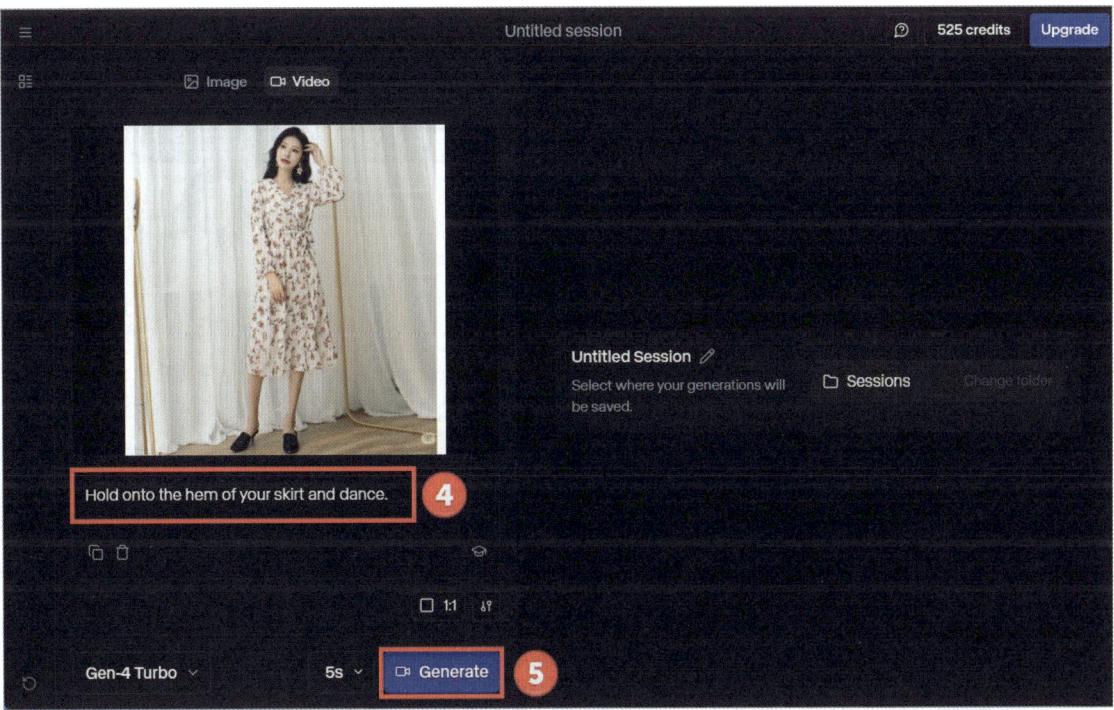

CHAPTER 10 동영상 AI와 코파일럿 **169**

**05** 앞의 DIGEN 사이트보다는 생성 시간이 빠르게 진행되지만, 상황에 따라 생성 시간이 더 오래 걸릴 수도 있습니다.

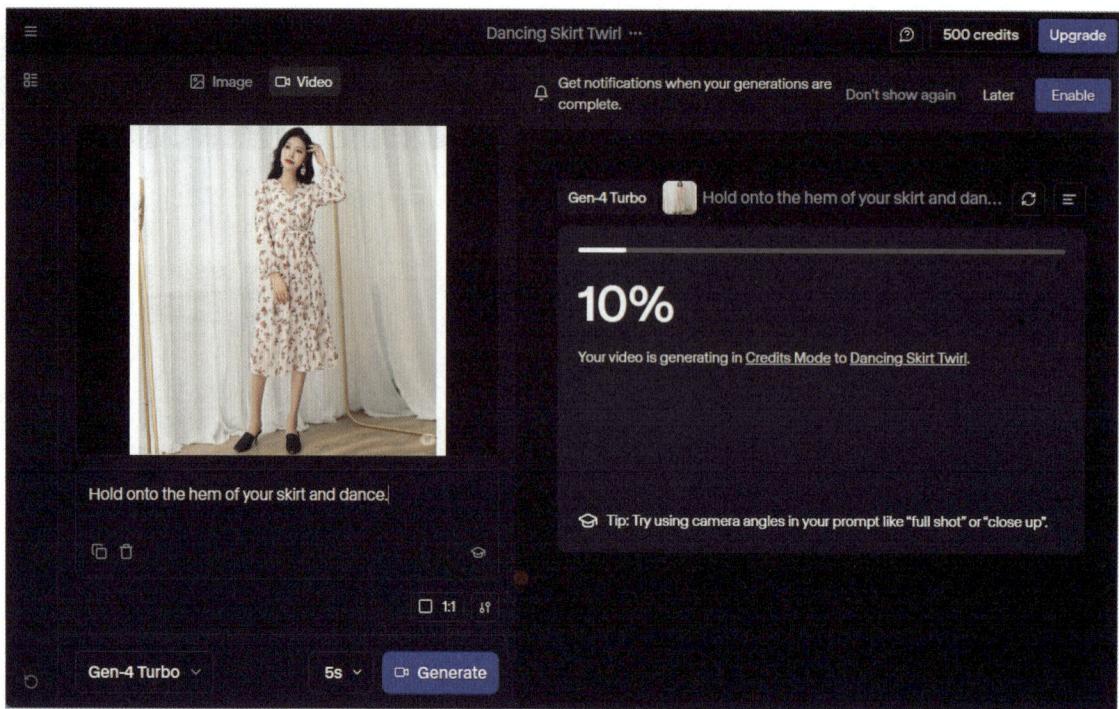

**06** 오른쪽으로 생성된 영상이 나오게 됩니다. 생성된 영상의 왼쪽 하단에 **재생** 버튼을 눌러서 감상을 해보세요. 생성할 때마다 25크레딧이 사용되며, 필요하면 다운로드를 받아두면 됩니다.

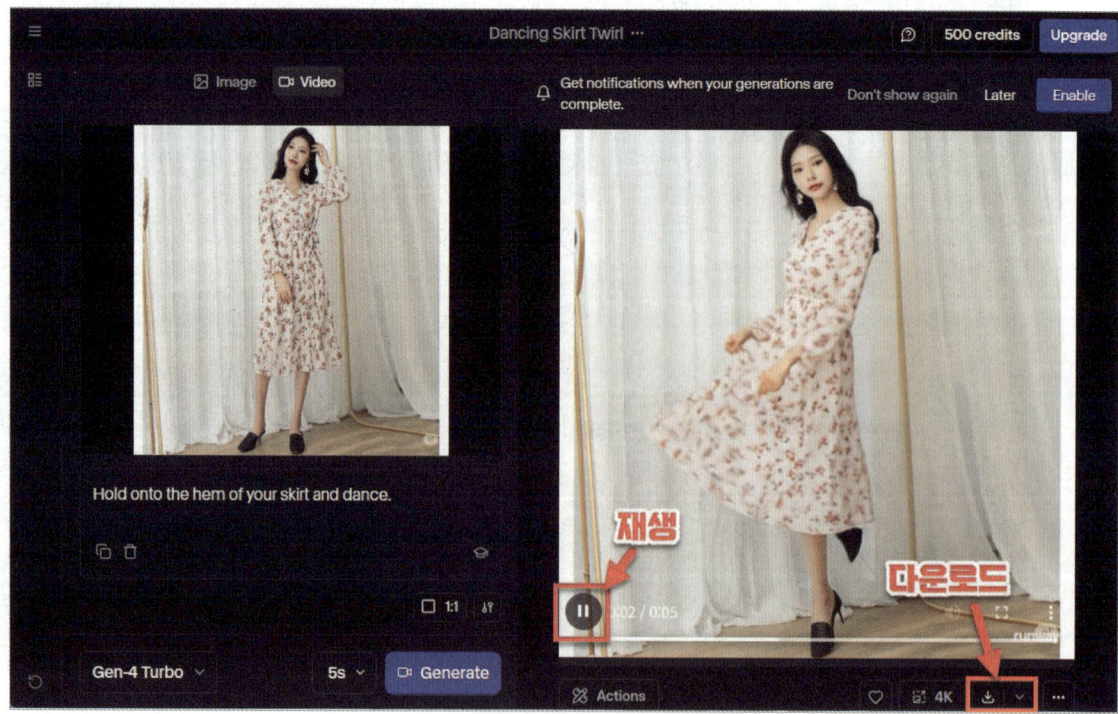

## STEP 4 ▶ 코파일럿 사용을 위한 계정 만들기

**01** 마이크로소프트의 인공지능 서비스인 **코파일럿**을 사용하려면 엣지 브라우저를 실행해서 사용해야 하며, 반드시 마이크로소프트 계정을 이용해 **[로그인]**을 해야만 합니다. **엣지 브라우저** 상단의 **로그인**을 클릭합니다.

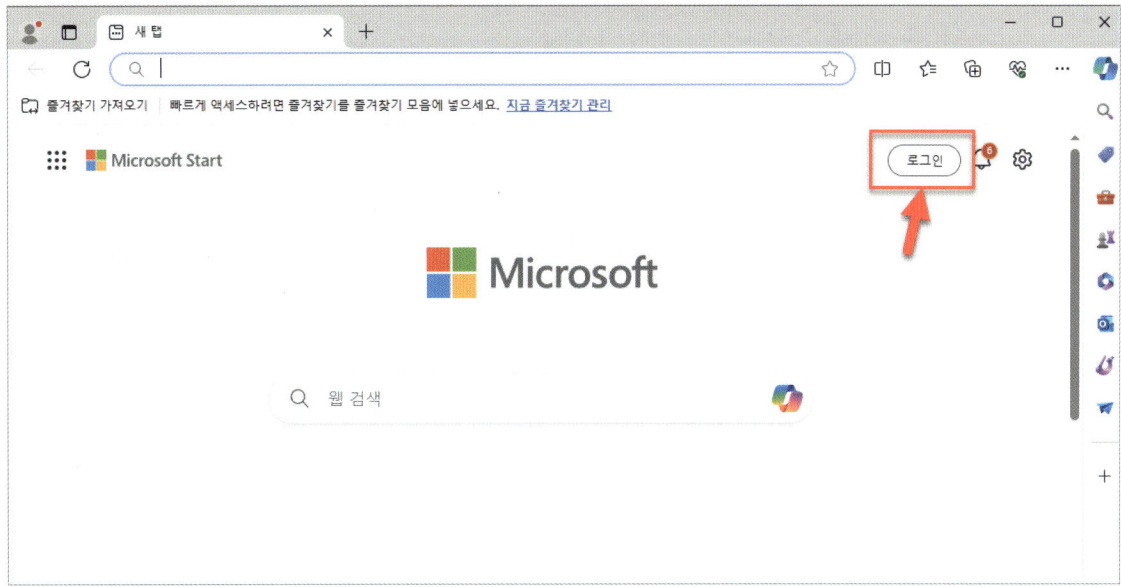

**02** **[로그인하여 데이터 동기화]**를 클릭합니다. 엣지 브라우저에 로그인하면 자동으로 다른 PC에 로그인한 것과 동기화가 작동됩니다.

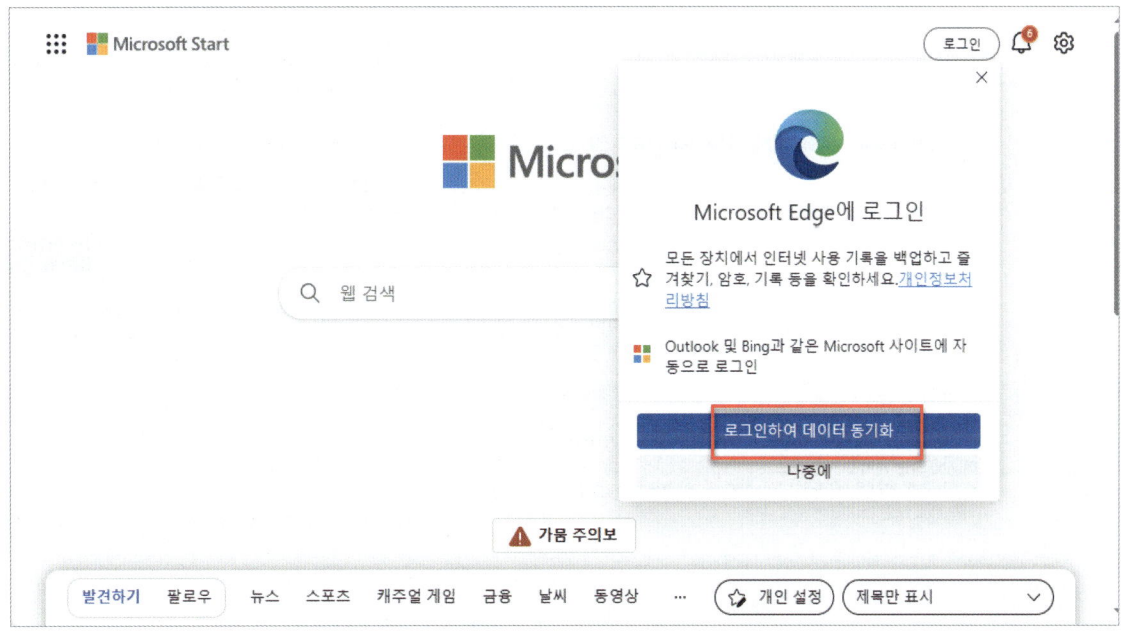

**03** 계정이 없으면 아래 그림과 같이 **[전자 메일, Gmail 또는 휴대폰으로 만드세요]**을 클릭합니다. 동의하는 곳에 있는 **[자세히]**를 클릭합니다.

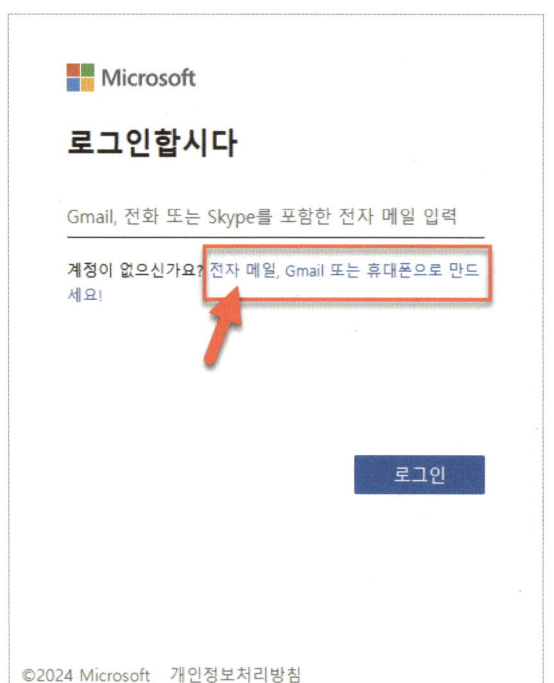

**04** **[뒤로]** 버튼을 클릭하면 동의함에 체크가 됩니다. 아래쪽 다음 항목에 있는 **[자세히]**를 클릭하고 **[뒤로]**를 다시 눌러서, 둘 다 체크를 하고 **[동의]**를 클릭합니다.

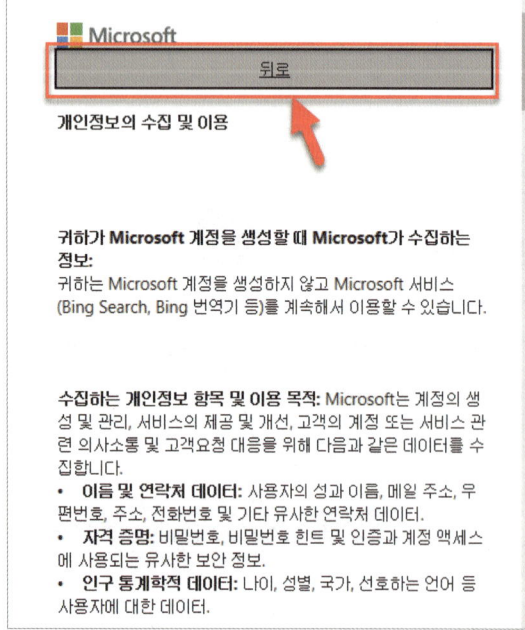

**05** 마이크로소프트 계정을 새로 받기 위해 [**새 전자 메일 주소 받기**]를 클릭합니다.

**06** 계정 아이디를 새로 생성하기 위해 **영어와 숫자**를 이용해서 ❶**아이디**를 입력한 후 ❷**다음**을 클릭합니다. 기본적으로 @뒤는 "outlook.kr"을 사용하게 되는데, 가급적 변경하지 않도록 합니다.

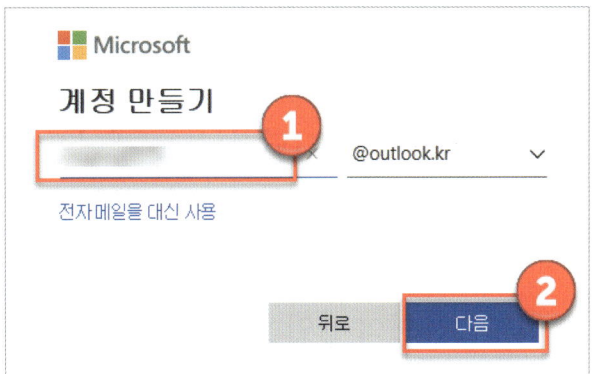

> 🎯 **이미 등록된 계정이라면?**
>
> 계정 만들기 대화상자에 "**이미 등록된 Microsoft계정입니다. 다른 이름을 시도하거나 사용 가능한 다음 계정 중 하나를 사용하세요.**"로 나오면 다른 계정을 다시 입력해서 만들어야 합니다.
>
>

**07** 암호를 ❶**영어소문자, 숫자, 특수문자**를 결합해서 입력합니다. 다른 사이트와는 다르게 암호 만들기를 1회만 물어보니 대문자를 입력하지 않도록 주의하세요. ❷[**동의하고 계정 만들기**]를 클릭합니다.

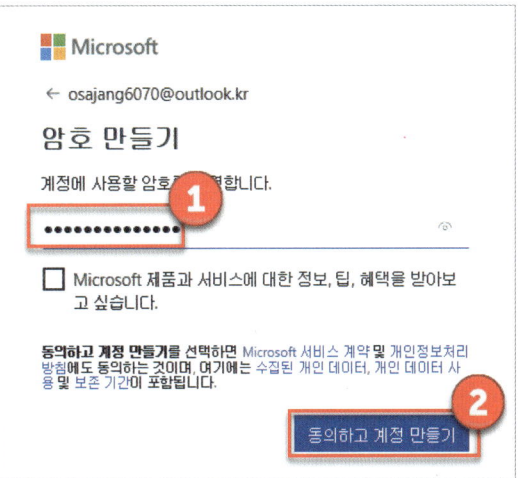

**08** ❶**성과 이름을 입력**하고 ❷**[다음]**을 클릭합니다. 본명을 입력하지 않고 별명을 입력해도 됩니다.

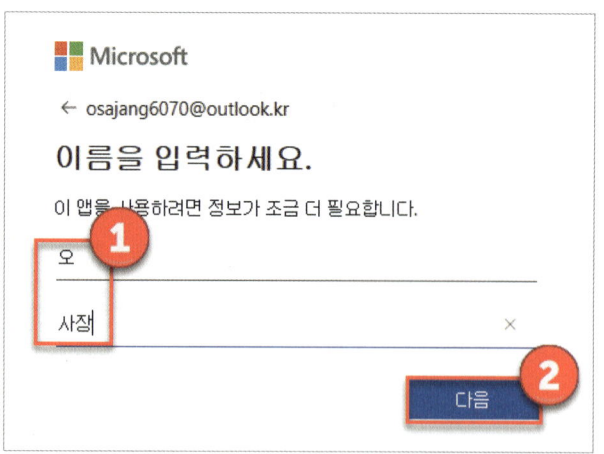

**09** **생년월일**을 입력합니다. 생년은 4자리로, 월과 일은 눌러서 해당하는 날짜를 선택하면 되는데, 여기도 본인의 생일을 정확하게 입력하지 않아도 관계없습니다. **[다음]**을 클릭합니다.

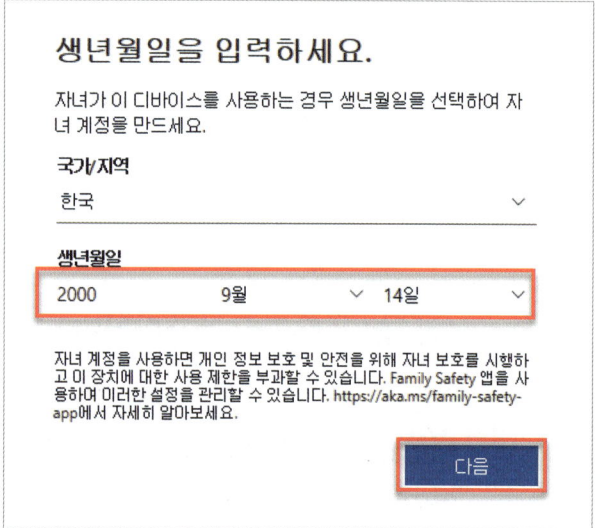

**10** 지금 가입하는 사람이 로봇이 아닌 걸 알 수 있도록 퍼즐을 풀어야 한다는 메시지가 나옵니다. **[다음]**을 클릭합니다.

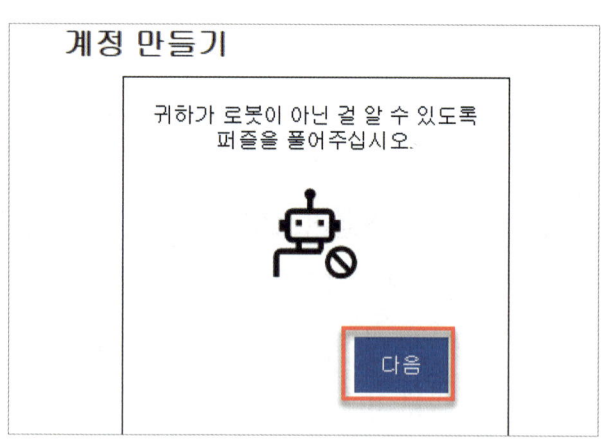

**11** **왼쪽의 손가락**이 가리키는 곳으로 오른쪽 그림의 머리 부분이 향하도록 아래의 화살표 버튼을 이용해서 맞춘 후 **[제출하십시오]**를 클릭합니다. 틀리면 몇 차례 더 물어보게 됩니다.

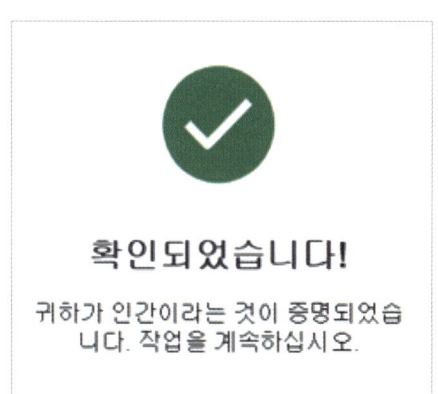

**12** 아래의 메시지를 읽어보면 윈도우가 방금 만든 계정을 저장해서 사용하겠다는 내용임을 알 수 있습니다. 여기서는 그냥 **[다음]**을 클릭합니다. 공용 컴퓨터에서 자동 로그인을 중지하는 방법은 뒤에서 설명됩니다.

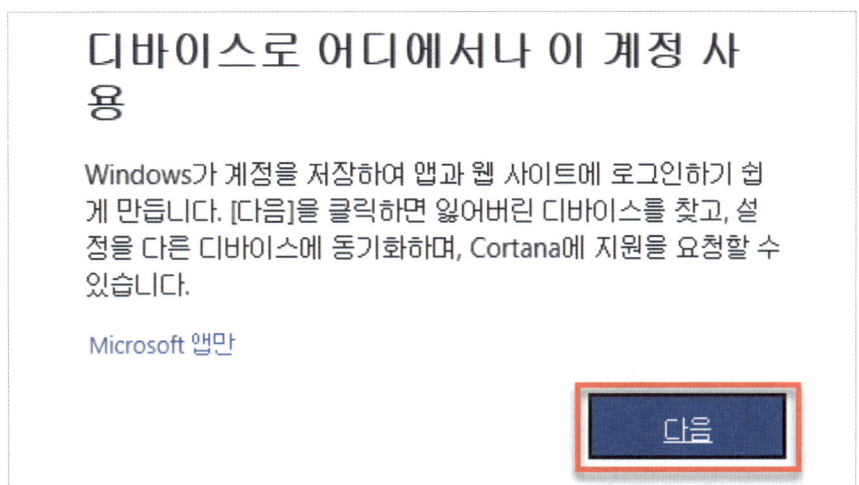

**13** 엣지 브라우저의 홈페이지가 다시 나오면서 **자동으로 로그인**이 되어서 **[로그인]** 버튼이 보이지 않습니다. 즉 [로그인] 버튼이 없다면 로그인된 상태라고 이해하면 됩니다.

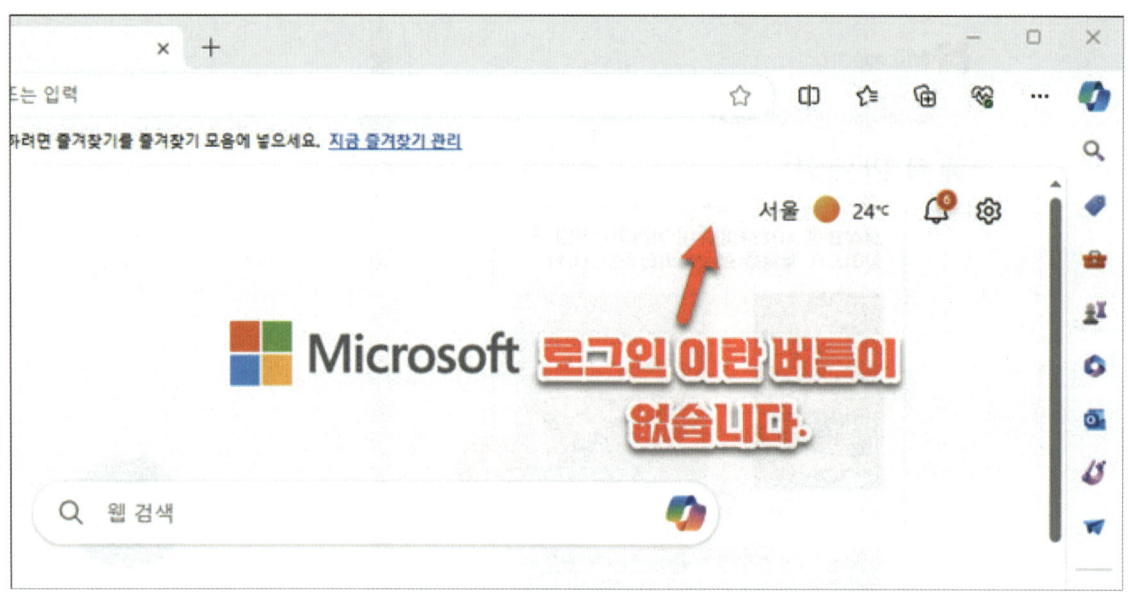

**14** 지금부터가 **중요**한데 엣지 브라우저의 창을 닫고 나가거나, 컴퓨터를 껐다가 켜도 **로그인 상태는 그대로 유지**하게 됩니다. 그래서 반드시 **로그아웃**을 해야만 합니다. 로그아웃을 하려면 엣지의 ❶**[기타옵션]**을 클릭한 후 ❷**[설정]**으로 들어갑니다.

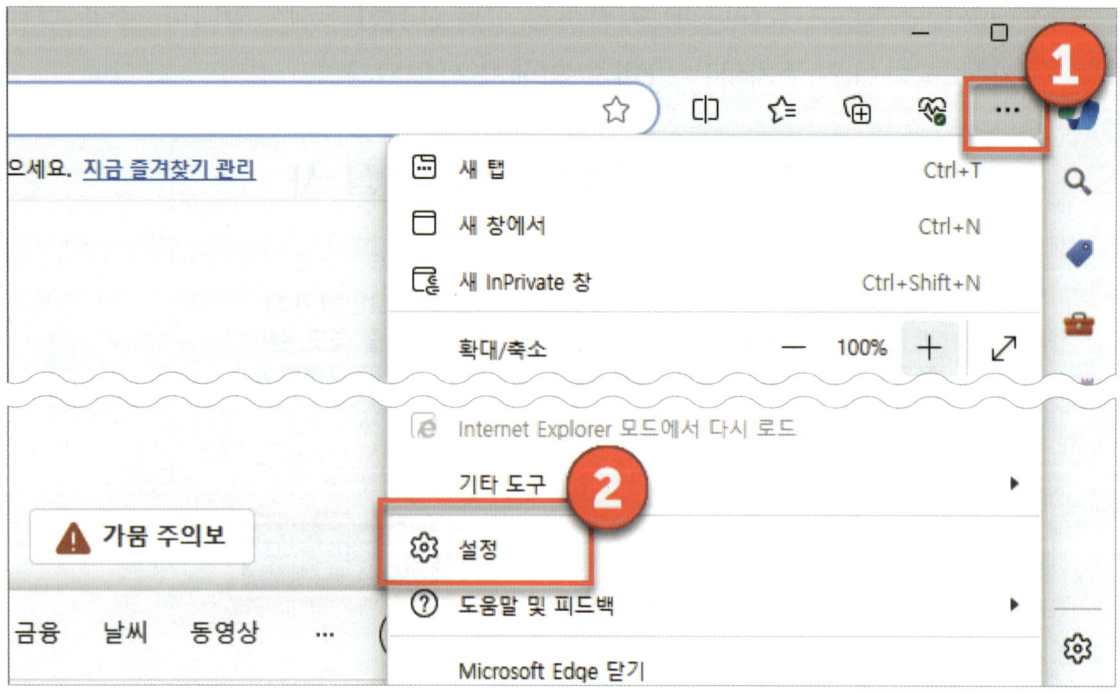

**15** **설정** 탭이 열리고 처음에 표시되는 **프로필** 화면에서 **[로그아웃]**을 클릭합니다.

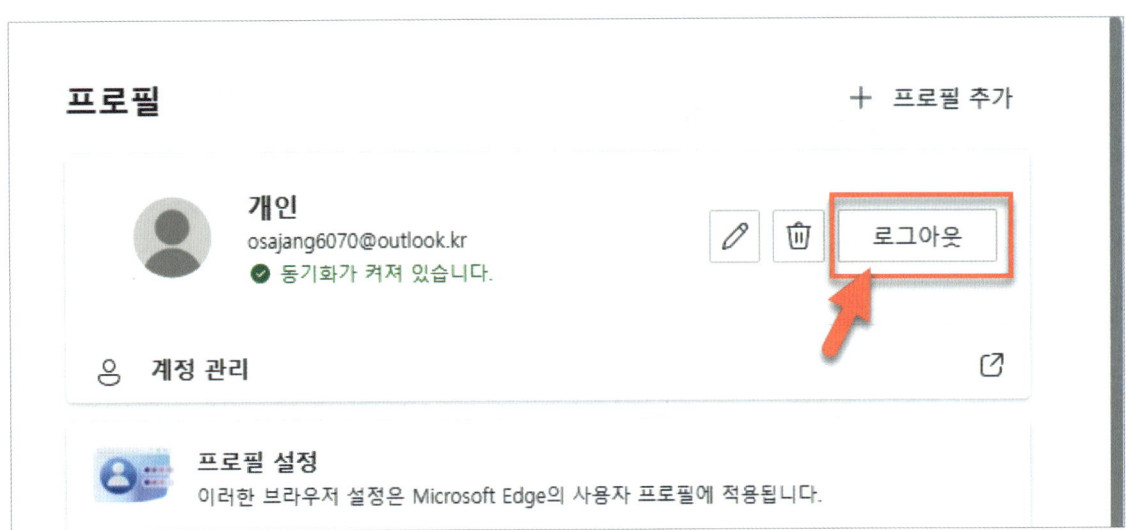

 **주의해야 합니다**

**엣지**에 로그인을 하게 되면 **윈도우10, 윈도우11**은 윈도우에서 **로그인이 자동으로 진행**되도록 설정되어 있습니다. **공용 컴퓨터에서는 반드시 아래와 같은 방법으로 사용해야 합니다.**

**01** 엣지 브라우저의 **설정**에서 **로그아웃**을 한 후 엣지를 닫아줍니다.

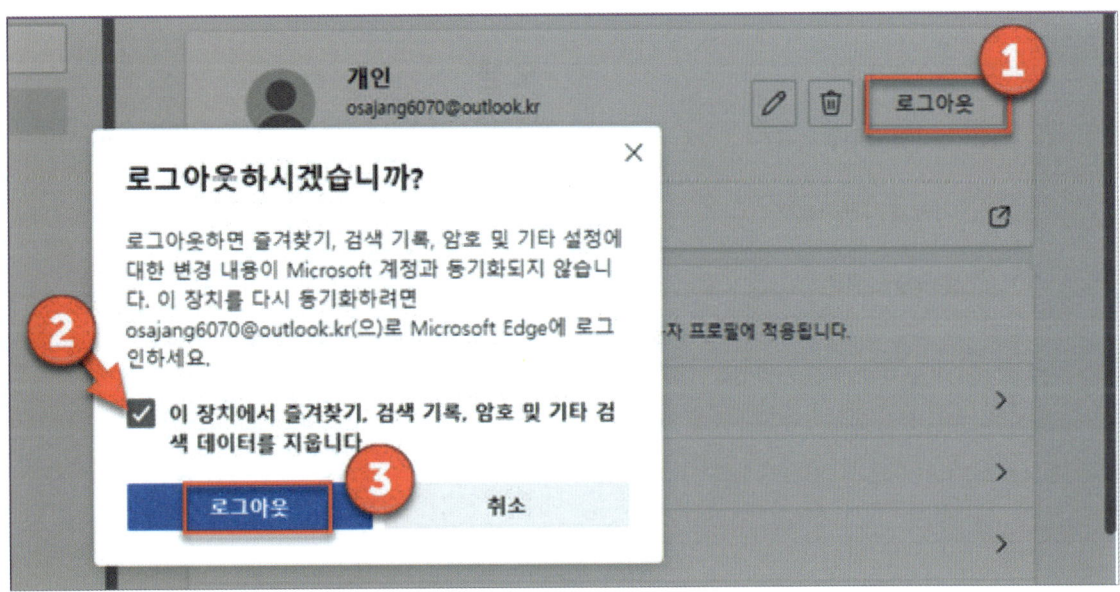

**02** 윈도우에서 [시작] ▶ [설정] ▶ [계정]을 차례대로 클릭합니다.

**03** 아래와 같이 ❶[사용자 정보] ▶ ❷[모든 Microsoft 앱에 자동으로 로그인 중지]를 클릭합니다.

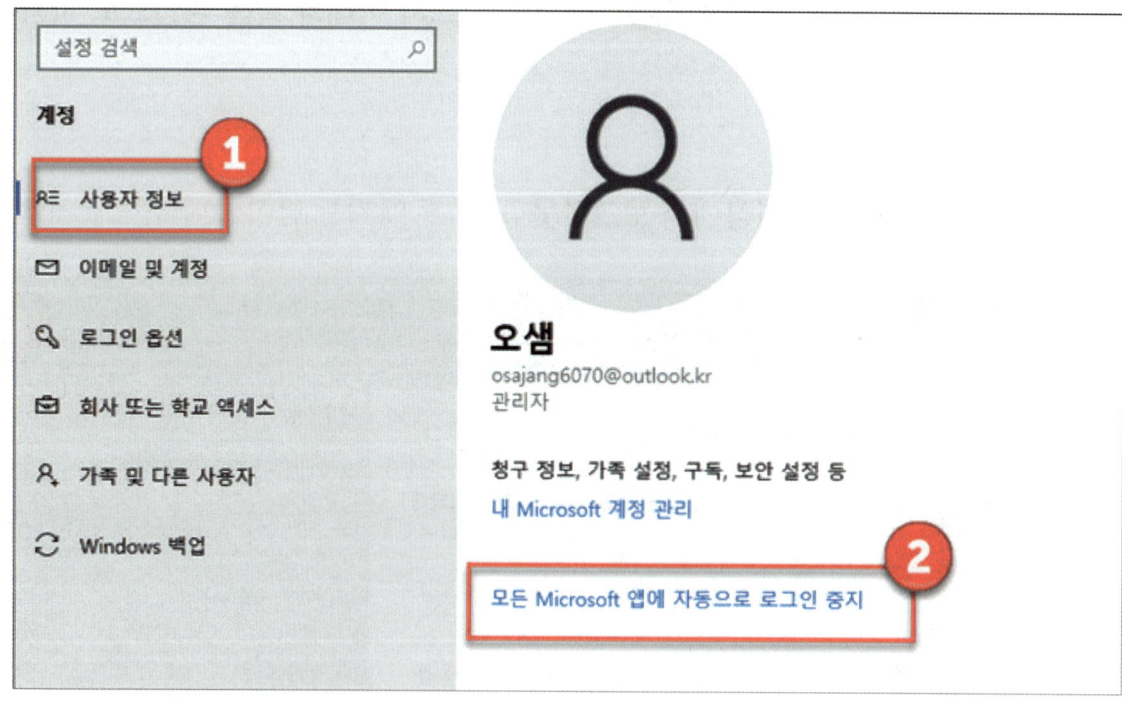

**04** ❸**[이메일 및 계정]**을 클릭한 후 ❹**[본인의 계정]**을 클릭하면 관리와 제거가 보이는데 ❺**[제거]**를 클릭합니다. 제거하려고 묻는 상자가 나오면 **[예]**를 눌러서 제거합니다.

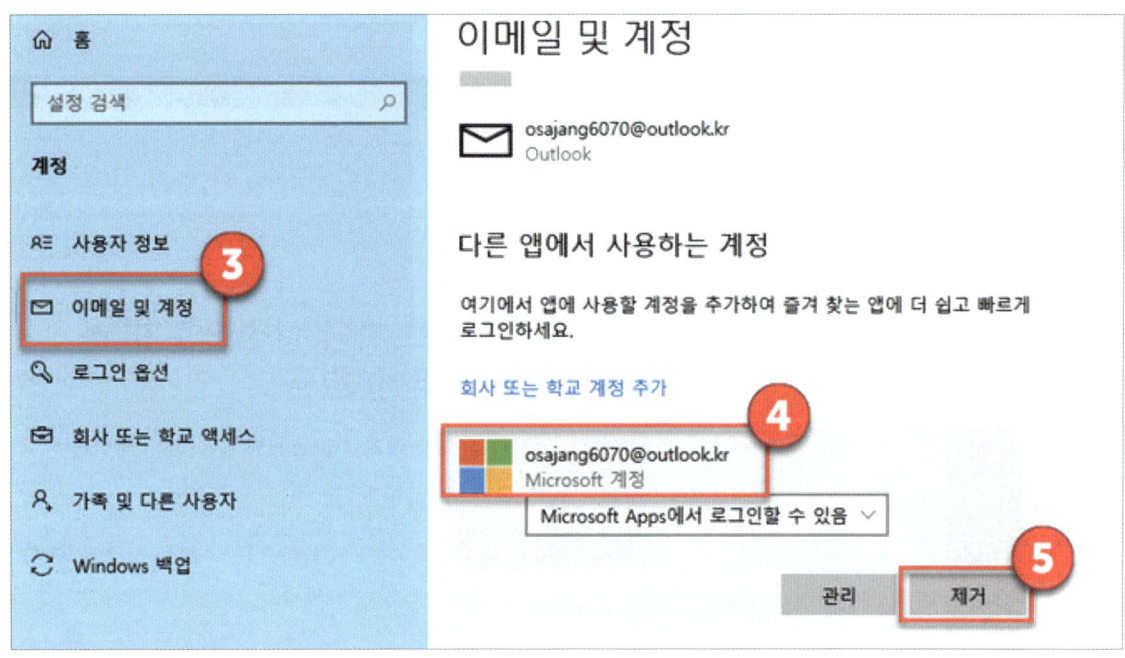

**STEP 5 ▶ 코파일럿 활용하기**

**01** **엣지** 브라우저에서 검색 상자 우측의 Copilot(코파일럿)을 클릭합니다.

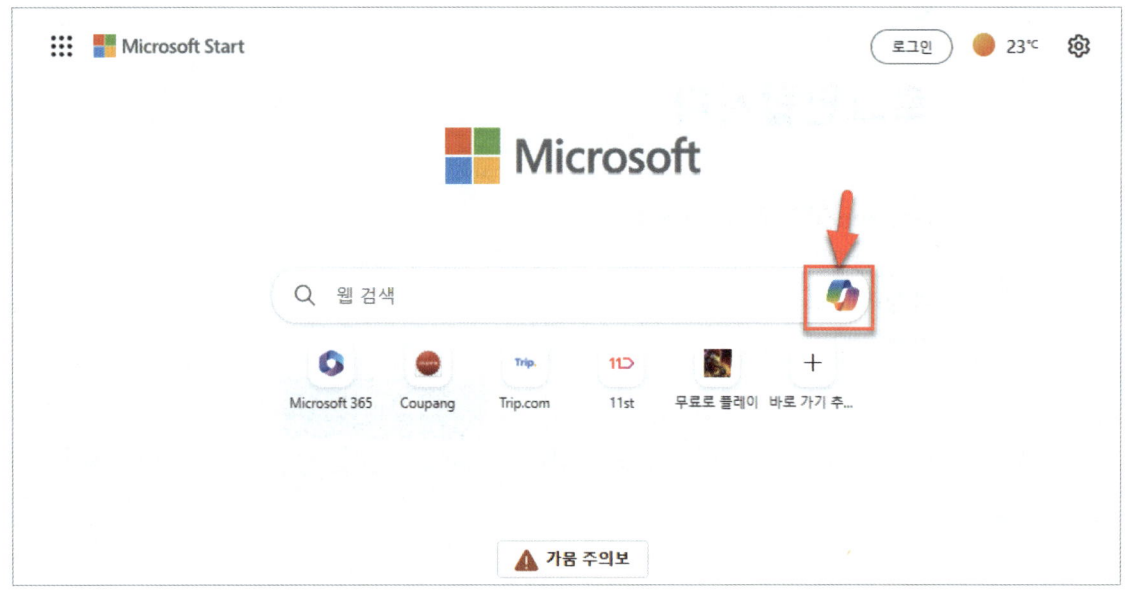

**02** **로그인을 하지 않으면** 아래와 같은 **Bing 채팅을 사용할 수 없음**이라는 경고창이 나오게 됩니다. 유해 정보 차단하는 것이 아니라, 단순하게 로그인만 하면 해결되는 문제입니다. **창을 닫고 다시 마이크로소프트 탭 화면에서 로그인을 하고 진행**합니다.

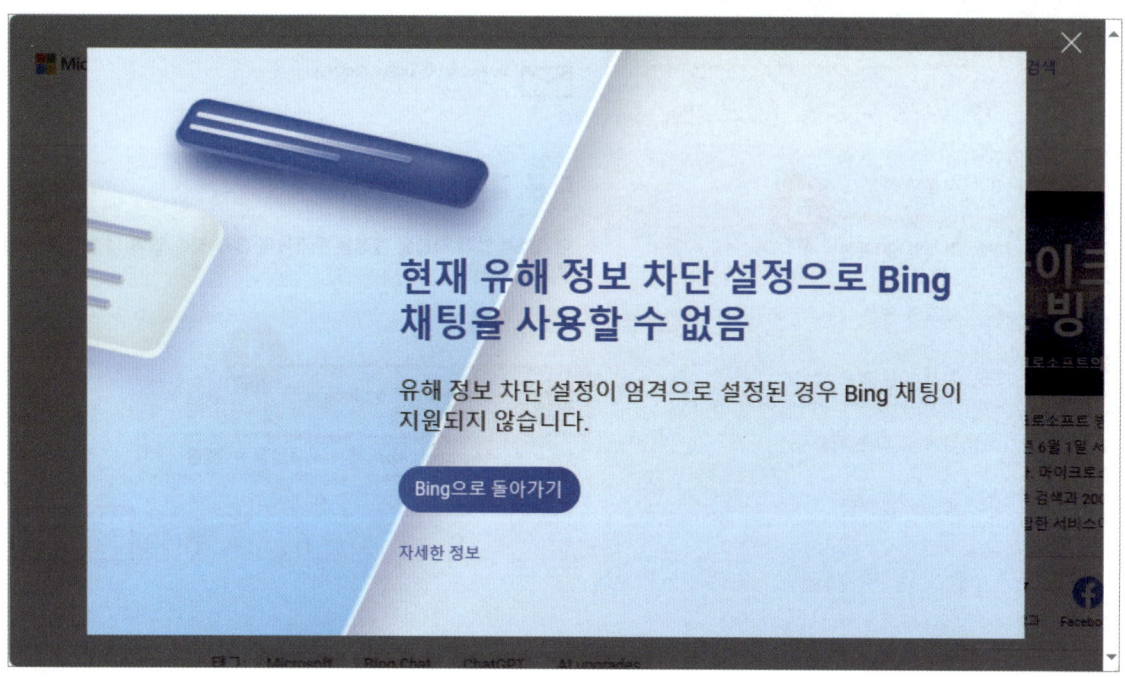

**03** 아래처럼 가입했던 마이크로소프트 계정을 입력하는데, @outlook.kr까지 반드시 입력하고 **[로그인]**을 클릭합니다.

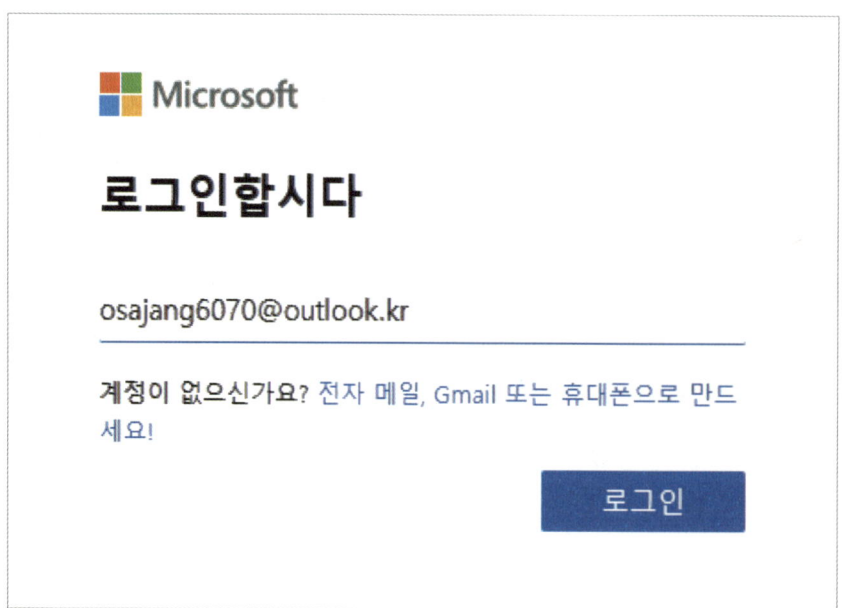

**04** 암호 입력창이 나오면 계정을 정상적으로 입력을 했다는 의미가 됩니다. 암호는 잊지 않게 잘 적어두세요. **[로그인]**을 클릭합니다.

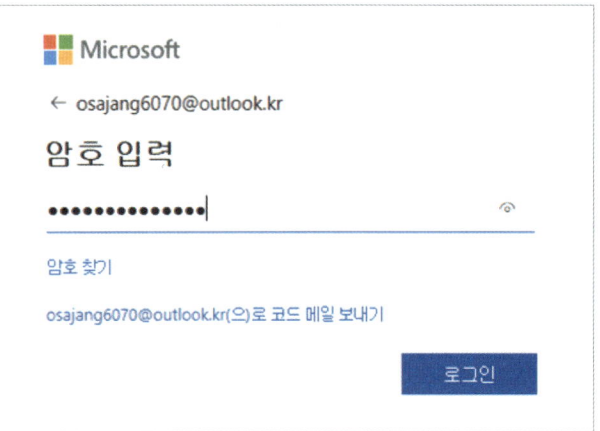

**05** **Microsoft 앱만**을 클릭하면 **윈도우 계정**에서 자동 로그인을 하지 않지만, 회사 또는 학교 계정에는 추가되어 있어서 **제거**해야 합니다.

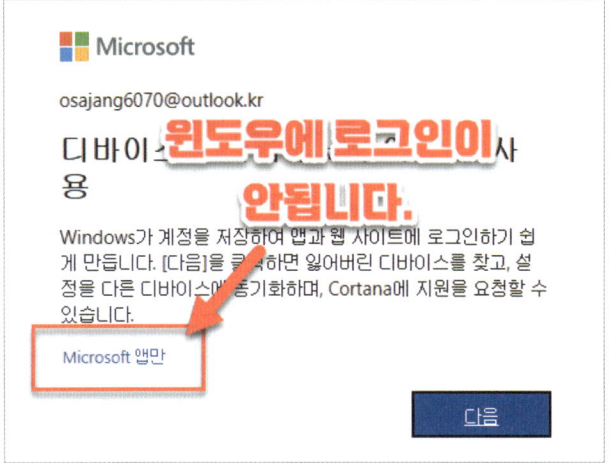

**06** Copilot이 실행되었으며, **프롬프트**에 질문을 하면 ChatGPT 사이트에서 유료로 사용하는 것을 **코파일럿**에서는 **무료**로 사용할 수 있습니다.

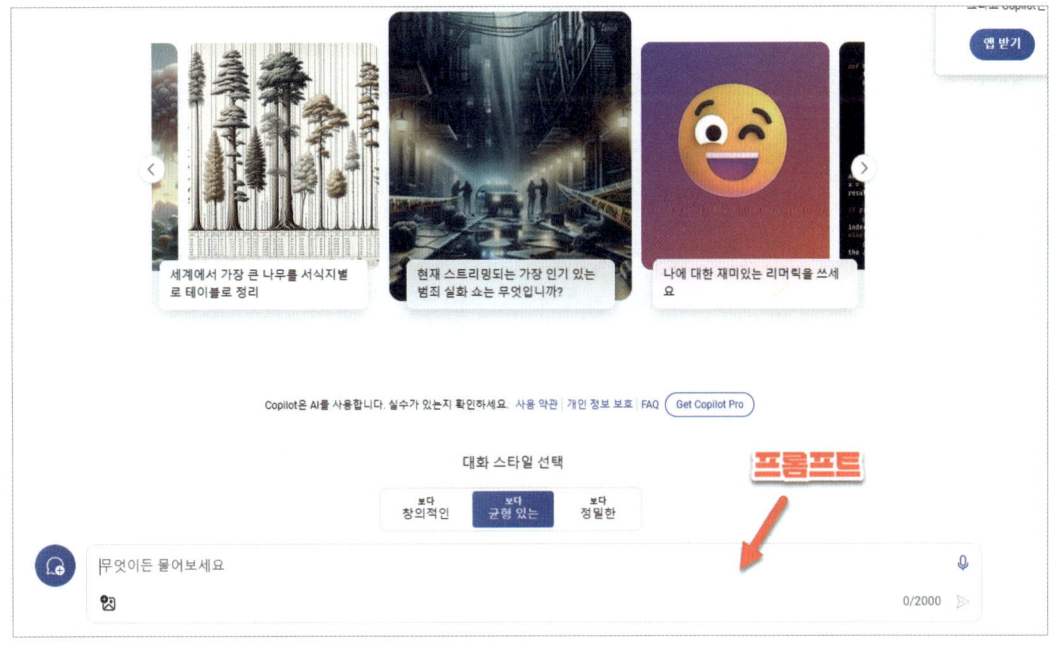

**07** 코파일럿은 달리3을 이용해서 이미지도 생성할 수 있습니다. **"푸른 초원에 어린 사자들이 즐겁게 놀고 있는 것을 만화로 그려줘"** 라고 프롬프트에 입력하고 Enter 키를 누릅니다.

**08** 이제부터 코파일럿을 이용하여 재미있고 즐겁게 AI 답변 생성하기를 활용해 보세요. 최대 질문은 30개까지 계속해서 이어서 질문할 수 있습니다. 그 이상은 새로운 토픽을 눌러서 다시 질문해야 합니다.

## STEP 6 ▶ 코파일럿으로 이미지 생성하기

**01** 프롬프트 상자에 **"귀여운 햄버거 캐릭터를 미니멀 디자인으로 만들어줘"**라고 입력하면 이지지가 생성되고 있는 화면이 나오고 잠시 후 4개가 생성됩니다.

[다운로드]를 눌러 파일로 저장할 수 있습니다.

**02** **새 토픽**을 누른 후, 프롬프트 창에 **"배경은 눈이 내린 산이 있고 집앞의 마당에는 푸른 잔디에서 귀여운 강아지가 뛰어 다니는 진짜 사진 같은 이미지를 만들어줘"**를 입력합니다.

**03** **(새 토픽으로 질문하기)** ⇨ **"책상에 앉아서 일하고 있는 귀여운 남자 직장인 캐릭터를 일러스트로 만들어줘"**를 입력합니다.

**04** **(추가질문으로 변경하기)** ⇨ **"인종은 모두 한국인으로, 배경은 흰색으로 깔끔하게 해줘"**를 추가로 입력합니다.

**05** **(새 토픽으로 질문하기)** ⇨ **"책상에 앉아서 일하고 있는 남자 직장인 캐릭터를 실제 사진과 같이 만들어줘"**를 입력합니다.

**06** **(추가질문으로 변경하기)** ⇨ **"위의 이미지에서 한국인으로 바꿔주고, 수염이 없는 (있는) 얼굴로 해줘"** 라고 추가로 입력합니다.

**07** **(새 토픽으로 질문하기)** ⇨ **"높은 빌딩들 사이로 걷고 있는 노란색의 긴 머리를 하고 있는 비즈니스 여성이고, 입고 있는 프렌치코트에 선글라스를 착용한 실제 사진으로 만들어줘"** 를 입력합니다.

## 부록. 알아두면 좋은 AI 사이트

## 01 이미지를 다양한 스타일로 변환 : dzine.ai

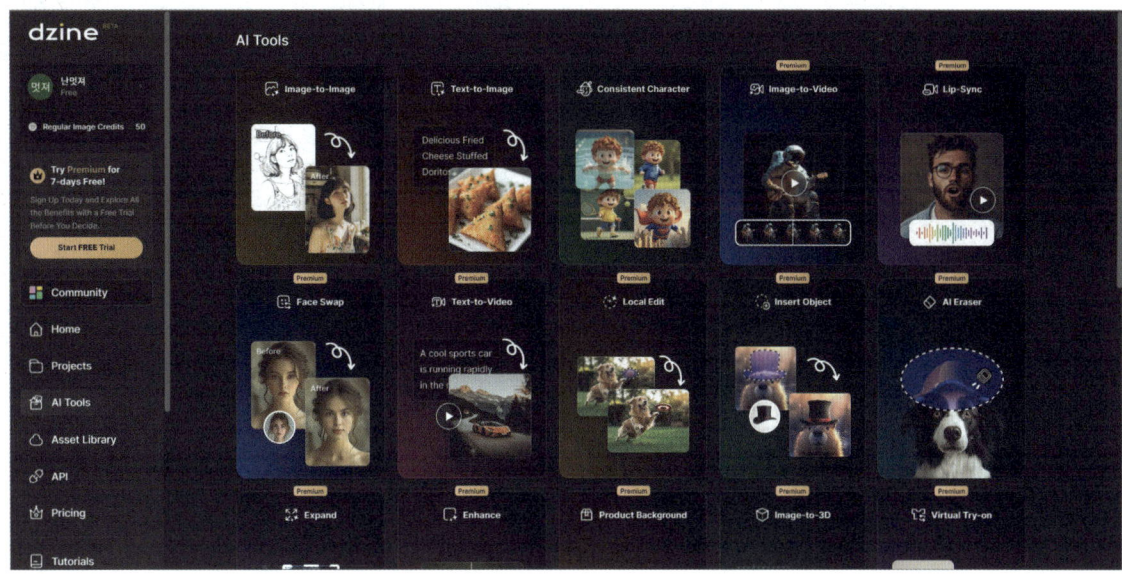

메인 화면의 [Image to Image]에서 변환할 원본 이미지를 업로드할 수 있습니다. 원본 이미지의 파일의 용량이 10MB를 초과하는 경우 업로드할 수 없으니 참고하세요.

많은 종류의 스타일을 제공하고 있으며 [3D Rendering]을 적용하면 2D 이미지에서 3D 이미지로 변환됩니다. 현재 원본에 맞춰 변화를 주기 위해서 추가로 설정해야 할 옵션은 [Color match]와 [Face match]입니다. 나머지 옵션은 기본 그대로 설정하고 [Generate] 버튼을 눌러 인공지능 이미지를 생성하면 됩니다.

# 02 내 목소리로 커버 음악 만들기 : app.sorisori.ai

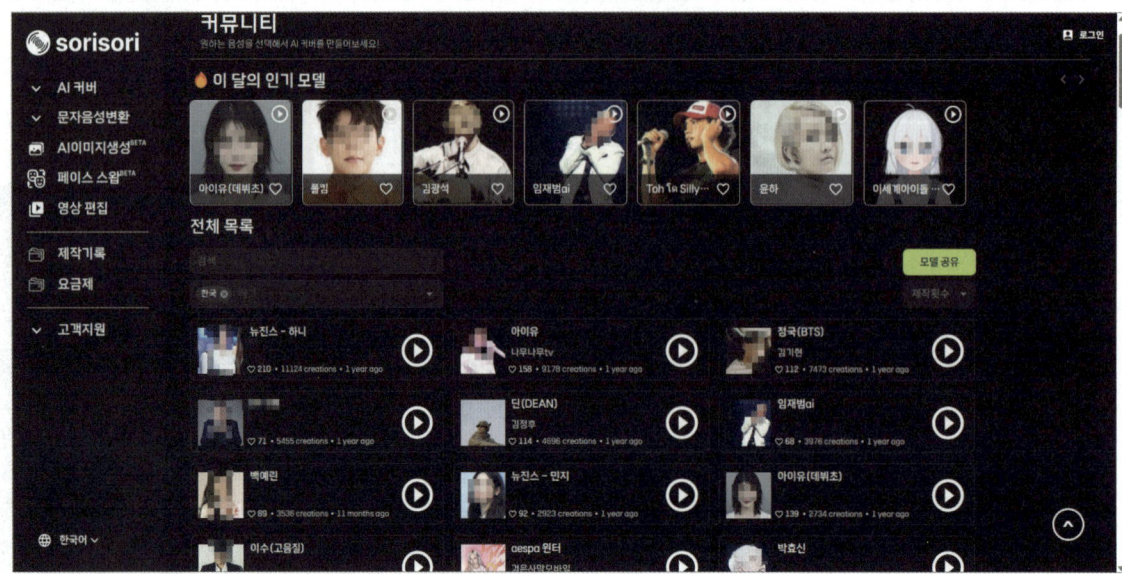

소리소리AI는 **AI 커버 인공지능 사이트**로 학습을 잘 시키면 AI 커버 하나 만드는 데 약 1분이면 충분합니다. 학습의 퀄리티 자체는 전반적으로 훌륭하며, 녹음만 잘 한다면 본인의 목소리는 물론 가수의 음성이 꽤 잘 묘사가 됩니다. 커버를 하려면 학습된 음성이 필요한데, 학습 재료(음원)의 양에 따라 다르지만 대략 20-40분 정도입니다.

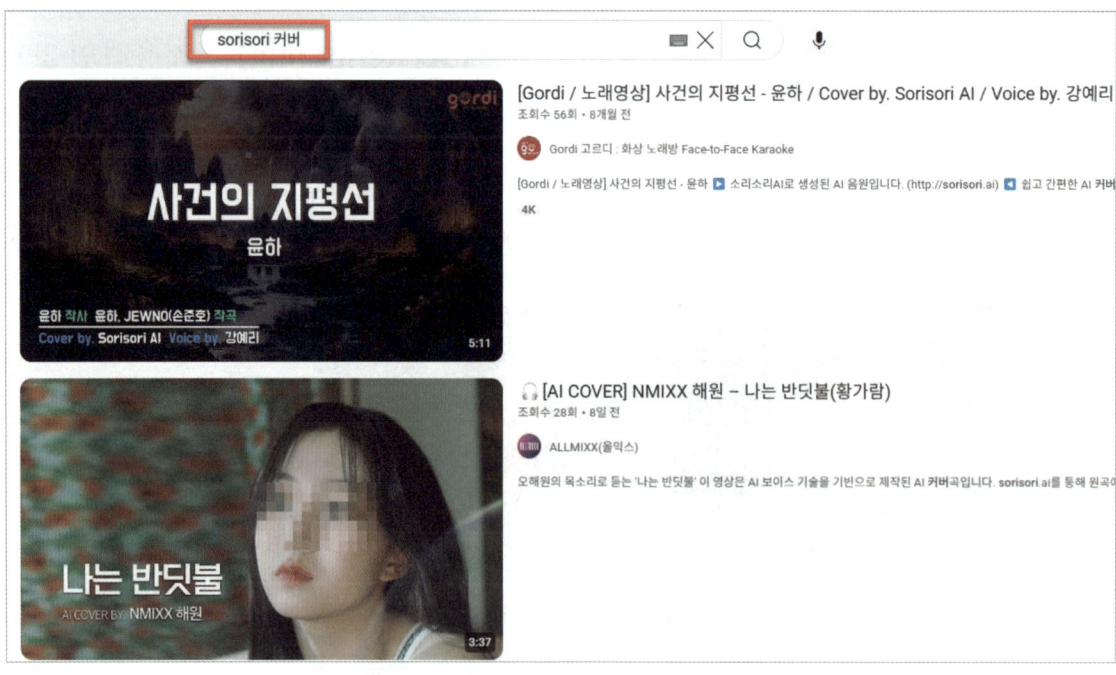

# 03 사진 편집 인공지능 Evoto로 작업하기 : evoto.ai/ko

Evoto는 내 PC에 설치해서 사용하는 앱으로 사진 보정도 자연스럽고 요즘 스타일에 맞게 모던하며 세련된 느낌의 이미지를 추구하는 **차세대 AI 사진 편집 도구** 앱입니다. 세밀한 작업을 하기 위해서 편집 시간을 대폭 단축시켜 주며, 대량으로 작업할 때 진가를 발휘합니다. 인물 피부 보정부터 잔머리 제거, 미소와 몸매 등 자연스럽게 원하는 수준으로 쉽게 보정할 수 있다는 장점이 있습니다.

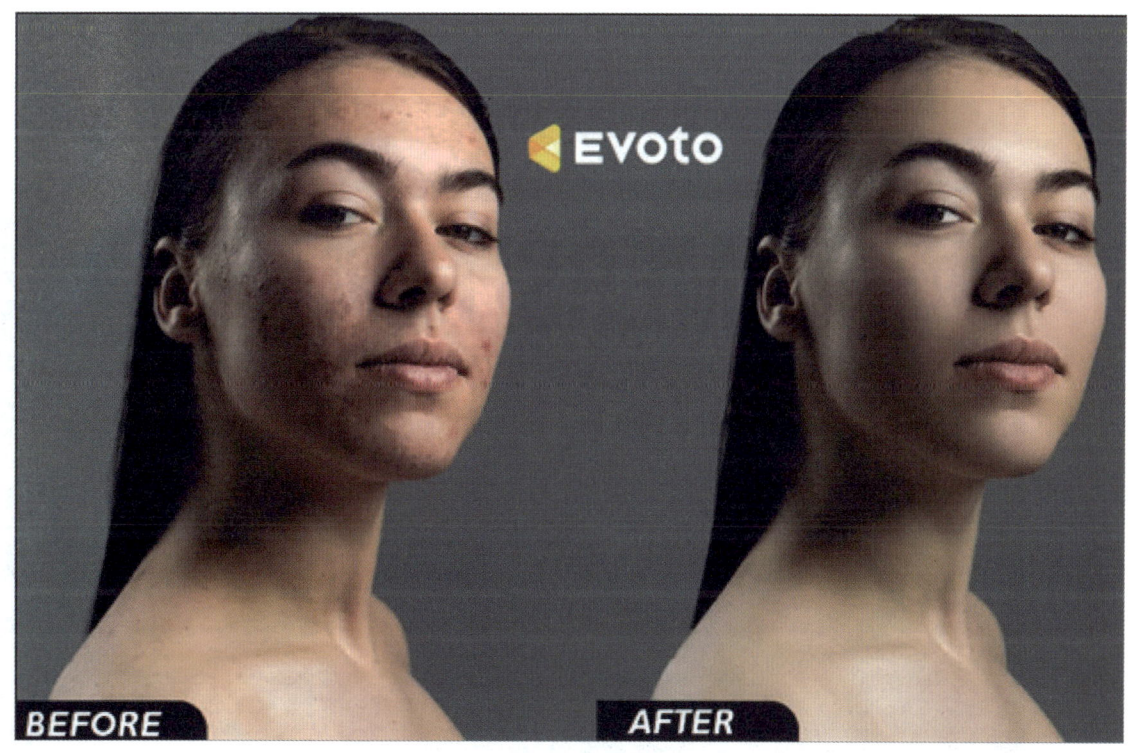

# 04  2D 이미지로 3D 애니메이션 만들기 : immersity.ai

Immersity.ai는 사용하기 매우 간편한 온라인 툴로, **일반 사진을 3D로 변환**해 주는 서비스를 제공합니다. 이 사이트를 통해 몇 번의 클릭만으로도 사진을 생동감 넘치는 3D 이미지로 만들 수 있습니다.

### Immersity.ai 추천 이유
① 복잡한 설정 없이 손쉽게 웹사이트에서 바로 사용
② 단 몇 초 만에 변환 작업이 완료되어 시간을 절약
③ AI 기반 기술로 정확하고 자연스러운 고품질 3D 이미지 생성

# 05 동영상과 블로그를 문서로 요약하기 : Lilys.ai

Lilys.ai 서비스는 유튜브, 문서파일(PDF, DOCX, PPT), 웹페이지, 음성파일을 요약에 특화되어 있습니다. 1시간 이상의 긴 영상을 요약할 때 필요한 **빠른 요약 부스트**가 있어서 5초에서 2분 내로 요약을 생성할 수 있습니다. 그리고 **영상/음성 파일 업로드 및 녹음**은 실제 미팅할 때 녹화한 영상 또는 음성 파일을 요약할 때 유용하게 사용할 수 있으며, **네이버 클로버노트** 기능과 비슷한 기능을 수행합니다.

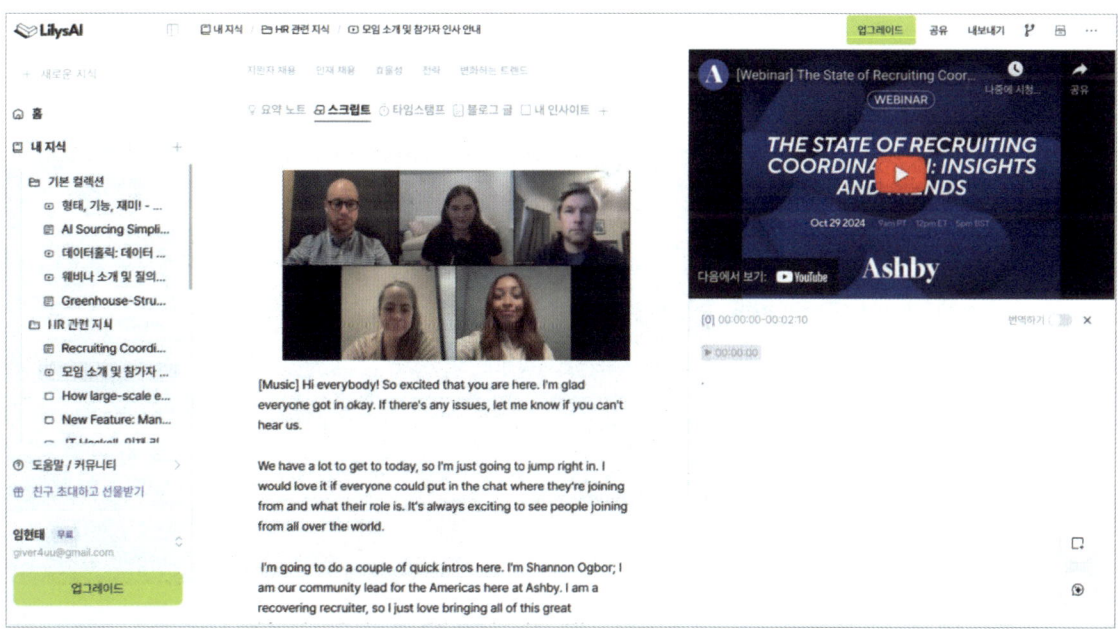

# 06 동영상을 숏츠로 변환하기 : aico.tv/ko

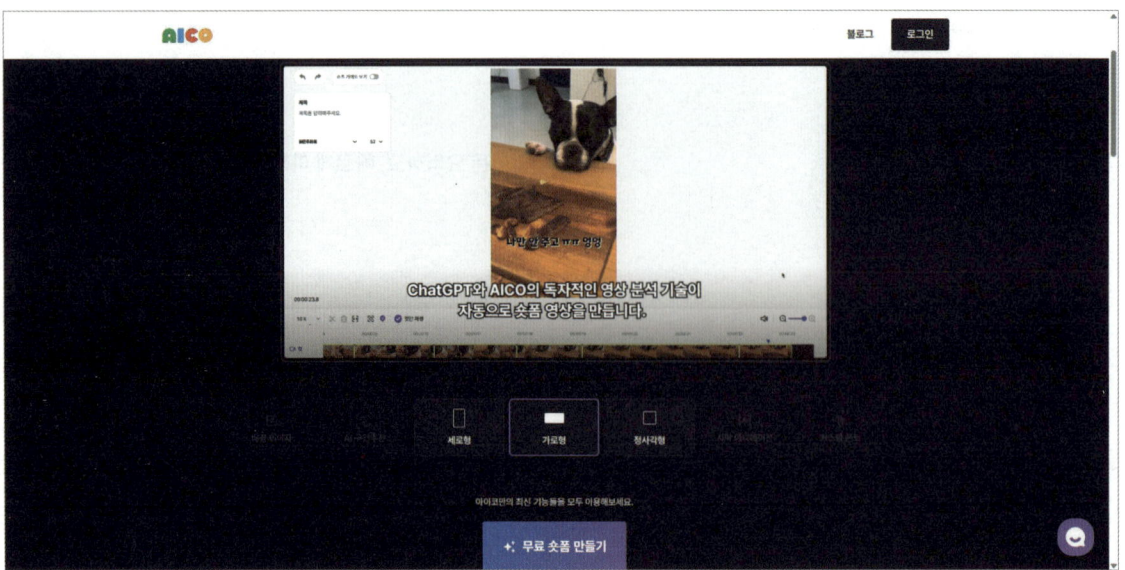

AICO 편집 프로그램은 **1분 이내의 숏폼 영상을 만드는 데 특화**된 편집 도구입니다. 반드시 필요한 핵심 영상 편집 기능만 이해하기 쉬운 아이콘으로 표시되어 있어 편리하게 사용할 수 있습니다.

유튜브뿐만 아니라 인스타그램, 틱톡 등에 업로드할 수 있으며, 하나의 동영상을 여러 개의 숏츠 동영상으로 제작할 수도 있습니다. 유료 서비스를 이용할 때 구독을 취소하면 다음 청구일에 자동 갱신되지 않습니다.

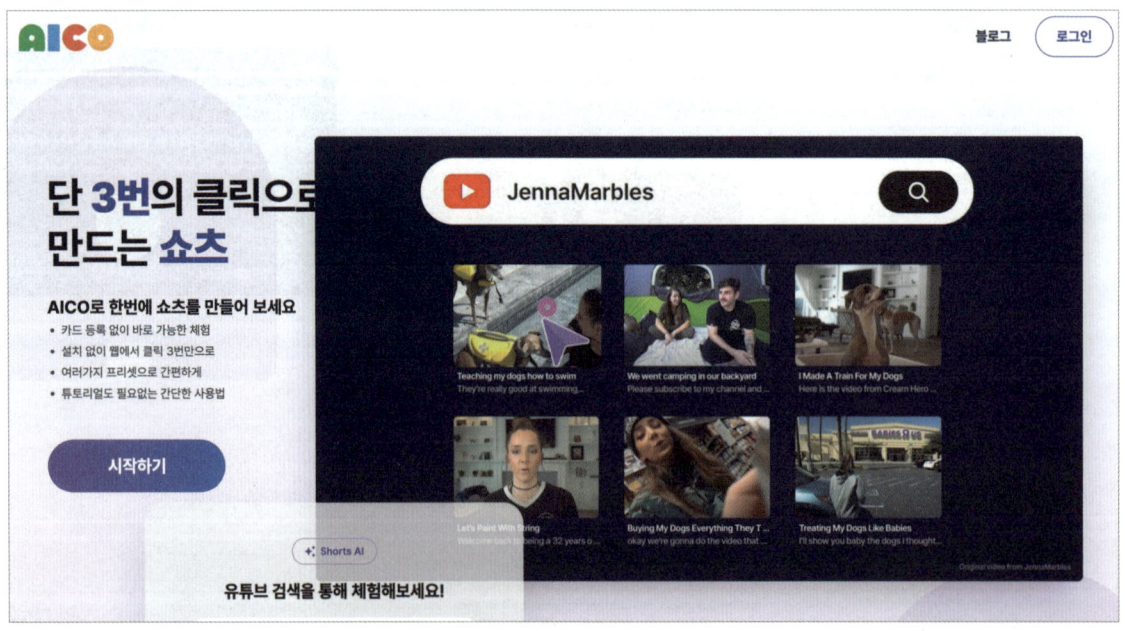